南昌大学经管论丛

产业承接地企业—园区
绿色协同发展的治理机制研究

毛小明　著

中国财经出版传媒集团

经济科学出版社

Economic Science Press

图书在版编目（CIP）数据

产业承接地企业—园区绿色协同发展的治理机制研究/毛小明著. -- 北京：经济科学出版社，2022. 10
（南昌大学经管论丛）
ISBN 978 - 7 - 5218 - 4061 - 2

Ⅰ. ①产… Ⅱ. ①毛… Ⅲ. ①工业园区 - 绿色经济 - 经济发展 - 研究 - 中国 Ⅳ. ①F424

中国版本图书馆 CIP 数据核字（2022）第 184814 号

责任编辑：郎　晶
责任校对：王京宁
责任印制：范　艳

产业承接地企业—园区绿色协同发展的治理机制研究
毛小明　著
经济科学出版社出版、发行　新华书店经销
社址：北京市海淀区阜成路甲 28 号　邮编：100142
总编部电话：010 - 88191217　发行部电话：010 - 88191522
网址：www. esp. com. cn
电子邮箱：esp@ esp. com. cn
天猫网店：经济科学出版社旗舰店
网址：http://jjkxcbs. tmall. com
北京密兴印刷有限公司印装
710×1000　16 开　21.5 印张　310000 字
2022 年 12 月第 1 版　2022 年 12 月第 1 次印刷
ISBN 978 - 7 - 5218 - 4061 - 2　定价：96.00 元
（图书出现印装问题，本社负责调换。电话：010 - 88191510）
（版权所有　侵权必究　打击盗版　举报热线：010 - 88191661
QQ：2242791300　营销中心电话：010 - 88191537
电子邮箱：dbts@ esp. com. cn）

前 言
PREFACE

党的十八大以来，"绿水青山就是金山银山"的理念作为习近平生态文明思想的重要组成部分，已成为我党治国理政的重要理念。2018年6月，中共中央、国务院出台了《关于全面加强生态环境保护坚决打好污染防治攻坚战的意见》，并专门成立了中央环保督察组赴全国各省份进行督察及回头看，发现2/3的环境污染问题来自各地工业园区的"废气、废水、废渣"排放。当前产业承接地工业园区最突出的困境是如何处理好产业发展与环境保护两者的关系。产业承接地企业—园区在绿色发展中权责不清、治理机制不健全致使产业发展与环境保护两者对立，遇到上级部门环保检查，园区就让有环保问题的企业暂时停产，"风暴"一过企业又重回"老样子"，企业、园区共同敷衍检查现象严重。本书希望基于协同发展理论，从企业和园区两个层面，建立企业—园区绿色协同发展的治理机制来解决这一关键问题，以达到促进产业承接地工业园区绿色发展、可持续发展的目的。

本书的主要内容如下：

（1）对产业承接地企业—园区绿色协同发展和治理的现状进行了分析。本书突出了产业承接地企业—园区绿色协同发展和治理的成效和存在的典型问题，承接地典型产业绿色协同发展和治理的现状及存在的问题，认为产业承接地企业—园区绿色协同发展和治理均取得了一定的成效，但同时，也不可避免地存在环境管理权责有待明晰、绿色治理主体责任意识有待提高、绿色治理多元主体协同机制有待健全等需要重点解决的问题。

（2）对产业承接地企业—园区绿色协同发展及治理的机理进行了分析。本书认为产业承接地工业园区环境风险在加大，环境污染的因素在增多，从产业承接地企业—园区绿色发展的协同主体、协同机制等方面探讨了企业—园区绿色协同发展的可能性和必要性。本书还分析了企业园区协同的动力机制——体现在政府引导、市场合作、市场需求、服务平台孵化、产业梯度转移等方面，在此基础上提出了要形成政府和市场的协同、中央和地方的协同、园区与企业的协同、企业与企业的协同关系。

（3）对产业承接地企业—园区绿色协同发展进行了评价。本书对产业承接地企业—园区绿色发展协同发展情况的评价分微观和宏观两个方面。微观层面构建了一套适合微观层面的指标体系，选取了2019年江西省100个工业园区为研究对象，运用信息熵和灰色关联度模型进行了实证分析，随后进行了静态评价。宏观层面还构建了另一套适合宏观层面的指标体系，选取了产业承接地——中国的中西部地区（西藏除外）的17个省份2010～2019年工业企业与园区的发展为研究对象，同样运用信息熵和灰色关联度模型进行了实证分析，随后进行了动态评价。

（4）对产业承接地企业—园区绿色协同发展的效应进行了分析。本书分别从作用机理、理论模型、实证分析三个维度论证了产业承接地企业—园区绿色协同发展对中国中西部省份的区域辐射效应、经济增长效应、环境改善效应、产业结构升级效应等的溢出效应。

（5）产业承接地企业—园区绿色协同发展治理的政府作用。本书就产业承接地企业—园区绿色协同发展治理过程中政府的基本职能、具体作用以及治理方式进行了梳理与阐述。在产业承接地在企业—园区绿色协同发展的治理中，要用好政府这只"看得见的手"解决好市场失灵问题。这就要求各级政府在企业—园区绿色协同发展的治理过程中，一定要坚守自身的职责，科学制定相应的法律、法规和政策，谨慎使用行政干预手段，依据市场规则积极协调各方利益，综合使用管制方式，灵活采用各种治理手段。

（6）国内外企业—园区绿色协同发展的实践经验。本书借鉴了国外企业—园区绿色协同发展的成功案例，如：丹麦卡伦堡工业园——产业共生模式；加拿大伯恩赛德生态工业园——清洁生产中心模式；日本北九州工业园——静脉产业园模式；德国鲁尔工业区——资源城市可持续发展模式。本书又借鉴了国内的成功案例，如：江苏苏州工业园——循环型基础设施模式；广西贵港国家生态工业（制糖）示范园区——循环经济模式；安徽阜阳界首高新区田营科技园——资源回收模式；广东南海国家生态工业示范园——实体与虚拟结合模式。以上成功案例为产业承接地工业园区绿色协同发展提供了启示和经验。

（7）产业承接地企业—园区绿色协同发展治理机制的政策建议。本书认为产业承接地一是要准确把握新发展阶段，坚持新发展理念；二是要正确处理好企业—园区绿色协同发展关系；三是要强化企业技术进步，提高治污能力和水平；四是要提升园区专业化集控区治理水平；五是要完善企业、园区、社会环境效应协调相统一的评价体系；六是要构建"防疏堵治"四位一体的安全环保治理体系。

作 者

2022 年 7 月

目 录
CONTENTS

第一章

导　论

第一节　研究背景及意义

一、研究背景

改革开放以来，中国经济的飞速发展造就了"中国奇迹"，使中国用了不到 40 年的时间就超越日本成为世界第二大经济体，但这种"高投入、高污染、高耗能"的发展模式难以为继。粗放型的发展模式不仅使我国面临资源枯竭的压力，还造成了大气污染、水资源污染、土地污染等极为严重的生态环境问题。据中国工程院相关领域专家测算，预计到 2040 年中国每年将消耗 30 亿～38 亿吨标准煤的能源，然而预计到 2050 年前后，中国能供给的一次能源总量却不超过 32 亿吨标准煤。2013 年前，我国受雾霾影响的地区一度达到 130 万平方公里（王敏，2013）[①]，其间，北京、石家庄等主要城市空气质量达到重度污染程度，局部地区 PM2.5 实时指数曾一度达到 611。严重的生态环境问题正威胁着我国居民的身体健康和社会经济的可持续发展。

近年来，在生态环境治理方面，我国政府给予了高度重视，生态文明建设和绿色可持续发展被提到了极其重要的地位，一系列的规划

---

① 王敏. 京津冀的污染主要是复合污染［N］. 中国企业报，2013 – 06 – 25（2）.

和措施相继出台。2011 年,《国民经济和社会发展第十二个五年规划纲要》中明确提出"绿色发展,建设资源节约型、环境友好型社会"。党的十八大将生态文明建设写入党章,把"美丽中国"作为未来生态文明建设的宏伟目标,把"绿色发展"作为生态文明建设的重要途径之一,充分体现了"绿色发展"在生态文明建设中的重要作用。2016年,我国政府在《国民经济和社会发展第十三个五年规划纲要》中又将"绿色发展"作为今后经济社会发展的主基调,把"生态环境质量总体改善"作为未来五年政府工作的主要目标之一。众所周知,我国是一个尚未完成工业化的发展中国家,人口众多,地域广袤,区域发展极为不平衡,因此,生态文明建设的任务艰巨而又复杂。通过降低资源消耗、强化生态环境治理和保护的"绿色发展"理念发展是一条平衡经济发展和环境承载之间矛盾的可持续发展道路,能够有效解决我国所面临的环境污染问题,必然成为我国当前经济社会发展的最好选择。

二、研究意义

(一)理论意义

尝试构建企业—园区绿色协同发展的治理机制的理论框架。本书拟基于协同理论构建理论框架,揭示企业—园区绿色协同发展的动因,并建立包含协同过程、协同效应、实现路径的机制,研究成果可以丰富协同发展的理论体系。

探索基于产业转移视角下的企业—园区绿色协同发展的治理长效机制。本书拟从产业转移视角探索多维度的协同机制,促进工业园区绿色发展,研究成果可以完善绿色经济学理论体系。

(二)实践意义

强化规律探寻,基于实证研究和案例剖析探索企业—园区绿色协同发展的规律,为工业园区企业—园区绿色协同发展提供有效的解决方案。

强化政策研判，提供发展阶段、发展空间、产业选择三个维度的政策工具组合，以保障工业园区企业—园区绿色协同发展治理机制的有效运行，并提出产业承接地企业—园区绿色协同发展的对策建议。

第二节 研究思路及方法

一、研究思路

本书遵循"提出问题—理论建构—实证分析—模式借鉴—政策建议"的求证思路，立足于产业承接地企业—园区绿色协同发展亟待解决的理论与实践问题，沿着"现状分析→机理分析→协同度评价→实现路径→政策工具组合"的思路展开递进式的研究，具体思路如图 1-1 所示。

二、研究方法

（一）统计分析法

根据各地统计局的统计年鉴、企业和园区提供的数据，结合实地调研以及文献检索的数据，对产业承接地工业园区企业—园区绿色协同发展的现状及存在问题进行分析。

（二）系统分析法

将企业—园区两个主体看成一个整体，利用系统仿真模型深入研究其关联作用，并对治理路径进行情景模拟，构建产业承接地工业园区企业—园区绿色协同发展的治理机制。

（三）数理分析法

在定性分析和收集相关数据的基础上，构建产业承接地企业—园区绿色协同发展的评价指标体系，综合采用数据包络分析（data envelopment analysis，DEA）模型、复合系统协同度模型、模糊层次分析法、熵值—TOPSIS 分析法对企业—园区绿色协同发展的协同度进行测度评价。

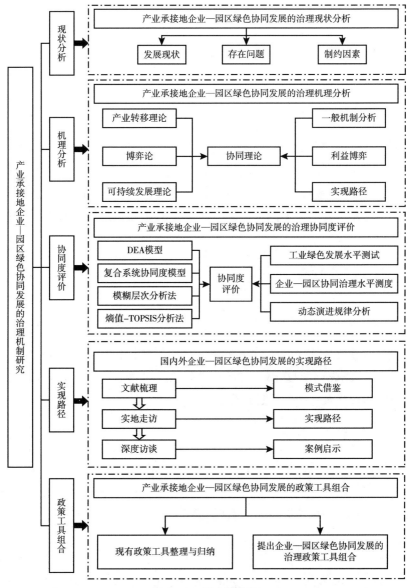

图 1−1 研究思路图

第三节　研究框架

　　重点选取产业承接地约 100 个的工业园区作为研究样本。产业方面，选择传统产业的 100 个以上有环保治理需求的企业作为研究对象来研究产业承接地企业—园区绿色协同发展的治理机制；逻辑方面，从产业承接地企业—园区在环保压力下的转型发展和企业—园区绿色发展的内在需求出发，阐述产业承接地企业—园区绿色协同发展的治理机制；对策方面，为产业承接地企业—园区绿色协同发展积累经验，探索工业园区企业—园区绿色协同发展的政策组合工具。

一、产业承接地企业—园区绿色协同发展的治理现状分析

　　本部分拟从发展阶段研究产业承接地企业—园区绿色协同发展的现状。主要内容包括：（1）产业承接地企业在技术改造、设备更新、清洁生产方面的情况；园区在建设统一治污集控区，废水、废气、废渣的集中处理和资源的循环利用方面的情况；产业承接地企业和园区在环境治理、绿色发展方面各自权利、职责的分工情况。（2）企业—园区绿色协同治理存在的问题及困境。（3）主要制约绿色协同发展、影响治理效果的因素分析。

二、产业承接地企业—园区绿色协同发展的治理机理分析

　　本部分主要研究协同绿色治理的理论框架。拟运用协同发展理论，从产业转移与承接的视角研究企业—园区协同绿色治理的主体互动关系、利益协调、资源整合、制度保障等，探索企业—园区绿色协同发展的一般机制和实现路径，为后续研究做理论铺垫。

　　主要内容包括：（1）产业承接地企业—园区绿色协同发展的理论基础；（2）产业承接地企业—园区绿色协同发展的一般机制，包括协同主体、协同结构、协同过程、协同效应等；（3）产业承接地企业—园区绿色协同发展的一般实现路径。

三、产业承接地企业—园区绿色协同发展的协同度评价

本部分主要内容包括：（1）产业承接地工业绿色发展水平测度；（2）产业承接地企业—园区绿色协同治理水平测度。在此基础上进行企业—园区绿色协同多因子分解及动态演进规律分析，以多维度协同评价为政策建议提供科学依据。

四、国内外企业—园区绿色协同发展的实现路径及经验借鉴

本部分主要选择有代表性的国内外产业转移背景下的工业园区进行案例分析，借鉴成功经验，探索企业—园区绿色协同发展的实现路径。主要内容包括：（1）企业—园区绿色协同发展的治理模式（新加坡、广东、浙江模式）；（2）企业—园区绿色协同发展的实现路径；（3）成功或失败案例对产业承接地企业—园区绿色协同发展的启示。

五、产业承接地企业—园区绿色协同发展的治理机制的政策工具组合

根据产业承接地绿色治理的现状及存在的问题，提出针对性的政策建议，以促进产业承接地工业园区企业—园区绿色协同发展的治理长效机制的建立。本部分拟包括：（1）现有的产业承接地相关绿色治理政策的整理与归纳。（2）提出产业承接地企业—园区绿色协同发展的治理机制的政策工具组合。

第四节　研究贡献与创新

一、研究贡献

梳理国内外相关研究的学术史及研究动态后发现：国外学者主要聚焦在国际产业转移与环境问题的关系研究和生态工业园区建设的研究，专门研究产业承接地企业—园区绿色协同发展的治理机制的文献

比较少。而国内的研究一是较多关注一般绿色治理的环境规制研究和企业治理措施研究以及从区域协同角度进行具体案例研究，以产业承接地的视角研究工业园区绿色发展的文献不多；二是工业园区绿色发展的关键是企业—园区绿色协同发展，而运用协同理论来研究企业—园区的利益博弈和可持续发展的文献不多；三是以企业—园区为主体的协同效应评估、实现路径、政策工具组合还未有系统的研究。因此，本书基于产业承接地工业园区这一特定的研究对象来研究企业—园区绿色协同发展的治理机制就有较广阔的研究空间和较深远的研究纵深。

二、研究创新之处

（1）学术思想的特色和创新。从协同理论的视角，探索产业转移对工业园区绿色治理的作用和影响，构建更具实际操作价值的企业—园区绿色协同发展的治理长效机制，是本书的第一个特色和创新点。

（2）学术观点的特色和创新。有别于单纯从企业或园区某一个主体探讨绿色治理，从工业园区企业—园区绿色协同发展的治理机制的观点出发，将企业—园区看成一个有机的整体探讨绿色协同机制，是本书的第二个特色和创新点。

第二章

国内外研究进展

第一节 绿色发展

一、绿色发展理论研究

（一）可持续发展理论

工业在初始发展阶段都是以追求最大的经济利益为经济活动目标的。人们最开始意识到经济活动对环境产生的压力，关注工业排放和工业污染的影响始于 20 世纪 60 年代，卡逊（Carson，1962）[①] 在其所著的《寂静的春天》一书中提到了农业受周边工业污染的现象，这个问题开始受到了全社会的关注，并且关于经济的可持续发展问题开始被不断地探讨。

随着工业的高速发展，在生产规模的扩大带来了巨大的经济利益的同时，人们也意识到环境问题日渐明显。粗放型的工业生产模式产生大量的工业排放，影响到人类的生存居住环境，过度的资源开采和能源消耗使人们开始担忧下一代或者未来的资源需求和生态环境。在这些问题慢慢浮现的过程中，人们意识到工业生产活动不单单是一个

---

① Carson R. . Silent Spring ［M］. Boston：Houghton Mifflin Company，1962.

经济问题，更是一个重要的社会问题。学术界一般认为，可持续发展的思想提出的代表性人物是莱斯特·布朗。他于 1981 年出版了著名的《建设可持续发展的社会》一书，提出了当时社会存在的四大严重的环境问题——一是土地沙漠化，二是粮食短缺，三是资源枯竭，四是石油问题，并且对这些问题进行了深入的研究，提出了自己的主张。比如应对资源枯竭问题，他建议控制人口，合理开发资源，并且加强新能源的技术开发，替代非可再生资源。他所提出的问题，就是在几十年后的今天来看，仍然是全球非常突出的环境问题，而且有日益严峻的趋势。他有针对性的建议也具有前瞻性，是解决可持续发展问题的重要参考（Brown，1981）[①]。

关于可持续发展在全球范围内引起的广泛关注和重要发展，还有以下几个重要的时间点和事件。

1987 年，世界环境与发展委员会（World Commission on Environment and Development，WCED）发布了重要的报告《我们共同的未来》（*Our Common Future*），这份报告中明确地提出了可持续发展的定义——既可以满足当代人的需要，又没有威胁到下一代人满足其需求的权力。该报告还将可持续发展内容纳入了政治的概念框架内，强调了其重要性。

1992 年，联合国环境与发展会议（United Nations Conference on Environment and Development）在巴西里约热内卢召开，有 183 个国家代表团和 70 个国际组织参加，这是关于可持续发展主题的规模最大、级别最高的一次国际会议。会议围绕着全球环境问题持续恶化、可持续发展的主题，就发展中国家的发展权、发达国家对发展中国家的资本和技术支持等问题进行谈判，最终通过了三个重要文件，分别是《关于环境与发展的里约热内卢宣言》、《21 世纪议程》和《关于森林问题的原则声明》。其中《21 世纪议程》尤为重要，被称为全世界各国指导可持续发展的行动纲领。这次会议的成果非常显著，各国元首通过谈判达成了在经济和环境可持续发展方面的合作共识，并且得到了最

---

① Brown L. R. . Building a Sustainable Society［M］. New York：W. W. Norton & Co. ，1981.

高层次的政治承诺，为以后可持续发展在全球范围的政策实现奠定了基础。

1994 年，中国在联合国环境与发展会议之后率先提出了《中国 21 世纪议程》，对我国的可持续发展问题提出了更为详细的指导性意见。其主要包括四个部分：一是可持续发展总体战略与政策；二是社会可持续发展；三是经济可持续发展；四是资源的合理利用与环境保护。《中国 21 世纪议程》提出了人口、居民消费和社会服务，消除贫困等方面的作用机制，强调了农业、工业可持续发展和自然资源保护、生物多样性等方面的发展重点，至此，可持续发展的理念在国内也引起了广泛的关注和重视。

（二）增长极限说

1972 年，美国学者梅多斯等在著名报告《增长的极限》中提出了经济增长会破坏环境的一系列观点（Meadows et al.，1972）[①]。他们认为经济增长与环境是对立的关系，经济增长会带来 5 种直接的后果（一是人口增长，二是农业生产，三是资源消耗，四是工业投资，五是环境污染），而自然环境对经济活动带来的负面后果是有承载上限的，超过限度只会令上述问题更加恶化。只有当人口、工业和投资都停止增长时，才可能实现经济和环境的均衡发展。在这份报告中还提出了限制人口和投资的方法，如使人口出生率等于死亡率、使投资率等于折旧率等。这种观点现在看来是相对消极的环境理论，因为它将经济和环境的关系完全对立，虽然强调了保护环境的重要性和环境承载能力的有限性，但也忽略了技术进步、新经济增长模式、开发替代能源等可变因素，没有说明经济和环境之间互相作用的关系，有一定的局限性。

20 世纪 80 年代还有一种盛行的观点是，虽然人们可能意识到了技术创新的作用，但判断这种技术的力量也是有限的，当经济生产活动

---

① Meadows D. H.，Meadows D. L.，Randers J.，et al. The Limits to Growth ［M］. New York：Universe Books，1972.

持续扩大规模时，环境还是会继续恶化。这种想法主要由保罗·埃利奇（Paul Ehrlich）和约翰·霍尔登（John Holdren）于 1971 年所提出的 IPAT 模型来表示，它是一个用于评估环境压力的公式。

Environmental Impact（I）= Population（P）× Affluence（A）× Technology（T）

它主要用三个影响因素来表示对环境的负面作用（Environmental Impact）——一是人口规模（Population），二是人均收入或经济发展水平（Affluence），三是技术创新（Technology），并且考虑到了三者之间的相互作用。从这个公式可得出三者的关系如下：经济增长必然会带来人口规模和经济收入的增加，环境的负面影响增加。但技术水平高低可以进行收缩调整，所以他们认为，较低的技术水平会减少环境的负面影响，而且技术水平也是环境政策的核心。

（三）环境库兹涅茨曲线假说

1955 年经济学家库兹涅茨研究了人均收入与分配公平程度之间的关系。他的研究证明，随着国家经济水平的发展，收入分配不均的程度先增加后下降，这种倒"U"型的关系被称为库兹涅茨曲线。

1991 年经济学家格罗斯曼（Grossman）和克鲁格（Krueger）针对自由贸易是否会令墨西哥环境恶化进而影响美国的环境恶化的担忧，对环境质量与人均收入的关系进行了实证研究。他们提出污染与人均收入的关系呈倒"U"型，也就是说，当人均收入处于较低水平时，会导致污染程度增加，环境恶化。当人均收入水平越过某个门槛值时，污染程度开始降低，贸易和经济活动可以改善自然环境。

1992 年，世界银行发布《1992 年世界发展报告》，该报告的观点是：曾经人们认为经济活动的扩张一定会引起环境的恶化，这是基于技术水平和环境投资水平不变的前提条件。但经济水平的提高必然会带来技术水平进步，并且会使人们对环境质量的需求提高、环境保护意识增强，所以在环境保护方面的投资也可能越来越多，这样环境质量在有效的环保政策作用下是可以得到改善的。

1992 年经济学者贝克曼（Beckerman）也提出了一致的观点，虽然在经济发展的初期阶段环境污染会增加，但随着经济水平的提高，环境质量会提高。因为更富裕的国家更可能有环保意识，将资本投入到环境保护方面（Bartlett，1994）[①]。

1993 年，经济学家帕纳约图（Panayotou）首次将这种经济和环境质量之间存在的非线性关系与之前的库兹涅茨曲线联系起来，定义为环境库兹涅茨曲线（Environmental Kuznets Curve，EKC）（Dasgupta et al.，2002）[②]。

EKC 假说的提出使得关于经济水平或收入水平与环境质量的关系问题有了更多的理论探讨。格罗斯曼和克鲁格在他们的研究中提出的观点是，经济增长对于环境质量存在三种不同效应：一是规模效应。扩大生产规模需要更多资本和能源的投入，对环境质量有负面作用。二是技术效应。一国经济增长的过程中一般会带来较高的技术水平，这对自然环境的改善有正向的效应，因为技术进步可以提高劳动生产率和资源利用率，从而减少对环境的压力；同时，还可能产生更清洁的生产技术代替以前高能耗高污染的技术，新能源新材料可以减少污染、提高环境质量。三是产业结构的变化。随着经济水平的提高，经济活动的重心从粗放模式的高污染的重工业转向技术和资本密集型的低污染的工业，单位产出的能源和污染排放降低，环境质量提高（Grossman et al.，1995）[③]。

同样，EKC 假说也存在着局限性。一是经济水平和环境质量之间可能存在着多种形态，不仅仅是倒"U"型。根据不同的经济发展水平，理论上可能存在 7 种关系，包括不相关、单调上升、单调下降、倒"U"型、"U"型、"N"型、倒"N"型。所以 EKC 不能反映所有经济和环境的关系。二是 EKC 更适用于短期研究，在长期可能不成立。

---

① Bartlett A. A.. Reflections on Sustainability, Population Growth, and the Environment [J]. Population and Environment, 1994, 16 (1): 5 –35.

② Dasgupta S., Laplante B., Wang H. et al. Confronting the Environmental Kuznets Curve [J]. Journal of Economic Perspectives, 2002, 16 (1): 147 –168.

③ Grossman G. M., Krueger A. B.. Economic Growth and the Environment [J]. Nber Working Papers, 1995, 110 (2): 353 –377.

在短期经济水平达到了倒"U"型的拐点以后，并不会停滞不前，继续发展到特定的门槛水平以后，经济与环境之前可能会再次同方向变化，可能会形成"N"型的关系。

(四) 绿色发展

在经济发展的初期阶段，人们都倾向于关注经济利益，而在重视数量忽视质量的粗放型增长给环境带来了严重的影响之后，人们开始将环境利益放在和经济利益同等重要的地位考虑经济发展的新模式。绿色发展就是可持续发展思路下提出的一个重要的理论创新。同时人们也提出了如绿色经济、低碳经济这样的重要经济概念。我国很多学者在文献中都提出了对绿色发展含义的不同理解。

2002 年，联合国开发计划署发表《中国人类发展研究报告》，主题是让绿色发展成为一种选择。这份报告阐述了中国在经济可持续发展过程中遇到的挑战。经过改革开放的 20 多年，中国的经济增长始终保持在 10% 左右的高水平。中国已经通过自己的努力使世界 1/4 的人口摆脱贫困，经济和现代化工业发展速度之快，在全球范围内罕见。但同时中国在现代化发展的进程中也遇到了前所未有的巨大挑战。中国已经意识到了环境问题的严重性，提出了绿色经济发展的目标。绿色发展一定是正确的道路选择，但这个过程中充满了复杂而艰难的挑战。

关于绿色发展的含义，很多学者都有不同的理解。王金南等 (2006)[①] 认为绿色发展是指人与自然环境、资源和谐共处的一种经济发展模式，应该将环境因素放出经济效率的衡量指标中，更加全面地评价生产力。吴晓青 (2009)[②] 则提出，绿色发展是指经济、能源、环境的协调发展，绿色发展的重点是保护环境、提高资源利用效率。也有学者提出绿色发展是指经济活动、人类社会和生态环境统一，主要通过绿色技

---

① 王金南，曹东，陈潇君. 国家绿色发展战略规划的初步构想 [J]. 环境保护，2006 (6)：39 – 43 + 49.

② 吴晓青. 我国大气氮氧化物污染控制现状存在的问题与对策建议 [J]. 中国科技产业，2009 (8)：13 – 16.

术创新来实现，绿色发展的主要内容是加强生态环境治理、提高环境效益、改善生态环境。由于经济活动带来的生态环境问题非常突出，所以绿色发展是中国政府必须采取的措施。

2010 年中国科学院发布了《中国科学发展报告 2010》，其主题是绿色发展。这份报告认为绿色发展的内涵包括以下内容：绿色发展的基本内核是生态健康、维护自然生态系统的平衡，人与自然的友好共存是绿色发展的第一个目标。经济绿化是绿色发展的重要原则，要求经济发展应该在人和自然环境的承载力之内，不能一味追求经济增长而耗尽自然资源。相对于之前的经济第一的原则（以经济增长为主导，也称为黑色发展），现在急切需要将自然原则放在经济决策框架内，主张从生态环境利益出发，对现有传统产业进行绿色改造，减少污染和排放，提倡可承受的经济发展方式，新形态的绿色型的环境友好经济，实现国家层面的"零排放""零污染"。绿色发展的重要指标和手段是社会公平。具体是指社会在收入分配、利益分配、发展机遇等各方面实现公平。绿色发展方面的社会公平具体体现在满足人们的基本生活需求，消除贫困。绿色发展的核心内涵还包括人民幸福。改善人民生活水平、提高人民生活幸福感是经济活动的动力，也是国家发展的目标。胡鞍钢等还提出绿色发展的本质是绿色经济，而且经济活动、生态治理措施、资源保护不是独立的个体，绿色经济应该综合系统地考虑三者之间的相互作用。

二、绿色发展的实证研究

国内外学者对绿色发展的评估方法进行了多方面的研究，其中生态效率是一种被广为接受的衡量绿色发展水平的重要指标。

1990 年，沙尔特格（Schaltegger）首先提出了"生态效率"的概念，将生态效率定为经济活动中经济产出与环境压力的比值。1992 年，施米德海尼（Schmidheiny）进一步明确了生态效率的定义：是指一种能满足人类需求、提高生活质量的能力，同时可以减少对生态环境的破坏，并且在自然环境的承载范围之内。1992 年，在里约热内卢召开的地球峰会——世界可持续发展工商理事会（World Business Council for

Sustainable Development，WBCSD）提出了一个著名的计算生态效率的公式，即生态效率=商品和服务价值/生态环境压力。这一概念很快在全球范围内得到推广，作为衡量可持续发展、绿色经济发展的重要评价工具，在很多国家和地区的经济实践研究中得到应用。各国的学者通过对生态效率评价，能够对可持续发展进行深入的定量研究。实证研究包括以下几点。

（一）生态效率的指标体系和评价标准

联合国贸易和发展会议（United Nations Conference on Trade and Development，UNCTAD）提出了以下几个方面评价生态效率，包括水足迹、能源消耗、气候变暖问题、废物集中处理问题。

WBCSD 关于生态效率的评估标准有三个：一是减少自然资源消耗，主要指土地资源、能源等。二是减少对资源的分散利用，强调用可再生资源代替非可再生资源。三是加强产品的使用持久性和可回收再利用，尽量提高产品的使用价值，建立产品的回收利用产业链。国际标准化组织（International Organization for Standardization，ISO）关于生态效率评价颁布了一项标准：《环境管理——产品系统生态效率评价——原则、要求和指南》（ISO14045：2012）。该标准包括两个部分：一是环境保护，是指减少空气污染的排放和废物排放；二是产品价值，是指客户认可和环境友好方面。

（二）生态效率的评价方法

目前对生态效率的测算主要形成了以下几种方法：指标测算方法（single index method）、数据包络分析方法（DEA）、综合评价方法、生态足迹和能值分析方法等。这里介绍应用较为广泛的指标测算方法和数据包络分析方法。

1. 指标测算方法

达尔斯特罗姆（Dahlström）等在研究英国铁铝制品产业的生态效率时利用生产投入与生产产出的比值和经济产出与污染排放的比例来

计算资源和经济生产率（Dahlström and Ekins, 2005）[①]。黄和平（2015）[②] 利用资源效率和环境效率来表示生态效率，利用经济水平与能源消耗的比值来评价资源效率，利用经济水平与污染排放的比值来计算环境效率。利用单一的指标测算方法存在一定的局限性，投入产出的指标需要换算成统一的单位才可以计算比值，但是对于不同工业污染物的排放的换算比较困难，所以它比较适合投入产出变量较少的情况。

2. 数据包络分析方法（DEA）

DEA 是一种比较适合多产出多投入指标的效率测算方法，它不需要进行数据的标准化和统一单位换算，能够在不同决策单元（decision making units, DMU）的多个投入产出组合中求得效率最优的组合。这种方法被广泛应用于各种效率值的测算。近年来，关于 DEA 在生态效率测算中的应用非常普遍。国内外学者在效率和劳动生产率的研究框架下，将环境因素放进 DEA 模型，比较客观合理地评价生态效率。一般的做法是将土地、劳动、资本、水资源、用电等当作经济方面的投入，将废水、废气、固体废物、工业粉尘、工业烟尘等指标作为环境方面的投入，产出指标则主要采用 GDP（国内生产总值）增加值、工业总产值或工业增加值。具体的测算指标设定可能由于研究对象的不同（地区角度、产业角度生态效率）而有所不同。关于是投入角度还是产出角度的选择方面，也有很多学者将产出分为期望产出和非期望产出，将经济产值作为期望产出，将环境污染或污染物排放作为非期望产出。

科尔霍宁（Korhonen）等利用 DEA 方法评价了欧洲火力发电站的生态效率。库斯曼（Kuosmannen）以荷兰的交通业为研究对象，对于生态效率进行测算，并且建立了生态效率的指标体系。科尔泰莱宁（Kortelainen）则在传统 DEA 模型的基础上考虑了时间变化因素。他将

---

① Dahlström K. , Ekins P. . Eco – efficiency Trends in the UK Steel and Aluminum Industries [J]. Journal of Industrial Ecology, 2005（9）: 171 – 188.

② 黄和平. 基于生态效率的江西省循环经济发展模式 [J]. 生态学报, 2015, 35（9）: 2894 – 2901.

生态效率在一定时间内的变化分解成两方面的原因：一是由于规模经济，二是由于技术进步（Kortelainen，2008）[①]。

刘晓萌等（2016）[②] 研究了安徽省 16 个地级市在 2008～2014 年的工业生态效率，将污染工业废气、工业废水、工业固体废物作为投入变量，将工业总产值作为产出变量，利用生产规模可变的 DEA 模型进行测算。张雪梅[③]研究了中国西部的地区生态效率，利用 DEA 的非期望产出模型进行测算，假定生产规模可变，测算结果说明生态效率在西部存在明显的地区差异。吴传清和黄磊（2017）[④] 研究长江经济带区域 83 个地级市的地区生态效率，产出变量包括财政收入，地区 GDP，图书馆数量，医院卫生机构数量，资本、劳动、土地、能源消耗等。研究发现，在 2004～2014 年间生态效率处上升趋势，同时也证实了生态效率存在地区差异。杨亦民和王梓龙（2017）[⑤] 研究了湖南省 14 个地级市的工业生态效率，研究的投入变量包括工业废水、工业废气、能源能耗量、从业人员数量、企业资产等，产出变量是工业总产值和固体废物综合利用率。其结论是在 2009～2014 年上述地区的工业生态效率一直在上升。

随着生态效率研究的进一步深入和细化，学者们发现传统 DEA 模型在解决实际经济问题时存在着局限性，比如在一些情况下生态效率的测算结果显示很多 DMU 的值都等于 1，表示这些 DMU 都被认为是有效的决策单元，但这不利于对生态效率的驱动力或影响因素进行下一步研究和判断。在这种背景下，超效率 DEA 模型开始被越来越多地应用到实证研究中，超效率 DEA 的优势在于能够在所有被认为有效的决

① Kortelainen M.. Dynamic Environmental Performance Analysis：A Malmquist Index Approach [J]. Journal of Industrial Ecology，2008（9）：59－72.
② 刘晓萌，孟祥瑞，汪克亮. 城市工业生态效率测度与评价：安徽的实证 [J]. 华东经济管理，2016，30（8）：29－34.
③ 张雪梅. 西部地区生态效率测度及动态分析——基于 2000～2010 年省际数据 [J]. 经济理论与经济管理，2013（2）：78－85.
④ 吴传清，黄磊. 承接产业转移对长江经济带中上游地区生态效率的影响研究 [J]. 武汉大学学报（哲学社会科学版），2017，70（5）：78－85.
⑤ 杨亦民，王梓龙. 湖南工业生态效率评价及影响因素实证分析——基于 DEA 方法 [J]. 经济地理，2017，37（10）：151－156.

策单元中利用大于 1 的效率值进一步区分出不同程度的效率，而且还可以避免传统 DEA 模型中的数据截尾问题。

赵鑫等（2017）[①] 研究了长江经济带的地区生态效率，研究的投入指标包括能源消耗、用水量、土地使用等，期望产出为地区 GDP，非期望产出为工业废气，工业废水、工业固体废物、工业烟尘粉尘排放量。其建立超效率 DEA 模型进行测算，结果发现长江经济带下游地区的生态效率均值超过 1，高于长江上游、中游经济带。

何宜庆等（2016）[②] 研究了长江经济带九省二市地区的生态效率，研究的投入变量包括工业二氧化硫（Sulfur Dioxide，SO_2）排放，工业废水、工业固体废物、工业烟尘粉尘排放量，土地投入，能源消耗，用水总量等，产出变量是 GDP 水平，建立超效率 DEA 模型测算生态效率。

第二节　协同治理

一、协同治理理论研究

（一）协同与协同治理的概念

协同的概念最早由德国物理学家赫尔曼·哈肯（Hermann Haken）于 1971 年提出。协同效应原本是指物理领域的一种现象，即两种以上的成分调配在一起，所产出的作用可能大于每个成分单独的作用之和。1976 年，他在著作《协同学导论》中，系统地阐述了这种协同的思想。他认为整个系统的各个子系统之间存在着相互影响与合作的关系。

---

① 赵鑫，胡映雪，孙欣. 长江经济带生态效率及收敛性分析 [J]. 产业经济评论，2017（6）：90-103.

② 何宜庆，陈林心，周小刚. 长江经济带生态效率提升的空间计量分析——基于金融集聚和产业结构优化的视角 [J]. 生态经济，2016，32（1）：22-26.

比如，在企业组织的不同部门之间，各个部门由于协同配合而带来的整体效益大于各个部门的个体效益之和。协同论的核心思想经常被通俗地表述成"$1+1>2$"（Haken，1980）①。

1972 年，弗里曼（Freeman）进一步提出了协同治理的想法。他认为协同治理是指利益相关者都参与的治理活动，协同治理经常被用于解决公共事务之类的问题，因为公共事务一般具有非竞争性和非排他性的特征，容易存在"搭便车"现象，所以更需要利益相关方共同协作。

与企业组织相关的协同效应，通常可以分为两个方面：一是外部协同，指产业集群中的企业通过协同合作分享共同信息和资源，相对于单个企业的行为可以获得最多利益。二是内部协同，是指企业内部的不同（生产、营销等）环节之间的有效配合产生最大的整体效益。

沃尔特等（Walter et al.，2000）②、埃尔金（Elgin，2015）③ 提出，协同治理是多个主体分享公共信息和资源，在行动上进行配合和优势互补，从而实现资源的优化配置。

有学者对协同治理的制度建立提出看法，他们认为制度的首要前提是有关各方对管理的事务达成共识，治理的目标是为了维护公共利益和公共秩序，这个过程中必定存在着个体利益与公共利益的取舍和权衡，损害企业个体利益的治理制度是难以得到支持的（Ansell and Gash，2008④；Keyim，2018⑤）。克里斯·科斯基等（Chris Koski et al.）提出协同治理本质上是一种结构化的制度设计，重点在于明确治

①　Haken H. . Synergetics ［J］. Naturwissenschaften，1980（67）：121 – 128.

②　Walter U. M. ，Petr C. G. . A Template for Family – Centered Interagency Collaboration ［J］. Families in Society，2000，81（5）：494 – 503.

③　Elgin D. J. . Cooperative Interactions among Friends and Foes Operating within Collaborative Governance Arrangements ［J］. Public Admin，2015（93）：769 – 787.

④　Ansell C. ，Gash A. . Collaborative Governance in Theory and Practice ［J］. Journal of Public Administration Research and Theory，2008，18（4）：543 – 571.

⑤　Keyim P. . Tourism Collaborative Governance and Rural Community Development in Finland：The Case of Vuonislahti ［J］. Journal of Travel Research，2018，57（4）：483 – 494.

理的组织机构，建立有效的决策机制（Koski et al.，2018）[①]。还有一些学者提出协同治理的制度应该是多元主体结构的，制度的科学设计和执行非常重要，因为协同治理是涉及多方利益的集体行动（Ovsei et al.，2014[②]；Ran and Qi，2019[③]）。随着研究的深入，学者们开始更加关注协同治理的效果，尝试对治理效果进行定量分析，并且充分考虑到各个主体在治理过程中的利益变化（Emerson et al.，2012[④]；Lang，2019[⑤]）。

我国学者在协同治理领域也有较为丰富的研究成果。他们以西方协同理念为基础，针对中国经济活动和公共事务的情况提出了对协同治理内涵的不同理解。

张成福（2001）[⑥]的观点是，协同治理对政府部门处理公共事务问题非常重要，以政府为治理的单一主体显然难以兼顾公共利益和个体利益，所以公共治理的工作更加需要政府与企业组织、个人之间进行配合协作。燕继荣（2013）[⑦]重点阐述了社会治理的理论框架，分为三个阶段：主体从单一化向多元化发展，从政府治理发展到社会治理，最后是协同治理阶段。李汉卿（2014）[⑧]、范逢春和李晓梅（2014）[⑨]、

---

① Koski C.，Siddiki S.，Sadiq A. et al. Representation in Collaborative Governance：A Case Study of a Food Policy Council ［J］. The American Review of Public Administration，2018，48（4）：359－373.

② Ovseiko P. V.，O'Sullivan C.，Powell S. C. et al. Implementation of Collaborative Governance in Cross－sector Innovation and Education Networks：Evidence from the National Health Service in England ［J］. BMC Health Serv Res，2014（14）：552.

③ Ran B.，Qi H.. The Entangled Twins：Power and Trust in Collaborative Governance ［J］. Administration & Society，2019，51（4）：607－636.

④ Emerson K.，Nabatchi T.，Balogh S.. An Integrative Framework for Collaborative Governance ［J］. Journal of Public Administration Research and Theory，2012，22（1）：1－29.

⑤ Lang A.. Collaborative Governance in Health and Technology Policy：The Use and Effects of Procedural Policy Instruments ［J］. Administration & Society，2019，51（2）：272－298.

⑥ 张成福. 公共管理学 ［M］. 北京：中国人民大学出版社，2001.

⑦ 燕继荣. 协同治理：社会管理创新之道——基于国家与社会关系的理论思考 ［J］. 中国行政管理，2013（2）：58－61.

⑧ 李汉卿. 协同治理理论探析 ［J］. 理论月刊，2014（1）：138－142.

⑨ 范逢春，李晓梅. 农村公共服务多元主体动态协同治理模型研究 ［J］. 管理世界，2014（9）：176－177.

周伟（2018）①、胡小君（2016）② 重点从如何取得更好的协同治理效果方面进行了实证研究，提出了针对性的措施和建议。

（二）协同治理的路径

在如何实现协同治理方面，我国学者根据国情和背景提出了观点，曾维和（2008）③、孙涛（2015）④、陈旭（2016）⑤ 认为要想实现政府内部各部门之间的协同，建立政府与社会组织的合作关系，应该强调文化因素在其中的重要作用，提高人们对和谐文化的认可能够促进协同治理。朱纪华（2010）⑥、邱雨和陶建武（2016）⑦、程灏等（2017）⑧ 则强调提高多元主体参与社会公共事务的能力，要求政府、企业、其他社会组织、公民个人的合作共治，是提高协同治理效果的重要途径。曾经以政府为单一主体的治理模式应该向多元主体治理模式转变。张振波（2015）⑨ 将协同治理机制阐述为从政府管理型社会治理模式向协同合作型社会治理的转化，其中多元协同是协同治理的核心内涵，其关键在于提出具体措施来解决多元治理主体的利益分配平衡问题。当然除了强调多元治理主体参与之外，协同治理的实现路径还围绕着政府治理改革、非政府组织治理等方面的主题

---

① 周伟. 生态环境保护与修复的多元主体协同治理——以祁连山为例［J］. 甘肃社会科学，2018（2）：250 – 255.

② 胡小君. 从分散治理到协同治理：社区治理多元主体及其关系构建［J］. 江汉论坛，2016（4）：41 – 48.

③ 曾维和. 西方"整体政府"改革：理论、实践及启示［J］. 公共管理学报，2008（4）：62 – 69.

④ 孙涛. 当代中国社会合作治理体系建构问题研究［D］. 济南：山东大学，2015.

⑤ 陈旭. 协同治理视阈下城市社区多元主体间关系研究［D］. 长春：吉林大学，2016.

⑥ 朱纪华. 协同治理：新时期我国公共管理范式的创新与路径［J］. 上海市经济管理干部学院学报，2010，8（1）：5 – 10.

⑦ 邱雨，陶建武. 国家治理现代化的战略与协同：一个文献综述［J］. 重庆社会科学，2016（3）：11 – 18.

⑧ 程灏，胡志明，于蕾. 元治理视域下政府公共治理的行为逻辑与策略选择［J］. 领导科学，2017（17）：12 – 14.

⑨ 张振波. 论协同治理的生成逻辑与建构路径［J］. 中国行政管理，2015（1）：58 – 61.

展开研究。

（三）协同治理的机制研究

很多学者对于不同的协同治理问题进行了治理机制的研究。周小光和张建伟（2017）①、潘静和李献中（2017）②、吴芸和赵新峰（2018）③、罗文剑和陈丽娟（2018）④、陈诗一等（2018）⑤、蔡岚和寇大伟（2018）⑥、孟庆国等（2019）⑦、胡志高等（2019）⑧、胡一凡（2020）⑨ 提出，在大气污染问题中协同治理非常必要。大气污染治理中存在着亟待解决的问题，如由于利益分配不明确，导致企业组织和个人参与治理的动力不足。出于对经济成本和利润的考虑，大气污染治理领域还是存在"搭便车"现象，因此治理的效果不尽如人意。面对这样的困境，需要建立完善的机制，从法律层面和政策层面综合考虑，解决多元治理主体利益如何分配的问题。

---

① 周小光，张建伟. 关于大气污染与气候变化协同治理的法律思考 [J]. 社会科学论坛，2017（5）：220－228.
② 潘静，李献中. 京津冀环境的协同治理研究 [J]. 河北法学，2017，35（7）：131－138.
③ 吴芸，赵新峰. 京津冀区域大气污染治理政策工具变迁研究——基于2004～2017年政策文本数据 [J]. 中国行政管理，2018（10）：78－85.
④ 罗文剑，陈丽娟. 大气污染政府间协同治理的绩效改进："成长上限"的视角 [J]. 学习与实践，2018（11）：43－51.
⑤ 陈诗一，张云，武英涛. 区域雾霾联防联控治理的现实困境与政策优化——雾霾差异化成因视角下的方案改进 [J]. 中共中央党校学报，2018，22（6）：109－118.
⑥ 蔡岚，寇大伟. 雾霾协同治理视域下的社会组织参与——协同行动、影响因素及拓展空间 [J]. 北京行政学院学报，2018（4）：1－9.
⑦ 孟庆国，魏娜，田红红. 制度环境、资源禀赋与区域政府间协同——京津冀跨界大气污染区域协同的再审视 [J]. 中国行政管理，2019（5）：109－115.
⑧ 胡志高，李光勤，曹建华. 环境规制视角下的区域大气污染联合治理——分区方案设计、协同状态评价及影响因素分析 [J]. 中国工业经济，2019（5）：24－42.
⑨ 胡一凡. 京津冀大气污染协同治理困境与消解——关系网络、行动策略、治理结构 [J]. 大连理工大学学报（社会科学版），2020，41（2）：48－56.

还有赵玲（2019）①、许琼（2019）②、顾萍和丛杭青（2020）③、方俊（2020）④ 等学者在社会稳定治理方面运用了协同理论，目的是解决社会治理领域内的问题，降低社会风险。他们一般从具体案例出发，探索协同治理机制的实践应用。

（四）绿色协同治理

绿色协同治理是指将协同治理理论运用到改善生态环境或公共事务问题方面，在很多文献里也被称为生态环境协同治理。这是国内外学者近年来关注的新领域。绿色协同治理的内涵主要包括两方面：一是将生态环境问题作为公共治理领域的一部分，运用协同治理理论来改善环境质量。二是具体研究生态环境的某个问题，如工业污染排放、雾霾、节能减排问题，针对具体案例中的各方协同合作提出措施，减少污染，恢复生态环境。

中国经济特别是工业经济在改革开放的几十年中经历了世界瞩目的高速发展，但在创造巨大经济利益的同时，也付出了巨大的环境代价。空气质量恶化、工业污染、生态退化问题同样引起了很多关注。李叔君和李明华（2011）⑤ 提出，大量的实践经验证明，依赖过去的工业文明的思路已经无法解决传统工业生产带来的污染排放与长期的可持续发展之间的矛盾，如何打破困境、实现工业经济发展与环境利益的统一，一直是社会各界关注的重要话题。环境治理问题包括了多学科的交叉研究内容，如生态经济学、环境经济学、环境科学等学科。中国政府将生态环境保护作为长期坚持的基本国策，目标是实现人与

① 赵玲. 跨界危机应对中组织协同绩效的影响因素与作用机制分析——基于两起海洋溢油事件的比较案例研究［J］. 风险灾害危机研究，2019（1）：152－179.

② 许琼. 社区服务中"三社联动"机制的运作逻辑研究——基于多案例分析［J］. 湖北文理学院学报，2019，40（10）：37－43.

③ 顾萍，丛杭青. 工程社会稳定风险的协同治理研究——以九峰垃圾焚烧发电项目为例［J］. 自然辩证法通讯，2020，42（1）：108－114.

④ 方俊. 药品安全协同治理的多主体责任落实——基于我国十大典型药害事件的案例分析［J］. 理论探索，2020（1）：92－97.

⑤ 李叔君，李明华. 社区协同治理：生态文明建设的路径与机制探析——以浙江安吉县为例［J］. 前沿，2011（8）：188－190.

自然的和谐共生。政府提出了节约资源、保护生态、绿色出行、建设生态文明社会等措施，以提高整体的环境效益。还有很多发展中国家和地区同样经历了像中国一样的工业发展历程，工业发展问题不只存在于中国。中国政府正在进行的绿色协同治理的实践经验，还可以为世界其他发展中国家和地区提供参考借鉴。

余敏江（2013）[①] 认为，绿色协同治理的研究重点在于河流污染、大气污染问题，应该意识到虽然政府付出了巨大投入，但污染现象仍然继续出现，由此带来的环境污染的趋势未得到根本扭转。他认为这是由于传统的治理思想单一依靠政府，但是地方政府难以独自解决跨行政地域的环境污染问题。黄德林等（2012）[②] 提出，协同治理在处理具体环境问题时应该采用不同的协同模式，如节能减排工作中不同利益主体的协同。王玉明（2012）[③] 则对于两个城市关于淡水河污染的合作案例进行了研究，提出了改善水质的具体措施。董骁和戴星翼（2015）[④] 对长三角地区的环境污染问题提出了协同治理的建议。

二、协同治理的实证研究

国内外学者对协同治理做了大量的案例研究和实证分析。邵帅等（2016）[⑤] 和刘等（Liu et al.，2016）[⑥] 认为财政分权和行政地区分割导致了政府执行力下降，使跨地区空气污染治理工作难以开展。

---

① 余敏江. 论区域生态环境协同治理的制度基础——基于社会学制度主义的分析视角 [J]. 理论探讨，2013（2）：13-17.

② 黄德林，陈宏波，李晓琼. 协同治理：创新节能减排参与机制的新思路 [J]. 中国行政管理，2012（1）：23-26.

③ 王玉明. 环境治理中的政府合作困境与前端治理——基于对广东省的考察 [J]. 广东石油化工学院学报，2012，22（1）：78-83.

④ 董骁，戴星翼. 长三角区域环境污染根源剖析及协同治理对策 [J]. 中国环境管理，2015，7（3）：81-85.

⑤ 邵帅，李欣，曹建华，等. 中国雾霾污染治理的经济政策选择——基于空间溢出效应的视角 [J]. 经济研究，2016，51（9）：73-88.

⑥ Liu G.，Yang Z.，Chen B. et al. Prevention and Control Policy Analysis for Energy-related Regional Pollution Management in China [J]. Applied Energy，2016（166）：292-300.

　　魏娜和孟庆国（2018）① 研究了京津冀协同治理的案例，认为任务导向型的协同模式是有效的，但更适合于应急情况的处理。他们提出建立大气污染协同治理的常态化机制，提高京津冀协同治理的效果。姜珂和游达明（2016）②、马翔和张国兴（2017）③、初钊鹏等（2017）④ 则从博弈论的角度分析了中央和地方财政分权制度、非对称信息等因素对北京和湖北协同治理雾霾工作以及环境规制执行带来的影响。肖雁飞和廖双红（2017）⑤ 重点考察了环境规制对节能减排的协同治理工作的作用。

　　王颖和杨利花（2018）⑥ 同样以京津冀地区为研究对象，以跨界协同为理论基础，构建了一个针对雾霾污染治理的创新模式，主要包括资本、排放规范、立法政策、监管保障等方面的内容。任保平和段雨晨（2015）⑦ 重点研究了协同治理的相关立法，主要内容包括绩效考核、利益均衡、法律法规完善等。郑国姣和杨来科（2015）⑧ 重点关注污染协同治理的实现路径，研究涉及具体的清洁技术代替传统生产技术、能源结构升级、产业结构调整、环境规制的完善等内容。

　　① 魏娜，孟庆国. 大气污染跨域协同治理的机制考察与制度逻辑——基于京津冀的协同实践［J］. 中国软科学，2018（10）：79－92.
　　② 姜珂，游达明. 基于央地分权视角的环境规制策略演化博弈分析［J］. 中国人口·资源与环境，2016，26（9）：139－148.
　　③ 马翔，张国兴. 基于非对称演化博弈的京冀雾霾协同治理联盟稳定性分析［J］. 运筹与管理，2017，26（5）：45－52.
　　④ 初钊鹏，刘昌新，朱婧. 基于集体行动逻辑的京津冀雾霾合作治理演化博弈分析［J］. 中国人口·资源与环境，2017，27（9）：56－65.
　　⑤ 肖雁飞，廖双红. 绿色创新还是污染转移：环境规制效应文献综述与协同减排理论展望［J］. 世界地理研究，2017，26（4）：126－133.
　　⑥ 王颖，杨利花. 跨界治理与雾霾治理转型研究——以京津冀区域为例［J］. 东北大学学报（社会科学版），2016，18（4）：388－393.
　　⑦ 任保平，段雨晨. 我国雾霾治理中的合作机制［J］. 求索，2015（12）：4－9.
　　⑧ 郑国姣，杨来科. 基于经济发展视角的雾霾治理对策研究［J］. 生态经济，2015，31（9）：34－38.

第三节　经济外部性

一、外部性理论研究

（一）外部性经济理论的内涵

1890 年经济学家马歇尔（Marshall）在其著作《经济学原理》中最早提出外部性的概念。外部性是指企业或个人的行为在无意中对其他组织或个人造成了有利或不利的影响，但不用补偿的情况。庇古（Pigou）在这个定义的基础上利用边际成本法对外部性问题进行了进一步阐释，利用社会和个人的边际成本与边际收益等概念来解释为什么出现经济外部性。当边际个人收益小于边际社会收益时，企业可能会有破坏环境的行为，以追求个人收益最大化，但同时给社会其他组织和个人带来负面效应。布坎南（Buchanan）提出，经济外部性就是厂商的行为给其他厂商带来正面或负面的效应，这可能会改变其他厂商的生产可能性曲线，影响对方的经济行为决策，但带来这种影响的厂商并没有从这种行为中受益或受损，也就是说这是一种附加的效应。萨缪尔森（Samuelson）将经济外部性理解为一种非市场行为带来的影响，因为施加这种影响的经济主体开始并没有让他人获利或者受到损失的主观意愿。约瑟夫·斯蒂格利茨（Joseph Stiglitz）明确指出，这种无意的行为产生了对他人的影响，并且没有因此而付出成本或获得利润，那么就认为存在着经济外部性。兰德尔进一步指出，企业的经济行为如果带来外部性，更可能使他人利益受损，或降低经济效率。

外部性一般分为两种类型：一是正外部性，也叫作外部经济，是指某一组织和个人的经济行为能够使他人受益，但实施主体并没有因此而获利。二是负外部性，也叫外部不经济，是某一组织和个人的经济行为使他人受到损失，但实施主体也没有因此而付出成本或补偿。

上述很多学者都对外部性做出了阐述，可以看出外部性的核心内涵有两个是基本都被认可的：一是组织或个人的行为可能会对其他群体带来正面或负面的影响。二是这种影响本来不在实施主体的决策考虑范围内，可以看作一种非市场的行为。也就是说，市场机制对外部性问题难以起到调节作用，价格机制和资源配置都无法解决经济的外部性问题，所以市场类型的措施对外部性问题可能是无效的。

（二）外部性理论的发展

明确了经济外部性的内涵以后，外部性理论从产生原因、影响因素到解决对策方面得到了进一步的发展。其中比较有代表性的观点有：马歇尔提出了经济外部性可分为内部经济和外部经济。他认为内部经济是由于企业组织内部因素产生的，包括技术进步、生产规模、企业管理方法、生产效率提高等因素，能够使企业生产成本下降；而外部经济的产生是由于企业外部因素，是指企业所在的整个产业环境发生有利的变化，如物流水平的提高、政府优惠政策吸引产业集群的建立、优化产业链带来的成本下降，其能够促进生产效率提高。他还将外部性理论与产业集聚理论结合起来，认为产业集聚可以带来正面的经济外部性。他提出，产业集聚就是同一类产业或相关产业的企业组织为了降低成本、提高利润而聚集在一个特定地区，具体载体就是产业园或工业园区。这样的产业集聚理论上会带来至少三种外部经济：一是知识溢出效应，有技术创新优势的企业对整个产业的技术进步都有带动作用；二是劳动力资源的分享，产业园区可以吸引更多符合产业要求的专业人才；三是促进产业链的形成，上下游企业聚集到一起，降低了物流运输、谈判议价等多方面的成本，提高了产品竞争力。

庇古则重点探索了经济外部性的产生原因及对象。他提出，当经济个体的边际个人成本小于边际社会成本时，就存在外部不经济。当经济个体的边际个人成本大于边际社会成本时，就存在外部经济。从均衡的角度来说，这两种情况都说明资源没有实现优化配置，没有实现帕累托最优。所以他认为，如果存在外部不经济的现象，政府应该向实施的企业组织收税，即通过"庇古税"来补偿边际个人成本与边际社会成本的差值。如果存在外部经济的情况，政府对实施的企业组织可以施行补贴和优惠政策，以弥补企业本应该得到的报酬。"庇古税"在经济行为的实践中有很多运用，如在很多国家的环境规制中都采用的向污染企业收取排污费的措施。不过在实际应用中，这种理论也存在一些局限性，比如河流污染治理工作中，比较难以确定具体的征税主体，而且还要计算个人与社会的边际成本之间的差值，才能确定合理的税率。同样在政府给予补贴时，也存在这样难以确定的因素。

科斯（Coase）对外部性的解决提出了不同的观点。他指出，经济外部性问题产生的原因有二：一是产权关系复杂，二是交易成本过高。如果在产权关系简单、交易成本不高的情况下，则不需要政府通过征税或补贴的形式进行干预，利益有关各方可以遵循市场机制，通过平等自愿的谈判达成一致，无论刚开始产权归于哪一方，都可以通过市场行为自行调节，实现资源的优化配置。并且如果交易成本不高时，相关利益各方更希望以谈判协商的方式解决问题，无须政府太多干涉。如果存在交易成本时，政府所采取的措施会影响社会资源配置效率，所以应该采用交易成本最低的措施。但如果产权关系非常复杂且存在高昂的交易成本，那么就无法依赖市场机制和价格机制解决问题，首先要明确产权关系，谈判和协商已经无法使各方利益达到一致，所以更可能的方案是通过法律文件约束双方的权利义务，针对因为产权问题出现违约的行为，只能通过法律诉讼手段来明确产权界限，当然这些都可能给经济行为带来高额交易成本。这种情况下，他认为政府应该确定交易成本与社会边际成本之间的差值，再判断是使用强制手段还是市场引导措施，可能强制性的环境规制是更优的选择。总之，科斯的主要观点是，解决经济外部性问题的关键在于交易成本的高低，理论上交易成本低的经济外部性行为可以通过市场行为调节，从而达到资源的优化配置。当然实践中存在着大量交易成本很高的情况，在自愿协商和谈判无法达到一致时，他主张政府应该以强制性的政策（如禁止性命令）来规范企业的经济行为（Coase，1960）[①]。

---

① Coase R. H.. The Problem of Social Cost［J］. Journal of Law and Economics, 1960（3）: 1 - 44.

二、外部性的实证研究

为了消除经济外部性、减少污染以实现经济的可持续发展，政府规制或环境规制是实证方面的研究重点。斯塔文斯（Stavins）和怀特黑德（Whitehead）提出，规制是政府为了达到某个目标而使用的经济或行政调节手段。环境规制一般化的概念是指政府为了解决生态环境问题而出台的一系列法律法规和政策措施。对于环境规制工具的定义，既有文献已经形成基本一致的观点。臧传琴（2009）[①] 认为，环境规制的范围不仅限于经济手段，政府为了实现生态环境保护而采用的措施都可以纳入环境规制范畴内，包括经济激励、技术支持、行政体制改革等。

（一）环境规制绩效评价研究

关于环境规制的研究，首先要解决的问题是，如何量化环境规制的执行效果，所以韩强等（2009）[②]、叶祥松和彭良燕（2011）[③]、程钰等（2016）[④]、曹颖（2006）[⑤]、陈劭锋（2007）[⑥] 等学者从不同角度评价了环境规制的绩效。有些学者是用成本和收益的比值来评价环境规制效益的，认为环境规制会提高企业的运营成本，因此可能会挤压企业用于技术创新的成本，从而导致技术水平落后、失去竞争力；还有可能促使企业利用环境规制强度差异，将污染企业转移到环境规制门

[①]　臧传琴. 环境规制工具的比较与选择——基于对税费规制与可交易许可证规制的分析［J］. 云南社会科学，2009（6）：97 - 102.

[②]　韩强，曹洪军，宿洁. 我国工业领域环境保护投资效率实证研究［J］. 经济管理，2009，31（5）：154 - 160.

[③]　叶祥松，彭良燕. 我国环境规制下的规制效率与全要素生产率研究：1999 ~ 2008［J］. 财贸经济，2011（2）：102 - 109.

[④]　程钰，任建兰，陈延斌，等. 中国环境规制效率空间格局动态演变及其驱动机制［J］. 地理研究，2016，35（1）：123 - 136.

[⑤]　曹颖. 环境绩效评估指标体系研究——以云南省为例［J］. 生态经济，2006（5）：330 - 332.

[⑥]　陈劭锋. 2000 ~ 2005 年中国的资源环境综合绩效评估研究［J］. 科学管理研究，2007（6）：51 - 53.

槛低的国家或地区,形成污染企业在国际上或区域内的产业转移,导致产业承接地的环境继续恶化等问题。也有学者从环境规制的投入和产出的角度来评价绩效,或者将环境规制按照激励型和强制型措施分成两类评价环境绩效,或者进一步将环境规制与产业集聚结合起来深入分析其交互作用等。一些学者构建了绩效评估指标体系来评价环境规制对经济增长、环境保护、能源消耗方面的影响,包括针对环境规制的指标、环境保护部门执行能力指标,或者从资源消耗和环境污染指数角度设置指标。

另外,从地区角度出发研究环境规制绩效的学者也很多。马育军等 (2007)[①] 研究了苏州的生态环境情况,利用 DEA 模型测算了环境绩效,结论是苏州的生态环境绩效一直处于较高水平。郭国峰和郑召锋 (2009)[②] 研究了河南的污染治理问题,建立了 DEA 模型评价环境规制的效果。他们认为河南的环境规制没有发挥应有的作用,导致污染治理的效果不理想。

(二) 环境规制工具

目前各国的环境规制工具根据不同的作用机制,大体可分为两类,一是强制命令类型,是指政府直接以行政命令的手段干涉企业的生产经营活动,包括制定各行业在生产过程中不同污染物的排放标准,以及对环保技术的应用、产成品在使用时的排放标准具有强制执行的特征。二是市场激励类型,是指通过市场机制间接影响企业的经济活动。通过专项补贴、政策支持等方式,利用市场自身的调节功能,引导企业自主减少排污行为,实现节能减排。这种环境规制工具没有强制性,给予了企业根据政策调节经济活动更多空间。从各国的实践研究来看,这两种环境规制工具都有各自的优势劣势,在不同的研究背景下,发挥的作用和效果也不一样,中外学者都用具体的案例研究证明了自己

---

① 马育军,黄贤金,肖思思,等. 基于 DEA 模型的区域生态环境建设绩效评价——以江苏省苏州市为例 [J]. 长江流域资源与环境,2007 (6):769–774.

② 郭国峰,郑召锋. 基于 DEA 模型的环境治理效率评价——以河南为例 [J]. 经济问题,2009 (1):48–51.

的观点。

卢梭（Rousseau）提出，采用哪一种类型的环境规制工具，关键因素在于主观环保意识和市场机制是否成熟。当环保意识还未得到全社会广泛认可，促进减排的市场机制尚未成熟时，采用市场激励手段解决节能减排的效果并不理想。布劳勒（Brouhle）提出，如果将公众参与作为强制命令政策出台，可能在短时间内提高环境规制的绩效，不过长期来看，公众参与还是更应该关注主体的意愿性，环境意识需要一段时间才能被真正的接受和认可。

维尔（Wirl）发现，环境规制工具在不同的地区的政策绩效可能不同。他的结论是，市场激励型工具能够减少政策成本，而且可以不同程度地提高环境质量。马可等（Marco et al.）研究了西班牙的环境治理问题。他们认为在西班牙对污染行为征税是有效的措施，企业为了少交税节约运营成本，会加快自主技术创新，减少污染排放，提高了整个产业的劳动生产率。

马士国（2008）[①] 认为两种类型的环境规制工具不是互相排斥的，将其结合起来使用发挥的效用大于单一的政策工具，对于环境污染程度严重且环保监管有薄弱环节的地区，更加需要将两者有机结合利用。有一些学者对环境规制工具的具体措施提出了自己的观点：李永友和沈坤荣（2008）[②] 研究了污染收费制，认为这种经济激励工具是有效的，但政府的其他措施，如政府补贴、减排设备优惠贷款、污染信息披露等手段的实施效果并不理想。张翼和卢现祥（2011）[③] 以公众参与节能减排工作为研究对象，提出的结论是公众参与对减少碳排放有积极的作用，但政府在促进公众参与这方面的措施效果不理想。廖进球和刘伟明（2013）[④] 研究了省级地区的环境规制作用，得出的结论是省

---

① 马士国. 基于效率的环境产权分配 [J]. 经济学（季刊），2008（2）：431－446.

② 李永友，沈坤荣. 我国污染控制政策的减排效果——基于省际工业污染数据的实证分析 [J]. 管理世界，2008（7）：7－17.

③ 张翼，卢现祥. 公众参与治理与中国二氧化碳减排行动——基于省级面板数据的经验分析 [J]. 中国人口科学，2011（3）：64－72.

④ 廖进球，刘伟明. 波特假说、工具选择与地区技术进步 [J]. 经济问题探索，2013（10）：50－57.

级层面的环境规制政策可以促进技术水平的提高。李斌等 (2013)[①] 在研究不同类型环境规制工具作用的过程中增加了政府职能转变这一因素。他们提出，政府应该根据自身处于职能转变的不同阶段来确定更适合使用哪一类型政策工具，基本趋势是从强制型工具向激励型工具逐步转变，而不是一成不变地坚持某一种政策工具。占佳和李秀香 (2015)[②] 研究了中国省级地区的环境规制工具对技术创新的影响，发现不同类型的政策工具的影响效果不同。他们的实证分析证明，在促进技术创新这个方面，公众参与型措施的促进作用最大，而强制命令型和市场激励型则被证实阻碍了技术进步，这可能是由于直接增加了企业的运营成本，限制了企业在技术创新方面的投入。张平等 (2016)[③] 研究了费用型和投资型两种具体政策工具。他们认为这两者可以促进企业进行技术创新。黄清煌和高明 (2016)[④] 重点研究了不同类型的环境规制工具对节能减排的影响。他证实了市场激励型工具对节能减排的影响是先抑制后促进的，而强制命令型工具的影响则正好相反。叶琴等 (2018)[⑤] 收集了中国 2008 ~ 2014 年地级市关于节能减排方面的数据，分析得出，环境规制工具效率高的地区，技术创新也处于高水平。他们不同于其他学者的观点是，强制命令型工具的实施效果优于市场激励型工具。

从上述关于中国环境规制工具的研究中可以看出，大部分学者是认可强制命令型和市场激励型两种类型的环境规制工具并存的，而且在未来较长时间内，一种工具很难完全被另一种工具代替。从目前中国生态环境治理的现状和实践来看，这两种政策工具一直是结合使用

---

① 李斌，彭星，欧阳铭珂. 环境规制、绿色全要素生产率与中国工业发展方式转变——基于 36 个工业行业数据的实证研究 [J]. 中国工业经济，2013 (4)：56 – 68.

② 占佳，李秀香. 环境规制工具对技术创新的差异化影响 [J]. 广东财经大学学报，2015，30 (6)：16 – 26.

③ 张平，张鹏鹏，蔡国庆. 不同类型环境规制对企业技术创新影响比较研究 [J]. 中国人口·资源与环境，2016，26 (4)：8 – 13.

④ 黄清煌，高明. 中国环境规制工具的节能减排效果研究 [J]. 科研管理，2016，37 (6)：19 – 27.

⑤ 叶琴，曾刚，戴劭勋，等. 不同环境规制工具对中国节能减排技术创新的影响——基于 285 个地级市面板数据 [J]. 中国人口·资源与环境，2018，28 (2)：115 – 122.

的，很多学者支持以强制命令为主、以市场激励工具为辅的政策。强制命令型工具在短期内可能成效显著，但在政策的具体实践中也存在局限性，比如将超出排放标准的企业直接关停，忽视了企业对个体经济利益的追求，门槛过高的强制型命令可能在实施中难以真正落实。随着环境规制的作用机制发展到更加成熟的阶段，学者们也提出了更多利用灵活的有弹性的市场激励手段更符合企业的个体经济利益，环境规制绩效会更好。

从中国环境规制政策的实践来看也是这样，既存在对污染行业设置排放标准这类政策，也存在征收污染税费、给予经济补贴这类政策。而且中国政府也在传统政策工具基础上积极尝试从环保意识出发的创新政策。比如加强环保宣传工作，鼓励公众自愿参与；通过信息披露利用环保舆论的作用来引导企业的经济行为。

第四节　产业转移与承接

一、产业转移与承接理论研究

经济学界对产业转移与承接理论的研究主要集中在西方发达国家，且主要从微观和宏观两个层面进行了研究。宏观层面包括劳动密集型产业转移理论、"中心—外围"理论、雁行发展模式理论、边际产业扩张理论、梯度转移理论等，微观层面包括产品生命周期理论、垄断优势理论、国际生产折衷理论等。这些理论主要回答了三个方面的问题：一是产业转移为什么会出现；二是产业转移如何进行；三是哪里承接了产业转移。目前，虽然这些理论的普遍性有待商榷，但是在当时或特定国家或地区都产生了比较大的反响，并且其分析方法、分析过程及分析结果对如今我们研究分析产业转移与承接问题仍有很大的理论和实际意义。

（一）劳动密集型产业转移理论

1978 年，美国经济学家阿瑟·刘易斯（Arthur Lewis）在《国际经济秩序的演变》一书中分析了 20 世纪 60 年代劳动密集型产业从发达国家向发展中国家转移的问题，并据此提出了劳动密集型产业转移理论。该理论认为：二战后，西方发达国家由于人口自然增长率下降导致其劳动供给短缺，进而引起产业工人工资水平迅速上升。劳动力成本的快速上升大幅增加了劳动密集型产品的生产成本，致使发达国家逐渐丧失了其在劳动密集型产品生产方面的比较优势，因此逐步将劳动密集型产品转移至劳动力价格相对低廉的发展中国家生产①。

（二）"中心—外围"理论

"中心—外围"理论是阿根廷经济学家劳尔·普雷维什（Raul Prebisch）1949 年在其代表作《外围资本主义：危机与改造》一书中提出来的。他从依附论角度阐述了发达国家（中心）与落后国家（外围）之间存在的经济依附关系。该理论认为：经济发达国家（中心）与经济落后国家（外围）之间存在着不平等的国际分工关系，即发达国家主要生产和出口附加值较高的工业制成品，而落后国家则主要生产和出口附加值较低的初级产品。然而由于初级产品市场竞争较为激烈、需求弹性较小等原因致使落后国家（外围）的贸易条件持续恶化；落后国家（外围）为了改变不利局面，或被迫、或主动大力实施进口替代战略，利用各种优惠措施吸引跨国公司在本国投资，从而引发了产业在国际间的转移②。

（三）雁行发展模式理论

雁行发展模式是日本经济学家赤松要（Akamatsu）1932 年在其《我国经济发展的综合原理》一文中提出的。赤松要在分析研究日本棉纺织工业发展历程时发现日本的棉纺织产品在国内先后经历了进口、进口替代、出口、再进口四个阶段；同时，他把棉纺织产品在国内的

---

① Lewis W. A.. The Evolution of the International Economic Order [M]. New Jersey: Princeton University Press, 1978.

② 劳尔·普雷维什. 外围资本主义：危机与改造 [M]. 北京: 商务印书馆, 1990.

产量、消费量和时间之间的关系在描绘在二维坐标轴中，呈现倒"V"形，类似大雁在飞行时的队列，因此取名"雁行"发展模式。后来，日本学者山泽逸平将"雁行"理论进行了拓展和修改，提出了进口、进口替代、出口成长、成熟、再进口五阶段论；其中再进口阶段是指日本将成熟阶段的产业（如纺织、化工、家电、钢铁等）通过贸易、投资或技术转让等形式转移到发展中国家或地区，再从这些发展中国家或地区进口这些产品。"雁行"理论较好地解释了日本的对外产业转移，也给发展中国家发展本国经济指明了一条可行的道路①。

（四）边际产业扩张理论

边际产业扩张理论是日本经济学家小岛清（Kojima Kiyoshi）在研究 20 世纪 60～70 年代日本对外直接投资情况时提出来的。该理论认为：一国的对外直接投资应该从该国处于比较劣势的边际产业开始；同时，该理论还主张边际产业转移应选择技术差异相对较小的国家进行；在对外直接投资主体方面，中小企业在竞争中相对处于劣势，因此更容易成为边际企业而更需要进行对外直接投资。从日本对外直接投资的实践来看，小岛清的边际产业扩张理论比较好地解释了日本在二战结束后所经历的从引入现代产业部门创造比较优势到逐渐失去比较优势的经济发展历程，对日本的对外直接投资起到了较好的指导作用和积极的推动作用②。

（五）梯度转移理论

在产品生命周期理论的基础上，研究区域经济发展的经济学家提出了梯度转移理论。该理论认为：区域间经济发展水平的差异是促使产业转移的基础；任何一个国家或地区都处于一定的经济发展水平，高水平地区一般是新部门、新产品、新技术、新生产方式、新管理方

---

① 王悦. 雁行模式对中国产业及国际分工的影响 [J]. 吉林农业科技学院学报，2014，23（2）：36 – 39.

② 小岛清. 对外贸易论 [M]. 天津：南开大学出版社，1987.

式等的发源地；然而，随着时间推移和产品生命周期的动态演变，这些创新活动的要素会不断地从经济发展高水平地区向低水平地区转移；作为经济发展高水平地区，创新能力是其经济发展的源泉，而作为经济发展低水平地区，其在劳动密集型等初级产业具有比较优势，应积极参与融入经济发达地区的资本和技术转移进程，以提升其经济梯度，逐步进入经济发达国家行列。世界各国的社会经济发展水平是非常不平衡的，这就形成了经济发展的多级梯度；随着经济全球化的发展，经济发展的梯度差异会导致产业沿着梯度从高到低发生时空转移①。

（六）产品生命周期理论

1965 年，美国经济学家西奥多·李维特（Theodore Levitt）在《哈佛商业评论》上发表了其经典之作《开发产品生命周期》，他在这篇论文中首次提出了产品生命周期理论。1966 年，美国哈佛大学教授雷蒙德·弗农（Raymond Vernon）在其《产品周期中的国际投资与国际贸易》一文中对产品生命周期理论进行了进一步完善，使该理论对国际贸易、国际投资领域产生了深远影响。该理论认为：产品从进入市场开始，大致可以分为三个不同阶段，即创新阶段、成熟阶段和标准化阶段；当产品处于创新阶段时，一般来说本国生产具有比较优势，因此主要在国内生产和销售，同时部分出口到收入水平较高的国家或地区；当产品处于成熟阶段时，由于市场的不断扩大和产品的日趋完善，一般可通过对外直接投资或技术转让进入国外市场；当产品处于标准化阶段时，生产产品的技术门槛进一步降低，此时生产成本成为产品市场竞争中最重要的因素，从而使劳动力成本较低的发展中国家生产该种产品更具比较优势；这种产品及其生产技术的生命周期性变动所导致的产品生产地点的变动，决定了这种产品出口国和进口国位置的变化。这就解释了发达国家之所以向欠发达国家转移产业是由于企业

---

① 赵治华，刘亚铮. 关于产业梯度转移对中部崛起战略的若干影响再分析 [J]. 当代经济，2009（23）：83－85.

为了顺应产品生命周期的变化、规避产品生产的比较劣势①。

（七）垄断优势理论

垄断优势理论是美国学者斯蒂芬·海默（Stephen Hymer）在 1960 年首先提出来的。该理论最早被用来解释跨国公司的对外投资行为，后来美国经济学家查尔斯·P. 金德尔伯格（Charles P. Kindleberger）等对其进行了进一步的发展。该理论认为：虽然跨国公司在对外直接投资过程中会遭遇诸如汇率风险、政治风险、文化差异、制度差异等许多阻碍，但是跨国公司依然选择对外投资，这说明跨国公司有非常独特且强有力的优势去克服这些困难，这个优势就是所谓的垄断优势；垄断优势涵盖的范围较广，它包括规模优势、资本优势、技术优势、行销优势、生产优势等，其中技术优势最为重要。而正是跨国公司的这种对外直接投资带来了产业在国际间的转移②。

（八）国际生产折衷理论

国际生产折衷理论是英国经济学家约翰·哈里·邓宁（John Harry Dunning）于 1977 年在其《贸易、经济活动的区位和跨国企业：折衷理论方法探索》一文中首次提出的。1981 年他又在其著作《国际生产和跨国企业》一书中对国际生产折衷理论进行了详细阐述。国际生产折衷理论是在所有权优势理论、区位优势理论和内部化优势理论的基础上构建起来的，其中所有权优势包括资本优势、技术优势、品牌优势等，区位优势包括地理优势、政策优势、市场优势等，内部化优势则是跨国企业通过对外直接投资建立国与国之间的内部市场来协调企业内部资源的配置，进而提高企业在不完全市场的经营效率。国际折衷理论认为：跨国企业在具备了所有权优势、内部化优势的基础上，对外直接投资就是其在东道国取得区位优势的最佳途径。这一理论为

---

① Vernon R. A.. International Investment and International Trade in the Product Cycle［J］. The International Executive，1966，8（4）：16.

② 彭范. 我国区域产业转移效应的经验研究［D］. 大连：东北财经大学，2011.

分析发展中国家在承接国际产业转移方面提供了一定的理论基础①。

二、产业转移与承接的实证研究

1978 年我国开始了轰轰烈烈的改革开放，在此后的 30 多年里，东部沿海地区由于承接了大量的国际产业转移，实现了经济的飞速发展，产业转移问题也逐渐被政界、商界、学界所关注和重视。与此同时，有关产业转移的学术研究成果也逐渐丰富，但是由于产业转移问题研究起步晚，所以研究主要集中在实证领域。近十几年来，随着东部沿海地区的产业升级，再加之我国幅员辽阔、区域差异较大，很多产业开始由我国东部沿海地区逐步向中西部地区转移，这为学者对产业转移问题做进一步研究提供了更多素材。对于产业转移的实证研究，学术界主要从产业承接的能力、产业承接的模式、产业承接的效应、产业承接与区域经济发展等方面进行了深入探讨。

（一）产业承接能力研究

产业承接能力是指一个国家或地区在特定环境、特定技术水平等条件下，吸引、选择、承接转移产业的能力。苏华等（2011）② 在构建产业承接能力评价指标体系的基础上，采用熵值法，分析了中国各个地区的产业承接能力，最终结论为区域间的产业承接能力有明显差异并且具有显著的区域特征。金浩和隋蒙蒙（2015）③ 通过相关性分析准确筛选出了河北省的比较优势产业并对其承接产业转移的能力进行了系统性测度。孙威等（2015）④ 采用主成分分析法分析研究了长江流域

① Dunning J. H.. Trade, Location of Economic Activity and the Multinational Enterprise: A Search for an Eclectic Approach [M]//Palgrave Macmillan, London: The International Allocation of Economic Activity, 1977.

② 苏华，胡田田，黄麟堡. 中国各区域产业承接能力的评价 [J]. 统计与决策，2011 (5)：41 – 43.

③ 金浩，隋蒙蒙. 京津冀协同发展过程中河北省产业承接力研究 [J]. 河北工业大学学报（社会科学版），2015，7 (1)：1 – 9.

④ 孙威，李文会，林晓娜，等. 长江经济带分地市承接产业转移能力研究 [J]. 地理科学进展，2015，34 (11)：1470 – 1478.

产业承接力，揭示了该地区产业承接力分布特征，即从整体上看，上中游地区产业承接能力较弱，主要是因为地形限制和消费主体制约；沿江与各省会附近地区产业承接力较强，主要是因为信息量较为充足、投资结构也较为完善；自下游向上游产业承接能力呈现逐渐减弱的趋势，承接能力强的城市主要沿江分布且集中在省会附近。从国内学者对产业承接能力的研究我们可以看出，他们试图从各个角度对区域产业承接能力进行定性定量的分析，其指标选择也充分考虑了产业承接所涉及的各种经济指标，但是地区产业承接能力不仅与地区经济发展基础密切相关，同时还与当地政府的政策及其效率有关。

（二）产业承接模式研究

曹荣庆（2001）[①] 认为产业转移的模式多种多样，具体包括市场拓展型、人才联合型、资本输出型、产业关联型、商品输出型等。胡俊文（2004）[②] 认为将品牌和制造相分离，采用外包模式将产业或产品制造向外转移是发达国家或地区实现产业转移的新模式。成艾华（2011）[③] 则认为产业承接地应大力建设基础设施，以此提高其产业承接能力；同时，产业承接地还应加强教育投入、促进人力资本积累、制定吸引产业转移的相关政策，进一步提升西部地区承接产业转移的能力。邓丽（2012）[④] 认为地区应在承接产业转移传统模式的基础上，在加强生态文明建设的要求下，根据产业承接地的基本条件，努力开拓出一条全新的道路，以实现产业承接地的可持续发展。姜霞（2013）[⑤] 认为产业承接地在选择产业承接路径时，需要做到因地制宜，除了要考虑待移入产业的产业特点，更需要结合本地区的优势与不足，

---

① 曹荣庆. 浅谈区域产业转移和结构优化的模式 [J]. 中州学刊, 2001 (6)：111 - 113.

② 胡俊文. 国际产业转移的基本规律及变化趋势 [J]. 国际贸易问题, 2004 (5)：56 - 60.

③ 成艾华. 西部地区承接产业转移的路径选择 [J]. 重庆工商大学学报（社会科学版), 2011, 28 (6)：43 - 47.

④ 邓丽. 基于生态文明视角的承接产业转移模式探索 [J]. 吉林大学社会科学学报, 2012 (5)：106 - 111.

⑤ 姜霞. 湖北省承接产业转移的路径选择与政策取向研究 [D]. 武汉：武汉大学, 2013.

制定科学合理的产业承接路径。

（三）产业承接效应研究

郝洁（2013）[①] 认为产业转出地将其产业转移至承接地后，对承接地的经济、社会等均会产生很大的影响。产业承接地在承接产业后，其产业的生产效率是否能够提高、生产要素是否能够有效流动等是承接地产业转移效应发生的约束条件。宋哲（2013）[②] 认为进行区域间产业转移对各地均会产生一定的影响。一方面，利用技术转移的优势，可以促进中西部地区的产业升级；另一方面，通过资源的再配置，可以促使东部地区的产业发展紧跟该地区经济的快速进步，从而改善本地区的产业结构。陈桂林（2014）[③] 认为产业转移有助于推动当地的城镇化建设，其作用路径是通过向产业承接地注入各种经济要素，促进产业承接地的产业集聚及产业结构升级，进一步加快该地区的经济发展。唐树伶（2016）[④] 认为京津冀地区内部在产业布局方面存在一定的梯度差异，河北省在产业承接中为了促进其产业结构的合理化，应充分利用产业转移产生的促进作用。综上所述，产业承接效应具有双重影响，既有积极的一面，也有消极的一面。不能否认产业承接在很大程度上会给产业承接地带来经济等方面的积极影响，而有些产业承接未能发挥其应有的积极效果，致使产生了负面影响，究其原因可能多种多样，但最主要的原因还是在选择承接产业时，产业承接地的自身条件与转移产业之间不匹配所导致的。

（四）产业承接与区域经济发展研究

陈刚和陈红儿（2001）[⑤] 认为区域间产业转移之所以会发生是因为

---

① 郝洁. 产业转移承接地效应的理论分析 [J]. 中国流通经济, 2013, 27（1）: 60 - 67.

② 宋哲. 我国产业转移的动因与效应分析 [D]. 武汉: 武汉大学, 2013.

③ 陈桂林. 产业承接推动城镇化机理 [D]. 厦门: 厦门大学, 2014.

④ 唐树伶. 京津冀协同发展背景下河北省产业承接效应 [J]. 中国流通经济, 2016, 30（6）: 40 - 45.

⑤ 陈刚, 陈红儿. 国际产业转移理论探微 [J]. 贵州社会科学, 2001（4）: 2 - 6.

一个国家区域之间存在着经济发展水平的差异，一国区域间的产业转移比国际产业转移更有可能发生，这就为落后地区充分利用外部力量发展本地区经济提供了机会。张可云（2001）① 认为，除产品和要素流动外，区域间产业转移是区域间经济联系的一种重要方式。张孝峰和蒋寒迪（2006）② 认为推进产业在区域间的转移是能够解决区域间协调发展问题的路径之一，政府应该制定相应的产业和区域政策，不断建立健全市场机制和协作机制，利用中部地区承东启西的地理位置逐步推进区域间的产业转移，最终实现区域间均衡协调发展。

第五节　文献评述

国外研究产业转移和生态环境问题相对较早，主要研究内容是国际产业转移与环境污染之间的关系、环境规制对污染问题的影响等，并且形成了较丰富的研究成果。早在 20 世纪 70 年代，就有学者提出跨国企业为了降低成本不断向低环境标准的国家转移"肮脏"产业。学者们在总结了前期文献的基础上，形成了著名的"污染避难所"假说，该假说认为环境规制会导致污染产业转移。企业倾向于到环境规制水平低的国家进行专业化生产，从而使污染密集产业不断发生国际转移，其流向一般是从发达国家到发展中国家，发展中国家因此沦为"污染转移的天堂"，后续有很多学者对污染避难所效应做了实证分析，使用不同数据样本和分析工具得出的结论并不完全相同。有部分实证研究证明环境规制的确会导致产业承接地的污染情况加重。有些学者则得出了环境规制并不一定造成污染产业转移的结论。还有学者提出环境规制对产业转移中污染问题的影响可能取决于企业的竞争力、企业对环境政策采取的策略以及生产效率、政府实施环境规制的不同力度等。

① 张可云. 区域大战与区域经济关系 [M]. 北京：民主与建设出版社，2001.
② 张孝峰，蒋寒迪. 产业转移与区域协调发展研究 [M]. 北京：华龄出版社，2006.

国外关于工业园区绿色发展的研究在文献中主要表述为生态工业园区建设或循环经济发展。研究的主要方向是工业园区绿色发展模式，包括双元回收系统模式、循环消费模式、立法推进模式、生态工业园模式等，发展较为成熟的有德国、美国、日本。关于工业园区绿色发展的实现路径，国外学者的研究重点在税收、产权、清洁生产、绿色供应链、人才机制、沟通机制等方面；关于保障措施方面主要围绕环境制度、政府直接管控等方面进行研究。

目前国内专门研究产业承接地绿色发展问题的相关文献不多，从文献成果方面看主要体现为探讨产业转移与生态环境之间的关系，学者用全国各地区的真实数据和分析工具来论证污染避难所效应在中国是否存在。随着产业承接地工业园区的进一步发展，国内学者开始将研究重点由产业承接效应、承接能力、产业结构调整等方面转向工业园区亟待解决的绿色发展问题，为了解决政府失灵和市场失灵的问题，治理理论被广泛运用到生态环境、产业绿色发展方面，主要包括绿色治理的机理研究，分析绿色治理的必要性、影响因素、实现路径。在实证研究方面，学者们针对我国具体产业或地区建立指标体系，进行绿色发展水平测度。在绿色治理问题上，很多学者从政府的角度阐释了环境规制的作用和影响，从企业的角度重点探索绿色生产技术的创新及措施建议。将协同理论运用在绿色发展方面的研究也较丰富，但是专门从产业园区角度分析企业—园区双主体协同治理的不多，研究方向主要是探寻协同发展机理和机制，针对某一个空间区域协同案例分析，如对于京津冀地区或太湖流域进行区域协同治理分析，还有协同绿色发展的治理绩效评估、实现路径等。

梳理国内外相关研究的学术史及研究动态后发现：国外学者主要聚焦在国际产业转移与环境问题的关系研究和生态工业园区建设的研究，专门研究产业承接地企业—园区绿色协同发展的治理机制的文献比较少。而国内学者的研究有如下特点：一是较多关注一般绿色治理的环境规制研究和企业治理措施研究以及从区域协同角度进行具体案例研究，以产业承接地的视角研究工业园区绿色发展的文献不多；二是工业园区绿色发展的关键是企业—园区绿色协同发展，而运用协同理论来研究企业—园区的利益博弈和可持续发展的文献不多；三是以企业—园区为主体的协同效应评估、实现路径、政策工具组合还未有系统的研究。因此，本书基于产业承接地工业园区这一特定的研究对象来研究企业—园区绿色协同发展的治理机制就有较广阔的研究空间和较深远的研究纵深。

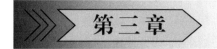

第三章

产业承接地企业—园区绿色协同
发展和治理的现状分析

第一节　绿色协同发展的现状分析

一、绿色协同发展成效

（一）遵循发展规律，绿色产业链加速构建

产业承接地工业园区实现绿色发展需要构建绿色产业链。构建绿色产业链的过程中需要以产业发展规律为基础，以企业为基本载体，对生产要素进行优化配置，形成具有更好发展前景的主导产业和产业结构，进而扩大自身竞争优势，这个过程能够很好地构建起产业生态化组织形态。绿色产业链的构建包括两个方面：一是建立起产业共生体系；二是绿色供应链的建设。其中，建立起产业共生体系是为了实现工业园区经济、环境和社会效益相统一，通过将一个生产环节的废料转化为另一个生产环节的原料，实现资源的在一个闭环系统中循环利用，这是循环经济思想的体现。绿色供应链的建设正被一些企业和园区采纳，进行试点建设。它是以提高资源利用率、减少环境污染为主要目标，顺应的是建立资源节约、环境友好型社会，即通过采购、生产、营销、回收及物流一体化的供应链体系建设，推动上游及下游

企业一齐提升资源的利用效率。

（二）推行清洁生产，绿色制造体系加快建设

实现绿色发展，离不开清洁生产的推进和绿色制造体系的加快建设。早在 2002 年，我国就已颁布了《中华人民共和国清洁生产促进法》，清洁生产已逐步成为生态工业园区、园区生态资源利用循环、园区智能化高新技术改造等一系列国家绿色环保试点园区工业项目建设过程中的一项关键和重要的公共性法律政策改革举措，各个工业重点项目建设企业应通过清洁生产审核。到 2018 年，清洁生产产业已发展成为促进绿色发展的三个关键产业中的一个，为国家实现人与自然和谐相处、实现美丽中国建设战略目标提供了重要的战略支撑（刘和旺和张双，2019）①。不管是清洁生产还是绿色制造，都是产业承接地工业园区绿色发展的支撑点，因为二者的重点都在于在发展全过程中提高资源利用率、降低环境污染与风险。

（三）加强基础建设，基础设施共享不断推进

基础配套设施资源共享是国内外大型工业园区的一个重要共性技术特点，也是当前实践中普遍推行的一种提高能源利用效率的关键技术措施。工业园区内的基础设施主要包括工业园区内的集中式工业污水供热处理厂、中水工业回用能源处理配套设施、集中污水供热处理设施、固体废物（主要包括各类危险废物）集中收集设施、资源化综合利用及集中处理污水配套设施等。当前，我们主要是通过基础设施升级改造，让基础设施更加高效、更加低碳化。工业园区管理委员会的主要职责是对园区的日常运行进行管理，因而对加强园区基础设施建设发挥了重要的组织和指导作用。已有一些产业承接地的工业园区通过加强能源环境的基础设施建设、加强基础设施间的共生协作，做到了节能减排，这在实现园区绿色发展方面发挥了重要作用。

二、绿色协同发展存在的问题

众所周知，我国工业园区数量多，不同的工业园区的发展程度、发展规模、产业发展方向、企业协同配合程度等各不相同。例如，位于东部发达地区的一些工业园区资金、劳动力充足，信息化智能化发展较快，绿色发展程度较高；而位于中西部欠发达地区的一些工业园区资金、劳动力紧缺，信息化智能化发展欠佳，绿色发展程度偏低。因此，不同的园区在推进绿色协同发展中既存在共通问题，也有一些各自发展中的个性问题。以下将从环保人才队伍建设有待加强、环境事故应急能力有待提高和环境管理权责有待明晰三个方面阐述产业承接地企业—园区绿色协同发展存在的问题。

（一）环保人才队伍建设有待加强

园区各类事务繁杂，人力资源较为紧缺。即使现今大部分园区的一些重大项目已经实行了专业人士专门管理，但是园区内企业的数量多，大中小企业分布不均，存在的问题也较多，并且在具体的工作中，环保方面的工作存在很大的不确定性，因此环保人才队伍建设仍有待进一步加强。园区内存在各类企业，排污种类也各不相同，园区的管理人员应对不同的环保问题，也应具体学习检查方式、治理方式等方面的内容，在专业的学习及指导较为匮乏的情况下，难免会心有余而力不足，无法正确判断及监督园区及企业的污染排放情况，无法正确地提出相应的整改措施和方案，这不利于整个园区绿色发展能力的提升（赵原，2020）①。

（二）环境事故应急能力有待提高

工业园区是各类不同企业的聚集地，排污较大，非常容易突发环境污染的事故。当前，我国工业园区的风险管理主要针对风险后的处

---

① 赵原. 环保管家服务模式在工业园区的应用——以江西省某工业园区为例 [J]. 环境与发展，2020，32（2）：246-247.

理,即风险应对和环境恢复,事前的风险主动预防以及事中的风险评估工作尚有欠缺,随机应变能力也不够强。同时,在管理层面,很多园区尚未意识到风险预防的重要性,没有建立起风险监管的相关机制(方琳等,2017)①。这些年,园区的环境污染突发事件的应急能力较之前有明显的提升,但是还存在一些亟待妥善解决的问题,如应急储备较少、应急演练形式化、自动化信息化环境风险管理监测系统有待健全等,把这些问题解决好,才能让我国的园区尤其是产业承接地园区进一步提升环境事故应急能力,真正实现绿色发展。

(三)环境管理权责有待明晰

我国工业园区的管理情形较为复杂,不同园区有不同的发展方向和不同的主导产业,类型各种各样,级别上又分为国家级、省级、地市级、县级……因而也表现出管理形式及体制的各不相同。现今,我们大致可以归纳出公司型、园区型和政区型的管理模式。在机构设置上,尚有一些产业承接地工业园区没有安排独立的环保部门,更没有配备齐足够的环保工作人员,环境管理、监督的能力明显不足。并且,有一些产业承接地工业园区管理机构在环境监管执法上没有相应的职权。因此,从整体上看,产业承接地工业园区环境管理权责有待明晰。

三、绿色协同发展方面存在不协同的典型案例分析

(一)中部地区绿色协同发展相关典型案例

1. 江西省吉安市永丰县循环经济产业园污染严重②

位于永丰县佐龙乡的吉安市永丰县循环经济产业园由永丰县工

---

① 方琳,姚扬,等. 长江经济带工业园区绿色发展建议[C]//2017 中国环境科学学会科学与技术年会论文集(第一卷). [出版者不详],2017:330-333.
② 中华人民共和国生态环境部. 江西省吉安市永丰县循环经济产业园污染严重 群众反映强烈[EB/OL]. (2021-04-28)[2022-07-02]. https://www.mee.gov.cn/xxgk2018/xxgk/xxgk15/202104/t20210428_831107.html.

业园区管理委员会代为管理。在发展过程中园区引进了数十家企业,具体包括化工企业、建材企业、金属冶炼企业等。其中,龙天勇公司和祥盛公司是以危险废物为原料、回收一些重金属的有色金属再生冶炼企业。企业对环境保护始终漠视,缺失作为发展主体应该承担的责任,再加上在地方政府部门的疏于管理,园区的环境风险问题凸显。

龙天勇公司在再生银、铅等有色金属生产过程中,违反国家法律规定,先后建了十余台国家已淘汰的燃煤反射炉,存在烟气乱排乱放现象。从 2008 年起,企业在仓库及生产车间随意堆放大吨量的危险废物,并疏于管理,任由灰渣被冲刷进雨水管网且进行排放,严重影响水环境。据监测,厂区雨水沟内的镉浓度和铅浓度超过直接排放标准的成百上千倍。祥盛公司在长时间内超过自身的经营许可范围,对磷化渣等危险废物进行非法处理,导致厂区之内危险废物运输途中泄露至外环境、雨污混排、废水溢流入雨水管网外排等问题长期存在。雨水排口存在超标现象,且问题严重,水中镉浓度、铅浓度、锌浓度均超《地表水环境质量标准》Ⅲ类标准的几十倍,排口周边土壤铅含量超过风险管控标准管制值接近 2 倍。

可见,政府部门在落后产能淘汰方面的工作存在严重失职。龙天勇公司和祥盛公司这类"两高"和涉危涉重企业,应该作为环境监管的重中之重,而政府部门在对企业进行例行检查的过程中过于形式化,没有对企业进行应有的惩治,导致企业的违法生产、违规排放等行为长期存在、肆无忌惮,严重影响园区生态。政府部门没有正确认识处理好发展经济和保护环境的辩证关系。经济发展和环境保护作为一对矛盾体,相互依存、密不可分。一方面,经济的发展必是以特定的环境因素作为物质的依托,因为任何与经济发展有关的行为都不可能凭空进行;另一方面,保护和改善环境也需要经济支持,经济发展大可以为环境保护提供其所必需的资金和更为先进的技术。今后,不管是企业还是园区都应当落实好环保的主体责任,在经济发展的过程中不忽略对环境的保护,做到两手抓。

2. 安徽固镇经济开发区环境污染问题突出[①]

安徽固镇经济开发区位于蚌埠市固镇县，紧邻淮河两条一级支流——怀洪新河和北淝河。当前，安徽固镇经济开发区环境污染问题突出，主要存在以下问题：

第一，盲目上马"两高"工业项目。在开发区新的排水管道建成之前，安徽丰原集团有限公司私自建设涉水项目，并通过了项目审批。可是早在 2014 年，固镇经济开发区发展规划环评审查意见中就已经明确，对"两高"及污水排放量大的一些项目要严控，同时也说明了，不得在新的排水管道建成投运之前私自建设排放水污染物的相关项目。第二，园区基础设施建设存在不足。环保局曾明文要求园区加强中水回用，对废水的日排放量限制也有明确的规定，但是园区漠视环保规定，向北淝河实际排放废水吨数超标 1 倍，水质也存在超标的问题，再加上园区相关配套环保基础设施建设严重不足，这种超环境容量排放污染物的问题无法及时解决，进而严重影响园区环境。第三，企业的违法排污行为严重威胁地下水环境。经过调查发现，园区和周围的农田有一些污水坑，监测数据表明，化学需氧量浓度和氨氮浓度均严重超标，甚至超过了《地表水环境质量标准》Ⅲ类标准 400 多倍。

由此可见，政府监管部门政治站位不高，生态保护的主体责任存在很大程度的缺失，没有贯彻落实好"绿水青山就是金山银山"的生态文明思想，一味追求经济发展，盲目上马"两高"工业项目，严重失职，致使生态环境被严重破坏。"宁要绿水青山，不要金山银山"，是经济发展与生态环境保护这一矛盾进一步发展所呈现出的"反题"。经济发展与生态环境保护之间的矛盾在历史发展中不断展开，经济发展对自然资源的过度索取造成生态环境恶化，人与自然之间的相对平衡状态被打破。"绿水青山就是金山银山"的理念从实现人的全面发展以及人类社会整体和长远利益出发，抓住了矛盾的主要方面，因为

---

① 中华人民共和国生态环境部. 不顾环境容量 盲目上马项目安徽固镇经济开发区环境污染问题突出 [EB/OL]. (2021 - 04 - 28) [2022 - 07 - 02]. https://www.mee.gov.cn/xxgk2018/xxgk/xxgk15/202104/t20210428_831106.html.

"绿水青山可带来金山银山，但金山银山却买不到绿水青山"，必须坚决否弃以牺牲环境为代价换取经济社会进步的发展模式以及以眼前利益换取长远利益的思维方法。

3. 中国有色集团下属大冶有色公司环境污染严重，风险隐患突出[①]

大冶有色金属集团控股有限公司（以下简称大冶有色公司）位于湖北省黄石市，是中国有色矿业集团有限公司（以下简称中国有色集团）二级企业，主要从事铜开采、冶炼和加工，具有年产 30 万吨阳极铜、60 万吨阴极铜及年处理 20 万吨废杂铜的生产能力，下辖冶炼厂、丰山铜矿、铜山口铜矿和赤马山铜矿等 8 个直属单位以及晟祥铜业等子公司，其中赤马山铜矿已于 2015 年停产。

2021 年 8 月，中央第六生态环境保护督察组对中国有色集团下属大冶有色公司进行督察发现，大冶有色公司主体责任落实不到位，存在以下突出问题：第一，环境污染严重。大冶有色公司冶炼厂废杂铜车间废气治理设施形同虚设，竖炉烟气未经收集处理直接排放，阳极炉烟气无组织散逸明显，厂区烟雾弥漫。对污酸车间厂区外排雨水采样监测发现，砷、铅、镉浓度分别为 17.3 毫克/升、9.92 毫克/升、0.912 毫克/升，超《铜、镍、钴工业污染物排放标准》排放限值的 33.6 倍、18.84 倍、8.12 倍。第二，风险隐患突出。大冶有色公司丰山铜矿尾矿库距离长江干流 800 余米，尾矿库废水直排长江。2012 年该尾矿库扩容环评要求建设截洪沟 2550 米，2019 年湖北省生态环境厅发布的《湖北省尾矿库污染防治工作方案（2019～2020 年）》也明确要求其完善截排水系统，减少雨水入库量，但企业一直未建设截洪沟，导致大量雨水混杂尾矿废水直排入江，2020 年排水量达 279 万立方米，实际单位产品排水量达 3.48 立方米/吨，是《铜、镍、钴工业污染物排放标准》规定的单位产品基准排水量限值的 3.48 倍。

环境问题突出的根本原因在于：大冶有色公司对长期存在的环境

① 中华人民共和国生态环境部. 中国有色集团下属大冶有色公司环境污染严重，风险隐患突出 [EB/OL]. (2021－09－06) [2022－07－02]. https：//www. mee. gov. cn/ywgz/zysthjbhdc/dcjl/202109/t20210906_900028. shtml.

污染和风险隐患问题态度消极，对群众诉求和监管要求敷衍应付，生态环境保护主体责任落实不力，不作为问题突出；中国有色集团对大冶有色公司存在的诸多生态环境问题督查不到位、监督整改不力、考核不严格，履行集团管理责任不力。

4. 山西省晋中市盲目上马焦化项目①

绝大部分地区地属黄河流域的山西省晋中市，常年处于水资源严重匮乏状态，属于极度缺水地区，人均水占有量不足全国平均水平的1/6。介休市、平遥县于2020年12月被水利部暂停新增取水许可，缘由为地下水超载。晋中市所属的汾渭平原地区甚至属于打赢蓝天保卫战重点区域，其大气污染防治形势同样严峻。

晋中市推进焦化产业转型期间未依法严格落实建设项目环境影响评价、节能评估审查及水资源论证，其虽然在产业转型升级方面取得了一些积极进展，但其违法违规的问题仍然十分严重。山西宏源富康新能源210万吨/年焦化项目、山西省平遥煤化集团134万吨/年焦化项目等项目从2019年初开始陆续在未取得环评批复、节能评估审查意见及水资源论证的情况下违规开工建设，并且部分项目至今甚至已建成投产，此类违规焦化项目全部建成投产后虽然会使实际焦化产能相比2019年增加692万吨，但同时将增加用水量1200万吨、用煤量1000万吨，并且大幅度增加各类大气污染物排放量，将对当地大气污染防治、地下水超载区治理造成一定冲击，同时对产业结构和能源调整、碳达峰等工作带来新的风险与挑战。

晋中市及介休、平遥、灵石等地党委、政府及有关部门对黄河流域的生态环境保护及高质量发展落实严重不到位，不作为、乱作为，忽视环境承载力，无视水资源禀赋，盲目审批多个未经法定程序允许的高能耗、高污染焦化项目，并缺乏后期监管，甚至任其发展，是导致当地大气污染情况加重、水资源供给不足问题突出的重要原因。从

---

① 中华人民共和国生态环境部. 山西省晋中市盲目上马焦化项目未批先建、违规取水、违法排污问题严重［EB/OL］.（2021－04－16）［2022－07－02］. https：//www.mee.gov.cn/xxgk2018/xxgk/xxgk15/202104/t20210416_828945.html.

生态学的角度看，一定区域的生态环境内只能承载一定数量的生命群体，一旦超越这一承载规模，整个生态系统将面临一定风险。人类为了生存和发展，不可避免地在一定范围内、一定程度上改造和利用自然，但是这种利用和改造必须控制在一定范围和程度之内，建立以资源环境承载力为基础的经济社会发展模式，顺应的是自然界具有有限的承载能力这一客观规律。

（二）其他地区绿色协同发展相关典型案例

1. 辽宁一些地方项目管控不到位，能耗"双控"面临较大压力①

作为我国重要的老工业基地的辽宁省，经济增长过于依赖于能源消费。2020年，辽宁省规模以上工业综合能源消费量1.62亿吨标准煤，较2018年增长22.7%，能耗"双控"工作仍面临较大压力。

第一，高耗能、高排放项目违法建设情况严重。辽宁省已上报的已投产重点用能项目中，有37个项目在未通过有关部门节能审查的情况下私自开工建设甚至投产。例如，昌图县现代农业高新技术产业示范区热电联产项目在未取得节能审查意见、环境影响评价批复以及施工许可等行政许可情况下，于2020年12月由昌图县政府专门召开县长办公会议，强行促使项目在违规条件下开工。第二，节能审查审批监管不力。辽宁省有关部门自2018年以来，未能及时对未取得节能审查意见"未批先建"甚至投产的项目进行责令停工停产。辽宁省取得节能审查批复的建设项目中存在9个未能落实能耗替代要求的能耗为5万吨标煤以上的高耗能项目，其设计新增能耗较高，达177万吨标煤。

绿色发展是发展进程的价值遵循。绿色发展内蕴含着实现经济绿色发展、循环发展、低碳发展。这不仅是对人类社会发展规律的基本遵循，也是实现生态文明蓝图的应然与实然、或然与必然的统一，为我国经济健康、持续、高质量发展指明了方向。辽宁省地方部门未能

---

① 中华人民共和国生态环境部.辽宁一些地方项目管控不到位能耗"双控"面临较大压力［EB/OL］.（2021-04-28）［2022-07-02］.https：//www.mee.gov.cn/xxgk2018/xxgk/xxgk15/202104/t20210428_831105.html.

对绿色发展形成正确认识，缺乏对高耗能、高排放项目的严厉监管，甚至有地方政府为了经济发展，违规推动高耗能、高排放项目建设。有关部门任由高耗能、高排放项目建设发展，能耗"双控"工作落实不到位，在节能审查监管责任的履行方面存在问题。

2. 山东省泰安市宁阳化工产业园违法问题突出，环境污染严重①

宁阳化工产业园位于泰安市宁阳县磁窑镇，隶属宁阳经济开发区，以基础化工、精细化工、化工新材料和生物化工为主导产业。该园区是 2018 年山东省认定的第一批化工园区，目前园区内共有化工企业 28 家，其中建成投产 20 家。

园区违法突出问题表现在：第一，煤量替代弄虚作假，违规建设"两高"项目。园区企业山东恒信高科能源有限公司的退城进园压煤搬迁技术升级项目（120 万吨/年焦化项目）于 2016 年 2 月开工建设，2020 年 1 月建成投产。督察发现，该项目煤炭消费减量替代方案弄虚作假，虚报替代煤量 35.4 万吨标煤。山东晋煤明升达化工有限公司的合成氨和尿素项目批小建大，项目于 2016 年 2 月开工建设，2020 年 6 月建成投运，批复为年产 40 万吨合成氨和 60 万吨尿素，但实际建成产能为 60 万吨合成氨和 90 万吨尿素，为批复能力的 150%。第二，基础设施建设推动不力，偷排问题依旧。宁阳化工产业园长期忽视环境基础设施建设。2018 年 8 月，山东省化工专项行动办发布《关于进一步做好第一批化工园区问题整改工作的通知》，明确要求其于 2020 年 6 月完成污水管网和污水处理厂升级改造，但相关工程直至督察组进驻前尚未开工建设。督察发现，由于管网破损和设计缺陷，园区污水总管沿海子河存在多个溢流口，特别是郑庄大桥北侧溢流口常年溢流，高浓度化工废水长期直排。经测算，2021 年 1 月至 6 月，该溢流口 78% 的时间段存在溢流现象，每日约有 4000 吨化工废水直排海子河。

可见，宁阳县绿色发展理念树得不牢，生态环境保护主体责任落

---

① 中华人民共和国生态环境部. 山东省泰安市宁阳化工产业园违法问题突出 环境污染严重 [EB/OL]. (2021-09-06) [2022-07-02]. https://www.mee.gov.cn/ywgz/zysthjbhdc/dcjl/202109/t20210906_900003.shtml.

实不力，园区环境基础设施建设滞后，工作不细不实，致使海子河污染问题长期得不到解决。未来，应注重园区治污主体责任的有效发挥，同时提高企业主体责任意识，主动规划好产品技术与产业结构升级。技术创新能够促进产业结构的优化，推动产业结构向产业生态化方向发展，就是向节能、环保型产业发展。经济社会的发展，要求产业能够充分利用资源，减少废弃物的产生、排放，消除对环境和生态的不良影响，从而提高经济发展质量。这就要求未来技术发展方向必然是技术生态化，也就意味着技术创新有生态化趋势，从而使产业结构生态化，这也是今后竞争的关键所在。

第二节　绿色协同治理的现状分析

一、绿色协同治理成效

（一）环保配套设施不断完善

很多产业承接地工业园区坚持经济发展与环境保护并重，不断完善环保基础设施，全面提升投资环境和项目承载能力，夯实可持续发展基础。例如，樟树市的城北经开区污水处理厂出水水质稳定达标，污水处理厂已由第三方专业运营公司管理运维；药都科技产业园在稳定运行原有污水处理厂的同时，加快新污水处理厂建设，日处理400吨过渡污水处理厂已投入使用，日处理1万吨污水处理厂项目已于2019年底与投资方签订特许经营协议；盐化基地污水处理厂二期日处理2万吨项目已开工建设，污水管网明管化改造完成工程量的75%。

（二）隐患排查力度持续增强

近年来，大部分产业承接地工业园区主动作为，正视问题，严格排查整治各类安全隐患，坚持多措并举，有效减少和遏制了各类事故的发生，确保安全生产形势持续平稳。为提升园区环保治理水平，不少园区引入环保管家服务模式（张海峰，2021）①，樟树工业园区以购买技术服务的方式，引进环保第三方监理服务单位常驻园区，让第三方协助园区实现对企业的日常监管和隐患排查，专业化、深层次发现问题，从而实现了对企业环保方面的精细化和专业化管理。园区干部、企业环保工作者陪同学习，及时记录，明确时限，并督促整改到位。

（三）污染防治工作有序开展

各产业承接地对工业园区严把环境准入条件，加强企业污染防治，基本上实现了工业园区环境的治理体系和治理能力的现代化。具体表现在，园区的污染治理设施建设逐步健全，循环化产业体系建设逐步加强，低碳、清洁化水平也有了一定程度的提升，监管部门和执法部门的分工更加合理，权责更加明确，环境保护的机制体制基本形成。如樟树工业园重点提升了园区"三废"管控、污水收集及处理设施建设运营、雨污分流及挥发性有机物（volatile organic compounds，VOCs）治理，尤其是以化工企业为重点，对排放敏感气味企业对接民标，要求企业全面收集输送、投料、卸料、反应等工艺的尾气，督促重点企业完善废气收集及治理系统，建设 VOCs 在线监测设施。目前已有 10 家重点化工企业完成 VOCs 在线监测设施安装。

二、绿色协同治理存在的问题

（一）绿色治理主体责任意识有待提高

1. 园区主体责任存在缺位

园区主体责任的缺位主要体现在：一是园区监管部门没有充分行使职权，在环境保护政策的执行和监督上力度不够，所以会出现一些"两高"项目长期存在、屡禁不止甚至顶风作案的现象，这不仅危害园区的生态环境，也影响了园区周边居民的身心健康与工作生活。二是一些园区绿色治理的意识较为淡薄，为了园区经济的发展，不管不顾

---

① 张海峰. 新形势下环保管家服务模式探索［J］. 化工管理，2021（18）：27－28.

环境保护的相关政策法规与要求，盲目上马高耗能、高排放一类的项目，不惜以牺牲环境的代价谋求利益，殊不知绿水青山才应是最大的利益。园区的这些行为都体现了主体责任的缺位，会让原本已存在的生态环境问题进一步恶化。

2. 企业主体责任意识淡薄

企业的经营最主要的目的是实现自身利益的最大化，这无可厚非。但是，在追求自身利益最大化的过程中应该遵循经济发展的客观规律，应该遵守国家关于生态优先、绿色发展的相关政策法规要求。当下，有很多企业在自身生产经营的过程中以牺牲我们赖以生存的生态环境、耗费有限的自然资源为代价，盲目追求经济利润，不仅使自身产能过剩，更重要的是对我们的生态环境造成了难以修复的创伤。在国家"双碳"政策的规制和指引下，不少企业已经开始主动谋划产业技术和产品结构的升级发展，朝着资源节约、环境友好型的发展模式转型，可是还是有一些园区企业缺乏对"双碳"政策及绿色发展相关规定的认识，缺乏对科学技术创新的正确认识，不能把低碳技术创新摆上重要的位置，不能主动通过技术创新来谋划低耗能、低排放式的发展。当然，也有一些企业受资金不足的限制，技术创新的步伐较为缓慢，在依靠现有的技术的前提下，在生产过程中容易出现资源的浪费并造成环境的破坏。

（二）绿色治理多元主体协同机制有待健全

1. 多元主体治理的协同度不高

绿色治理需要多元主体多方参与，需要各个主体在高度认同生态环境保护相关理念和政策法规的基础之上步调一致、共同发力、共同治理，进而形成并完善协同治理的工作体制机制。但是，从上一点的分析中我们可以看出，在绿色治理的过程中，治理主体没有担当起治理重担，存在责任缺位与意识淡薄的问题。政府的执法监管部门应当站得更高、看得更远，用可持续发展的眼光，树立"绿水青山就是金山银山"的发展理念，关注本地区经济的发展，而不是一心为了实现经济的高速发展而忽略了走绿色发展之路。政府部门保持经济增长与环境保护之间的平衡尤为重要，这是完善协同治理的工作体制机制的重要一方面。当前，我们也存有一些致力于贯彻落实绿色发展理念的社会组织，有的组织或是自身对绿色发展理念的认同感不高，或是在环境保护行动中参与度不够，无法真正担当起作为协同治理主体的责任。公众也应成为绿色协同治理的一大主体，但是当前，有一些民众对环境保护的参与度尚不够，自身对绿色发展理念的认识不足，不能很好地发挥主人翁意识，不能对身边存在的环境问题进行监督举报。因此，多元主体治理的协同度不高，步调一致、共同发力的治理体制机制尚未建成。

2. 绿色治理主体过于单一

当前，绿色治理存在主体过于单一的情况，主要是政府治理，企业、社会组织、民众的参与度有待提升。作为行政主体的政府，在绿色治理的过程中确实应当发挥职能优势、起到主导作用，但是其他相关的主体也需要共同发力，不能只是被动参与，毕竟单单依靠政府的力量并不能真正实现绿色治理。这就要求政府加快改革，向服务型政府转型，充分运用好全社会的力量，让治理环境更加优化，让治理准入门槛降到最低。产业承接地工业园区的企业对绿色治理的忽视多是由于管理者对绿色发展理念认识不深或是其与企业未来发展方向不相适应。社会组织的绿色治理参与度虽然在逐步提升，但是多是在政府的指导之下参与绿色治理，并未能真正发挥社会组织的监督、治理效能。民众对绿色治理的参与意识不够强，或是由于宣传力度不够，或是由于参与渠道不畅通。

3. 多元协同治理模式缺乏长效运行机制

由于传统的社会管理方式影响深远，绿色治理主体虽然包括政府部门、企业、社会组织等，但是仍是以政府为主导，企业、社会组织、民众都过于依赖政府，绿色治理过程中存在后劲不足的问题。主要原因在于：第一，政府主导作用强，影响了其他参与主体治理效能的有效发挥，不利于推进绿色治理。第二，绿色治理的多方参与治理模式缺乏长效机制。多方参与的治理模式是适应时代潮流、符合共建共享理念的绿色治理模式，然而正在初创摸索过程中，多元协同治理的体制机制也尚未健全。同时,各个参与主体的参与诉求、动机、职能及权利义务关系也没有具体明晰,参与主体对个人利益与社会责任的关系认识不深入,多元协同治理的推动力尚且不足(刘会成和刘璐,2019)[①]。

三、绿色协同治理存在问题的典型案例分析

(一)中部地区绿色协同治理存在问题的相关典型案例

1. 江西省宜春市一些地方督察整改曾弄虚作假[②]

宜丰县工业园区 7 家铅酸蓄电池企业的环评批复均为生产废水"零排放",2017 年 7 月至 2018 年 4 月,在 7 家铅酸蓄电池企业实际均未做到生产废水"零排放",又尚未全部取得"达标排放"批复的情况下,宜丰县每月上报整改进展情况均称已完成整改。江西长新电源有限公司长期利用雨水渠超标排放含铅废水,2016 年上半年至 2018 年 5 月在厂区违法填埋含铅污泥 134.67 吨。铜鼓县在办理中央环境保护督察组交办的群众反映三都镇黄田村环境污染问题的信访件过程中,在红福炭厂尚未完成整改的情况下违规销号。丰城市在办理中央环境保护督察组交办的华宏工业燃料油公司环境污染问题的信访件过程中,对华宏工业燃料油公司多次未经允许擅自恢复生产制止和处置不力。

对上述生态环境损害问题已严肃处理,体现了江西省委、省政府贯彻落实习近平生态文明思想,不断加强生态环境保护工作的坚定决心和鲜明态度。未来,要切实加大生态环境保护力度,坚决打赢污染防治攻坚战;要坚持严格监管与优化服务并重,做到鼓励先进与惩戒落后并举,协同推进经济高质量发展和生态环境高水平保护,以更高标准打造美丽中国"江西样板"。

---

① 刘会成,刘璐. 环保管家服务在工业园区中的应用 [J]. 科技创新与应用,2019 (16):171–172.

② 江西省人民政府. 江西省通报中央环境保护督察"回头看"及专项督察移交生态环境损害责任追究问题问责情况 [EB/OL]. (2020–01–03)[2022–07–02]. http://jiangxi. gov. cn/art/2020/1/3/art_396_1335050. html.

2. 河南省新乡市垃圾填埋污染隐患突出[①]

河南省新乡市每天生活垃圾的产生量接近 5000 多吨，现今有 11 个填埋场，2 个焚烧厂。在这 11 个焚烧厂之中，除了在建的 2 个焚烧厂外，其他的 9 个焚烧厂在运行过程中均超库容，没有落实相关要求，是监管的薄弱之处，存在突出的污染隐患。

首先，由于渗滤液巨量积存，严重污染环境。2020 年，新乡市生活垃圾焚烧厂建成投运之后，生活垃圾无害化处理场日填埋量大幅下降，改变了原本超负荷运行的状况，填埋量骤减至 100 吨。虽然改变了超负荷运行的状况，但是渗滤液处理设施从开始投运的 2005 年至今，日处理渗滤液较少，运行中需要用到的药剂量不足，且处理效果与预期相比存在很大的差距，不仅调节池内积存垃圾渗滤液 6.8 万吨，堆体内还有 10 多万吨，全场积存渗滤液超过 20 万。因处理渗滤液产生的高含盐、高化学需氧量浓缩液又回喷到垃圾堆体，对后续渗滤液处理难上加难。其次，长期以来，垃圾填埋场的管理存在很大的问题。在新乡辉县市生活垃圾填埋场超负荷运行的多年之中，因没有及时采取必要的垃圾处理措施，导致垃圾在填埋场内随意倾倒、乱堆乱放，生活垃圾填埋场内外一片狼藉。调查后发现，这一垃圾填埋场产生的渗滤液仅由一套简单的设备处理，100 吨的渗滤液能被处理的不足 10 吨。并且，生化处理系统停运，曝气池内无污泥，二沉池和污泥回流池也长满青苔。覆盖于渗滤液贮存池上的聚氯乙烯防渗膜已严重损毁，导致雨水与渗滤液易在膜上累积，并散发出恶臭，渗滤液贮存池中仅存有 2000 立方米左右的渗滤液，与其产生量差距较大，说明存在大量垃圾渗滤液泄露的情况。

3. 湖南省湘潭市港口码头污染治理存在漏洞[②]

受益于水量大、水深，湘江湘潭段港航资源较为丰富。湘潭段是

---

① 中华人民共和国生态环境部. 推动督察整改不深不实 河南省新乡市垃圾填埋污染隐患依然突出 [EB/OL]. (2021 – 05 – 17) [2022 – 07 – 02]. https：//www. mee. gov. cn/ywgz/zysthjbhdc/dcjl/202105/t20210517_833118. shtml.

② 中华人民共和国生态环境部. 湖南省湘潭市港口码头污染屡治屡空 [EB/OL]. (2021 – 04 – 16) [2022 – 07 – 02]. https：//www. mee. gov. cn/xxgk2018/xxgk/xxgk15/202104/t20210416_828957. html.

由包括铁九华港区、牛埠港区、易俗河港区三大货运港区的 8 座货运码头和水上服务区、客运码头、管理专用码头等组成的，是湖南省尤为重要的内河大港。然而当前，湘潭市港口的污染防治工作做得不够好，由于污染防治的设施不完备，出现了雨污水排入湘江的问题，反映出政府部门在监管方面失职失责，不作为、慢作为以及企业作为市场主体责任的缺位。

首先，污水直接排入湘江体现出企业作为市场主体责任的缺位。中央第六生态环境保护督察组督察发现，多个码头的污水未经处理直接排入湘江，造成极大的水环境污染。易俗河码头没有设置仓库堆放铁矿石、煤炭等原材料，直接露天堆放，导致雨污水积存，雨污水收集池、沉淀池也收集满后存在溢出现象，大量的污水溢出之后便直接排入了湘江。铁牛埠码头也直接露天堆放生产原材料，雨污水积存后由于污水处理设备不完备，也存在收集不到位的情况，污水直接排入了湘江，甚至在湘江形成了一片黑色污染带。监测显示，外排污水化学需氧量浓度高达每升 700 多毫克。其次，政府部门的监管失职失责，对长期存在的港口码头排污的问题没有及时喊停，现已造成湘江严重污染，影响了周边群众的身心健康和正常生活，即使已有群众多次检举揭发污染问题，但是政府部门表现出的是漠视的态度，并没有及时叫停这种违法乱排行为。政府部门存在懒政、失职失责行为，对湘江污染问题有不可推卸的责任。关于治污设施不完善、湘江污染严重的问题，地方政府部门是早已知情的，迫于压力也会用一些简单的工作方式、采取简单的措施应付了事，如在 2018 年 7 月，湘潭市人民政府要求对市内港口码头污染物的产生情况、运转状况、处置现状等进行全面和系统的测评，并且提出到 2020 年底前要完成湘江污染防治工作的既定目标，但是在具体行动上仅是 3 年内购买完成所需的垃圾桶。

由此可见，湘潭市政府在走"生态优先、绿色发展"的现代化道路以及贯彻落实长江流域生态保护和长江经济带高质量发展战略部署上站位不高、认识不够，没有秉持中央提出的稳中求进的工作总基调，长期以来，对港口的污染防治工作表现出漠视的态度，生态环境环保的责任意识不强，缺乏大局意识，没有真正实现地区经济的高质量发展。

（二）其他地区绿色协同治理相关典型案例

1. 广西壮族自治区崇左市黑臭水体治理一填了之[①]

城市黑臭水体治理是污染防治工作的重点任务，是污染防治需要攻坚的战役之一。广西壮族自治区崇左市 2015 年排查出的 11 个城区污染池塘中有 5 个是国家黑臭水体整治任务，治理面积约为 15000 平方米。

在治理过程中，崇左市政府部门存在应付了事的情况，在申报时也未按照具体情况如实申报。首先，崇左市 11 个城区污染池塘的具体水质的情况在申报国家黑臭水体时已经由当地政府部门摸清，但由于怕承担环境污染责任，在申报时并没有如实申报。其次，崇左市政府对污水管网建设重视不够，大量的生活污水没有纳入城市的排污系统，最后在低洼之处形成了一些污水汇成的小池塘，对这些污水池塘，崇左市政府只做"表面文章"将其填平，而不是致力于把污水管网建设好，殊不知与其"扬汤止沸"不如真正"釜底抽薪"。另外，在对广西壮族自治区崇左市的治理情况调查后发现，江南污水处理厂作为崇左市城区唯一的污水处理厂，由于污水管网不够完善的原因，长期处于低负荷工况运行（日处理水量不及设计值的 40%），而其与丽江南路污水排口距离仅数百米，与百货大楼排涝泵站污水排口距离也不足 2 公里，污水处理厂运行工况与实际污水处理需求严重不符。江南污水处理厂设计污水处理能力为每日 3 万吨，自 2010 年建成以来，长期处于低负荷运行状态，至 2020 年，其实际日处理水量也仅能达到 1.12 万吨，约占设计处理能力的 37.3%。但是按照合同约定，崇左市却要支付保底日处理污水量 3 万吨的污水处理费用，仅 2020 年江南污水处理厂的污水处理费用便超过 1000 万元，在如此低的环境效益下造成了严

---

① 中华人民共和国生态环境部. 崇左市黑臭水体治理一填了之 污水集中收集率之低极为罕见 [EB/OL]. （2021-04-16）[2022-07-02]. https：//www.mee.gov.cn/xxgk2018/xxgk/xxgk15/202104/t20210416_828959.html.

重的资金浪费。

2. 中铝广西稀土环境污染问题突出①

广西稀土主要运营范围为稀土勘探与开发、稀土冶炼、稀土分离与深加工、稀土科学研究和贸易，其成立于 2011 年 7 月，现在为中国铝业集团旗下三级企业，注册资金为 7.5 亿元。广西稀土坐拥中铝广西有色金源稀土公司、广西国盛稀土新材料公司、江苏国盛稀土新材料公司 3 家主营稀土冶炼分离的企业，以及中铝广西岑溪稀土公司、中铝广西贺州稀土公司、中铝广西梧州稀土公司、中铝广西有色崇左稀土公司、中铝广西玉林稀土公司 5 家主营矿山开采的企业。中央第四生态环境保护督察组在督察过程中发现，广西稀土环保督察整改工作严重不到位，企业环境管理体制混乱，违法问题突出，企业运营期间存在较大的生态环境风险。

首先，中铝广西岑溪稀土公司项目运营期间缺少有效防渗设施，造成严重环境污染。企业面对环境问题仅将矿山拆除废弃，并未考虑后续污染防治及生态环境修复整治，对周边地表水及地下水环境造成了严重污染。2020 年 1 月，该企业将 10 个地下水监测井填埋，并违规将尾水处理设施废弃拆除。项目周边地表水环境监测结果表明，该企业废弃矿山下游 2 处地表水监测点位水质为劣 V 类，其污染物指标中氨氮浓度超过国家标准 90 多倍。其次，建设项目环境违法问题突出。广西稀土旗下企业多个建设项目并未开展环境影响评价工作，未批先建。并且其多个矿山无视审批限额，超负荷生产，给项目周边生态环境造成了巨大压力；未按环评要求开展注水实验，导致环境风险事故可能性增加；部分项目甚至无视环评要求，采用国家明令禁止、已淘汰的生产设备与设施。除此之外，广西稀土环境管理缺失，多数矿山无应急池、无防渗措施，导致大量生产污水渗入土壤与地下水，造成严重的环境风险。中铝广西梧州稀土公司藤县稀土矿仅在拦截池池体

---

① 中华人民共和国生态环境部. 警示案例丨中铝广西稀土整改不到位 环境污染问题突出 [EB/OL]. (2020 – 09 – 23) [2022 – 07 – 02]. https：//www. mee. gov. cn/ywgz/zysthjbhdc/dczg/202009/t20200923_800180. shtml.

周围铺设防渗膜，池底并未采用防渗措施，该项目矿区甚至将裸露土坑用作应急水池，严重违反环境风险防范措施规定。

综上可以看出，广西稀土环境保护问题突出，环保责任落实不到位，其营运期未能端正环境保护思想，对企业项目周边生态环境严重忽视，环保法律意识淡薄，对现存的环保问题态度敷衍，造成了生态环境的破坏与资金的浪费。中国稀有稀土股份有限公司作为广西稀土的上级单位，对广西稀土监察管理不到位，对其长期以来存留的生态环境问题不重视、不监督，从而导致广西稀土各项目营运期间造成严重的环境污染与环境风险，且随时间的推移，其环境保护问题并未得到有效解决。要加大企业环保综合整治、整改力度，从根本上解决企业造成的环境污染问题。

第三节　典型产业绿色协同发展和治理的现状分析

一、化工产业现状分析

随着全国环保督察工作的全面展开，以山东、云南、湖北、江苏等为代表的省份相继出台政策对化工园区进行整合提升、重新认定，在数量上做减法，在发展质量上做加法。其中，江苏省 6000 家化工企业到 2022 年底预计削减至 1000 家[①]；山东省作为全国化工第一大省，第一批化工企业关停名单涵盖了 1340 家化工企业，第二批名单中有 1034 家化工企业[②]。当前，化工产业有从东部地区向中西部地区内迁的趋势，有一些"两高"企业及项目乘虚而入，这对产业承接地的生态环境、安全生产造成极大威胁，对化工产业绿色协同发展和治理带

---

① 江苏省政府办公厅. 江苏省化工行业整治提升方案（征求意见稿）[EB/OL]. (2019 – 04 – 08) [2022 – 07 – 02]. http://www.qianhan.com.cn/xinwen/hangyedongtai/1156.html.

② 中国化工报. 1034 家年底也要关！山东第二批化工企业关停名单要来了！[EB/OL]. (2020 – 07 – 29) [2022 – 07 – 02]. http://www.jsppa.com.cn/news/safe/3186.html.

来极大压力（高新玉等，2018）①。

（一）承接沿海化工产业内迁存在取舍的矛盾性

在承接化工产业内迁的过程之中，存在着过度竞争和只看规模不顾质量等突出的问题，很大程度上削弱了化工产业转移的实际效果。有一些产业承接地工业园区为加速经济发展，不经严格审批盲目引进大项目，一些限制类甚至淘汰类项目混入其中，带来极大的安全隐患及生态环境风险。化工产业因为产能大，能带来巨大的经济效益，备受产业承接地工业园区青睐。很多化工园区（尤其是一般省级化工园区）甚至不考虑本地区的生态环境承载力、是否真的有基础有条件，是否真的适合发展化工产业，便大力引进被东部地区淘汰的化工企业。有些工业园区的主导产业发展遇到瓶颈期，为追求经济效益，其盲目引进医药化工中间体企业和项目。当前江西省宜春、吉安、九江、上饶等地市县工业园区都有引进医药化工企业和项目的冲动。

（二）园区布局和化工产业规划缺乏科学性

就目前化工园区的规划现状来看，很多化工园区规划布局不够合理，没有依据园内不同的安全隐患划分等级、设置安全隔离区来预防和控制潜在重特大事故发生。例如，乐平塔山化工园区 2020 年的主营业务收入达到 313.9 亿元②，是江西省排前几位的重点化工园区。但206 国道穿园区而过，作为专业化工园区，必须要做到全封闭运行，而乐平塔山化工园区硬环境就存在致命"硬伤"。有的化工园区在设立之初虽有一定的规划，却随着园区内企业的发展壮大、外来引进的化工企业越来越多，安全环保的承载力越来越不足。有些化工园区总体规划体系中未把安全规划列为专项规划。有些园区即使进行了安全规划，

① 高新玉，肖国芽，等. 当前化工园区安全监管存在问题及对策［J］. 化工管理，2018（18）：61 - 62.

② 乐平市人民政府. 乐平市着力做大做强精细化工产业［EB/OL］.（2021 - 03 - 15）［2022 - 07 - 02］. http：//www. lepingshi. gov. cn/gbmxxgkml/lpgyy_15327/fdzdgknr_15691/gzdt_15329/t738278. shtml.

但实行的是"先来先占"的入园准则。

（三）园区与职能部门、园区企业在安全环保方面缺乏协同性

当前一些产业承接地的化工园区最突出的困境是园区管委会没有相应的审批备案权、裁量权、监管权、处罚权，如企业引进、项目准入等须由相关单位协调解决。在查处企业违规偷排及违章作业时，园区管委会也无执法权及处罚权。政府职能部门、园区管委会与企业三方在安全环保、绿色发展中权责不清、治理机制不健全导致安全环保方面缺乏协同性。有时遇到上级部门安全环保检查，园区就让所有化工企业暂时停产，"风暴"一过企业又重回"老样子"，甚至有些园区存在园区与企业共同"敷衍检查"的现象。三方在环境影响评价，突发环境事件应急预案，企业废水、废气、固废处理设施建设及达标排放等方面缺乏有效协同。园区管委会、职能部门、园区企业三方缺乏"联防联控"安全环保的长效治理机制。

（四）园区安全环保事件增多，影响安全绿色发展的可持续性

近年来，化工园区发生过多起重特大事故。例如，2019年3月，江苏省盐城市响水县生态化工园区的天嘉宜化工有限公司发生特别重大爆炸事故，造成78人死亡、76人重伤、640人住院治疗，直接经济损失19.86亿元[①]；2020年11月，井冈山经开区富滩产业园的吉安市海洲医药化工有限公司的废水蒸馏车间发生爆炸事故，造成2人失联、6人受伤[②]。以氯碱为例，氯碱产业是化工产业的重要细分产业之一，也是很多化工园区重点发展的产业之一，很多以氯为原料的氯加工生产企业因没有相应的原料氯配套设施，不仅在原料运输中需消耗大量

---

① 中华人民共和国中央人民政府.江苏响水天嘉宜化工有限公司"3·21"特别重大爆炸事故调查报告公布［EB/OL］.（2019 - 11 - 15）［2022 - 07 - 02］.http：//www.gov.cn/xin-wen/2019 - 11/15/content_5452468.htm.

② 央视新闻客户端.江西井冈山经开区富滩产业园海洲医药公司发生爆炸事故 致1人死亡1人失联6人受伤［EB/OL］.（2020 - 11 - 17）［2022 - 07 - 02］.http：//m.news.cctv.com/2020/11/17/ARTICMi5C38fJUoCgg7Lyt43201117.shtml.

的资源和能源，且在液氯运输过程中时有安全事故发生，一定程度上放大了氯碱产业安全生产的风险，影响产业安全绿色发展的可持续性。

二、医药产业现状分析

我国产业承接地医药园区发展过程中也存在亟待解决的突出问题，比如盲目引进大医药企业，产业定位不清晰，中长期规划滞后，集群效应不强，基础设施建设不完善等，制约了产业承接地医药园区的进一步发展。

（一）产业发展定位不清晰，园区布局松散

近些年，我国生物医药产业发展迅速，产业承接地为了实现本地区经济快速发展，乘势而上，纷纷筹备建设医药园区。其中，不乏有一些园区缺乏对医药园区建设的长远规划，对产业发展定位思路不清，不仅不利于产业的发展，也会影响园区的可持续发展。有一些地区单单医药园区就有多个，各个不同级别的园区互相独立发展，发展特色不明显，产业定位、发展目标、发展任务等区分度比较低，容易造成低水平的恶劣竞争。同时，由于以医药为主导产业的工业园区在同一地区分布较多，且单个园区产业规模较小，分布较为分散，产业规模效益较低，有限的人才、资金、技术、原材料资源没有得到充分运用，容易造成大量资源浪费（尹蕾和吴幼萍，2012）[①]。

（二）区域竞争激烈，建设规范性不够

国家对生物医药产业的发展日益重视，并且出台了大量产业发展优惠政策，助力医药工业园区不断发展壮大。然而，目前对生物医药尚未有明确的内涵界定，地方政府、园区和企业为了争取优惠政策、扩大市场份额，占据有利地位，盲目建设发展生物医药工业园区，各种生物医药工业园区如雨后春笋般出现，尤其是地级市政府自行批准

[①] 尹蕾，吴幼萍. 探析医药工业园发展现状及存在的问题［J］. 上海医药，2012，33（19）：43－45.

建设的生物医药园区迅猛增加且发展迅速。由于园区建设缺乏规范性，存在盲目发展现象，在东部地区由于产业结构升级难以发展下去的"两高"企业（如一些医药中间体企业）乘势进入产业承接地生物医药工业园区，利用当地和国家优惠政策，在产业承接地工业园区大肆发展，对园区生态安全造成极大的威胁。

（三）重视规模建设，配套基础设施建设不够完备

在产业承接地医药园区建设的过程中，有一些园区仅仅看重规模建设，在园区占地大小上、企业发展规模上耗费大量的人力财力，但是往往忽略了配套基础设施的建设，如环境保护、安全风险控制、文化建设等关乎园区生命线方面的建设尚不够完备。同时，由于园区管理服务体系不够健全，人才管理存在较大问题，因药品管理不当造成的环境污染、财产损失、安全失控等现象屡屡发生。

三、电镀产业现状分析

我国产业承接地电镀工业园区建设、运营及环境管理中主要存在以下问题。

（一）投资回收期长，对入驻企业管理困难

电镀产业作为国内起步与发展较晚的行业，其工业园区建设基础不足，不具备较强的竞争力，并且电镀工业企业建设运营投资的回收期较长，短时间盈利相对困难。部分运营良好的电镀工业园区中营运达到 10 年的企业至今都未实现真正意义上的盈利，盈利的园区屈指可数。因此，电镀工业产业园区在入驻企业管理方面存在较大的难度，其中：部分政府强制接收的当地电镀企业中，大部分为小规模电镀企业，其企业层次、水平参差不齐，在企业升级改造方面不具备较强的实力，导致企业动力不足；电镀工业园区招商的企业当中存有园区早期引进的战略合作企业和招商引资来的"两高"企业，这给园区的生态环境管理带来了较大的挑战与风险。除此之外，园区运营管理主体与各入驻企业过于依赖合同进行约束，并无相应执法权力，对入驻企

业违法行为严重缺乏制裁力。

（二）环境治理方面技术支撑有限

调研结果表明，由于地方标准要求不同，各地电镀工业园区执行的污染物排放标准存在差异，因此导致各园区环境保护技术与工艺差异较大，从而使得不同园区企业污染治理成本投入千差万别。电镀工业园区基本配有中水回用或是深度处理回用设施，但调查显示其大多不处于正常工况。较多园区对于资源回收、清洁生产等国家鼓励措施仍未完全接受，多处于试验与研究状态，从而导致相关工作推进效率低下。不少工业园区在园区座谈会中提出，国家对电镀工业园区出台的相关标准缺少成熟的技术方案，使得较多园区的正常运行压力大，在污染物防治方面困难重重，走了许多弯路。

（三）污染物在线监测系统不够完善

《关于重金属污染物排放企业自动监控设备安装问题的复函》中指出，涉及重金属排放的企业废水应收集至工业园区污水处理厂中集中处理，重金属污染物排放车间或生产废水排口应设置污染源在线自动监控设施。为加强对重金属污染物排放的管制，接纳含重金属废水的园区集中式污水处理厂应设置处理重金属污染物的相应处理工艺或设施，对含重金属废水进行分类、分质收集处理，并在该污水收集处理工艺排口处安装在线自动监测设施。目前，一些园区集中式污水处理厂总排口已安装了与政府生态环境部门联网的在线监测仪器。但是企业车间排放口往往仅有摄像头、流量在线监测装置，配套的水质在线监测设备未达到全覆盖。除此之外，电镀工业园区的废气监测也大多未配备在线监控系统，仍以区域尺度大气监测为主，这对于环境事故风险的及时识别而言是不利的。

（四）缺乏全面环境监管，危险化学品管理存在风险

现如今，多数电镀工业园区更重视废水处理（相对于废气处理）。与电镀废水的集中式处理与运营相比，大多数电镀工业园区的

生产废气治理由企业各自负责，园区集中式污水处理厂产生的恶臭气体多为无组织排放。园区管理部门仅对企业废气处理设施是否正常开启进行管理。除此之外，对固体废物（包括危险废物）、土壤环境及地下水环境的监管也较为薄弱，部分园区缺少危险化学品贮存、运输中心，企业在领取和使用危险化学品环节存在严重的环境污染事故风险。

（五）工业园固废处置能力不足

绝大部分电镀工业园区自身不具备处理电镀工业固体废物和危险废物的相应资质，大多委外处理。多数园区反映电镀工业固体废物处理处置第三方市场供不应求，持证单位处理能力不足，难以满足市场需求，从而导致处置单位对园区电镀工业固废的收集缺乏积极性，电镀工业固体废物的处置成本也不断提高。部分电镀工业园区已向有关政府部门提出自行建设固体废物和危险废物的贮存、运输、处置设施的诉求，但政府对该领域限制严格，最终取得电镀工业固废处置资质的园区极少（高小娟等，2019）[1]。

四、建陶产业现状分析

大力推进绿色经济和循环经济的发展，不仅是经济结构调整、实现可持续发展的重要举措，更是贯彻绿色发展理念、推进生态文明建设的内在要求。建陶产业作为我国主要的传统产业，为我国经济社会的发展提供了坚实的物资保障，功不可没。然而，有一些产业承接地工业园区的建材产业仍属于"两高"产业，存在劳动生产率低、能源消耗量大、生产技术创新能力低下、经济效益不高等问题，与当前生态优先、绿色保护的理念存在冲突，也严重制约了建陶产业的进一步发展。因而，对于传统的原材料产业——建陶产业而言，实现绿色转型可谓刻不容缓，产业承接地工业园区应把建陶产业绿色转型摆上重

---

① 高小娟，李瑞玲，等. 电镀工业园区的建设、运营及环境管理 [J]. 电镀与环保，2019，39（4）：24－27.

要位置，园区建陶企业也应加强对绿色发展理念的认识，主动谋划产业技术创新，齐心协力走好建陶产业转型升级之路（黄星瑜等，2019）①。

（一）清洁生产水平有待提高

我国中西部地区作为主要的产业承接地，陶瓷企业平均清洁生产水平低下，清洁生产观念未深入企业，大多数企业未开展过清洁生产审核工作，对绿色企业激励政策了解较少，甚至尚未接触，其大多不具备清洁生产水平及能力。除此之外，部分企业虽然按主管部门要求进行了企业、厂房密闭整改，但其标准低下、措施松散，部分企业存在生产场地土壤裸露、物料及废物运输过程中跑冒滴漏现象严重、成型车间缺乏管理、物料随意堆放及雨水污水未进行分流排放等问题；产业承接地工业企业普遍存在炉窑废气未采用脱硝设施、天然气炉窑烟气直接排放、干燥塔废气直接排放等现象，与我国最新的炉窑综合整治方案要求存在较大的差距；固体废物缺乏妥善管理处置措施，各类危险废物违规收集、贮存，并缺乏完善的处置台账，危废暂存间、固体废物暂存间未按规范要求设置，个别企业甚至将危废露天随意堆放；部分企业存在内部环境管理不规范，无环境管理方案、要求，缺乏专门的管理体系认证，未聘请环境保护专员，各类环境保护相关台账缺失等问题。

（二）绿色制造体系有待构建

制造业若要转型升级，则必须实行绿色制造，这同时也是生态文明建设的重要内容。绿色发展是构建高效、清洁、低碳、循环的绿色制造体系的重要前提。绿色制造对于陶瓷企业而言是必然的发展方向，并且现如今实现绿色制造十分迫切，陶瓷企业的行业形象乃至企业生存发展都与绿色制造息息相关。由于绿色制造是由"绿色产品、绿色

---

① 黄星瑜，韩复兴，杨国清．河南陶瓷产业绿色发展路径分析［J］．佛山陶瓷，2019，29（9）：1-3.

工厂、绿色园区、绿色供应链"组成的全新体系,因而作为陶瓷企业,应当秉持"生态兴则文明兴,生态衰则文明衰""绿水青山就是金山银山,宁要绿水青山不要金山银山""要像保护我们的眼睛一样保护生态环境"等基本绿色发展理念和观点。要想实现企业高速发展,需将生态文明作为基础和前提,若企业的发展与生态环境保护相背离,则定会走向衰退。我国目前仅有 9 家陶瓷企业获得了"绿色工厂"的评价,其大多集中在广东地区,陶瓷产业绿色制造体系仍需不断开拓发展,绿色园区和绿色供应链的建设仍然迫在眉睫。

(三) 大气排放监管漏洞较多

一是烟气旁通管道泄露、偷排问题。调查发现,部分陶瓷企业将窑头排烟风机接入旁通管道,并设置阀口,以在非正常工况下进行泄压排烟,但由于管道长期使用被烟气腐蚀,且缺乏维护,其大多数存在炉窑烟气泄露的情况。除此之外,还有少数企业违规偷排炉窑烟气,造成严重的大气环境污染。二是窑尾冷却烟气直排问题。大多数企业针对冷却烟气的处理措施是将其与炉窑烟气一并引入干燥窑中,进行热能的回收利用,其混合产生的废气经过干燥窑进行热能交换后排出,进入烟气处理装置中一并处理,但仍有部分企业将冷却烟气单独收集后进行排放,造成违规排放及热能的损失与浪费。三是治理设施设计和运行管理不规范的问题。部分企业污染物处理工艺选择错误,或不按相关污染物治理技术规范进行设备设计,使得处理设备运行故障、不运行甚至造成污染物排放事故。四是对第三方检测机构缺乏有效监管的问题。目前检测市场鱼龙混杂,第三方检测单位质量无法保证,存在不少恶性竞争、蓄意压低行业价格、捏造数据等现象,监测结果缺乏依据及可信度。部分企业为达到目的,故意将监测数据调整至低于国家及地方排放标准,此类现象严重影响了环保部门的正常监管工作 (唐子君等,2020)[①]。

---

① 唐子君,陈雄波,方平,等. 陶瓷工业大气污染防治现状、问题与对策 [J]. 中国陶瓷工业,2020,27 (2):33－36.

（四）挥发性有机物排放未引起足够重视

陶瓷生产过程中存在多个挥发性有机物排放环节。建筑陶瓷企业喷墨打印工艺中所使用的陶瓷墨水大多为溶剂型墨水，其使用过程中会产生挥发性有机物。陶瓷企业生产工艺流程中的烤花工序会将贴花纸中的聚氯乙烯（polyvinyl chloride，PVC）成分进行烘烤，导致挥发性有机物排放。特种陶瓷生产过程中的排蜡、排塑工序会导致有机溶剂挥发，从而产生挥发性有机物。《排污许可证申请与核发技术规范陶瓷砖瓦工业》（HJ954 - 2018）将施釉工序、其他通风设备排气筒定义为一般排放口，其污染物为颗粒物，其中未对挥发性有机物的排放进行要求，烤花工艺也存在同样情况。在喷墨打印、烤花、排蜡等工艺流程中，陶瓷企业一般会采用废气收集系统，但其一般接入除尘设备中，除尘设备并不能处理挥发性有机物，因此会造成挥发性有机物不经处理直接排放。仅有少部分挥发性有机物产生量及产生浓度较高的企业会采用水洗、紫外线（ultraviolet，UV）光解等简单工艺，但往往效果较差，大部分挥发性有机物水溶性低，水洗效果堪忧，UV光解处理过程中甚至会产生副产物臭氧，造成二次污染。

五、纺织印染产业现状分析

纺织印染产业是中国传统的支柱产业，同时也是重要的民生产业之一。我国的纺织印染产业是在全球具有明显竞争优势的工业产业，但由于纺织印染产业正常生产工艺流程中用水量较大，产生废水量也较大，加上纺织印染过程中使用的原辅料成分复杂，使得其一直以来都属于工业排污重点行业。近年来，我国纺织印染产业用水量及废水排放量均处于较高水平，其用水量占我国工业总用水量的6%左右，废水排放量则占我国工业废水排放量的11%左右，化学需氧量（chemical oxygen demand，COD）排放量占工业COD总排放量的10%左右。我国纺织印染产业近十几年来的废水排放量占总工业废水排放量比例和COD排放量占总工业排放COD量比例均高于其用水量占比，且纺织印染废水较一般工业废水而言治理难度及治理成本较高。总而言之，纺织印染产业废水量大，治理难度高，若不经妥善处理后直接排放，将会给自然环境造成严重污染，并对人民的正常生活造成严重影响。我国纺织印染行业现如今要求的废水两次集中处理管理模式在推行过程中困难重重，由于行业污染物排放标准日趋严格，纺织印染企业在加大环保投资的过程中还需考虑改进旧废水处理工艺，这容易给其带来巨大的经济成本和压力。在两级处理的模式下，纺织印染企业不仅要自建污水处理站进行预处理，保证达到接管标准，还需支付集中式污水处理厂深度处理的费用。同时，也存在企业治理效率低下、浪费资源、难以监管的问题。

（一）企业环保设施效率低下，污染物治理投资亏损

园区企业污染物处理处置措施较为落后，部分纺织印染企业甚至不能做到雨污分流、分类处理和循环利用；部分印染企业无废气处理设施，缺少余热回收装置，对挥发性有机物未进行收集处置，任其无组织排放；企业危废暂存间（库）不按规范建设，缺乏专员管理，无危废管理台账。各企业环境与管理水平参差不齐，环保投资较少，无环境保护专员进行管理，污染物处理设施运行工况不稳定，没有做到定期维护检修。企业本身对环境保护及污染防控问题不够重视，已建项目的环境影响评价及验收完成率低，未批先建、未验投产的项目比比皆是。并且，由于集中式污水处理厂通常根据各企业 COD 排放量进行收费，各企业自建污水处理厂预处理措施会减少一部分 COD 排放量，导致各企业在集中式污水处理厂方面的投资常常属于亏损状态。

（二）环保设备重复投资，造成资源浪费

污水的两级处理需要各方面的投入，如土地、设备、人员、资金等方面，企业自建污水处理厂及集中式污水处理厂均需要不断完善，建设污水处理设备，因此在土地紧缺的情况下，污水处理厂仍需要增加一部分用地面积，从而导致企业用地成本增加。两级处理建立的集中式污水处理厂往往需要占用大范围土地，这会导致污水处理的重复投入和用地面积增加的情况。大型的集中式处理设施会导致运行费用

增加、污水处理专员不足。对于中小企业来说，由于企业自身规模小，缺乏专业技术及足够的资金，污水处理能力差，自建污水处理设施通常预处理效率低，但却需要不少的运营维护成本，从而造成了资源的浪费。

（三）污水处理监管成本高，污泥偷排情况严重

现如今，环保主管部门通常采用总量控制的方法对各企业污染物排放进行监管，但由于大多数情况下由企业自主管理自建污水处理厂，政府监管与督察指导作用有限，因此较多企业难以实现节能、高效的污水处理，部分企业甚至采取偷排的方式降低污水处理成本。部分工业企业追求利润最大化，在污水处理方面偷工减料，政府无法实现全程监管，因此偷排、漏排、不处理的现象时有发生。因此，有关部门需实行多层次、多维度、多点位监督，加大监管力度，提高监管水平。这需要安排大量的环境监管、监测人员，在不同程度上增加了政府的开支。部分企业为节省成本，降低污泥处置方面的投入，还将自建污水处理厂污泥排入园区管网，增加了园区污水管网及集中式污水处理厂的运行负荷，监管部门也难以对污泥流入的情况进行有效的监督。

（四）园区污水管网建设效率低，综合效益差

产业承接地多数的纺织印染产业园区采用工业园区废水单独处理的方式，园区污水处理厂仅处理工业废水，城市污水处理厂主要处理市政生活污水，此类方式虽然可以达到废水分类、分特点处理处置的效果，但仍存在许多缺陷。一是相比市政污水、工业园区污水一并处理的方式，对设备要求较高，分类处理的投资较大，废水的平均处理成本较高，园区独立污水处理厂用地较多，在扩建方面存在困难。二是园区污水和市政污水分开处理的方式需要大量的专业工作人员进行维护，以保证其治理效率和达标排放，其运行处理方式综合效益低下。三是相比工业园区污水和城市污水合并处理厂，分类处理方式的污水设备较为单一，抗水质波动和冲击的能力较差，工业园区废水中许多有害成分需要大量水进行稀释后才能处理，综合效益差（马永喜和王

娟丽，2017)①。

本 章 小 结

产业承接地企业—园区绿色协同发展和治理均取得了一定的成效，但同时也不可避免地存在环保人才队伍建设有待加强、环境事故应急能力有待提高、环境管理权责有待明晰、绿色治理主体责任意识有待提高、绿色治理多元主体协同机制有待健全等需要重点解决的问题。通过进一步对产业承接地绿色协同发展与治理的典型案例进行分析可以看出，无论是政府部门在淘汰落后产能方面的失职，还是园区企业责任主体的缺失，其均未对绿色协同发展和治理形成正确认识，因此难以实现产业承接地企业—园区绿色协同发展。

分产业来看，产业承接地典型产业，如：化工产业、医药产业、电镀产业、建陶产业、纺织印染产业在绿色协同发展和治理过程中也存在着不容忽视的问题。例如：承接沿海化工产业内迁存在取舍的矛盾性，园区布局和化工产业规划缺乏科学性，园区与职能部门、园区企业在安全环保方面缺乏协同性，园区安全环保事件增多影响安全绿色发展的可持续性这四大问题给产业承接地化工产业绿色协同发展和治理带来极大压力；产业承接地建陶产业就属于"两高"产业，清洁生产水平有待提高、绿色制造体系有待构建、大气排放监管漏洞较多、陶瓷生产 VOCs 排放未受到足够重视，因此实现建陶产业绿色发展已刻不容缓。因而，不论是园区还是企业都应把产业转型、绿色发展作为当前的任务和应履行的社会责任，否则产业将无法实现可持续发展。

---

① 马永喜，王娟丽，李一．纺织工业废水处理模式改进研究 [J]．丝绸，2017，54 (4)：37 – 42.

第四章

产业承接地企业—园区绿色协同发展及治理的机理分析

目前国内外产业的分工调整为园区的产业承接带来了机遇，承接产业转移成为当地优化产业结构调整和促进经济发展的重要路径。但同时，承接产业转移也具有两面性：一方面，产业转移与承接能释放产业转出地富余的要素资源，发挥劳动力、资本和技术等生产要素的外溢效应，激发承接地的经济潜力；另一方面，会带来环境的负向效应，增加产业承接地的污染，使当地的生态环境治理压力增大。"十四五"时期将是我国全力推进"美丽中国"建设的攻坚阶段，在此背景下，遵循绿色发展、防止污染产业梯度转移是协调生态环境与经济共同发展的重点。尤其是对于经济发展相对滞后却具有典型脆弱的生态环境以及能源相对丰富的中西部地区来说，有效地承接产业转移不仅关系到其经济增效提质，更会影响其后续的可持续发展能力。在产业转移和承接后，承接地企业与园区绿色协同发展在促使园区走向可持续发展道路方面起到了重要作用。那么，企业与园区各参与主体应如何开展协同，共同促进可持续发展呢？其内在的协同机理值得探究。本章研究企业与园区相互协同作用的内在机理，并围绕产业承接和经济发展双重叠加这一逻辑主线，构建出承接地企业—园区绿色协同发展的理论框架。

第一节　产业承接地企业—园区绿色协同发展治理的必要性

一、产业承接地工业园区环境风险加大

工业园区是指为了实现工业经济发展目标，由人为规划，吸引各类企业和各种生产要素，聚集形成的特殊经济空间，包括经济技术开发区、高新技术开发区、保税区、出口加工区、边境经济合作区等①。这里论及的工业园区是指除了生态工业园区之外的传统工业园区，即第一代经济技术开发区和第二代高新技术产业园区。由于集聚效应和规模经济效应，作为发展经济的重要载体和创新手段，我国的工业园区在促进区域经济发展方面起到了重要作用。然而，随着经济的发展，以及环境保护与生态文明日益受到重视，承接地工业园区的环境问题逐渐暴露出来。承接地工业园区大多是传统工业园区，园内企业数量多、规模小，企业与企业之间缺乏产业链、生态链联系，资源无法循环利用，存在着交叉污染和复合污染问题；同时，园区内缺少环保基础设施，废物收集率、利用率低，缺乏有效的污染治理技术，污染物排放总量得不到有效控制。这些园区通常依赖当地的土地资源、财政税收优惠来吸引和聚集企业，缺乏完善的考量环境和处理环境污染的方案，易形成较大的环境风险②。园区环境产生的负面影响大，环境事件不断增加。据我国生态环境部网站报道，2021年，中央生态环境保护督察组集中通报了山西、辽宁、安徽、江西、河南等省份的一批突出的生态环境问题，其中有不少是关于工业园区的问题。例如，山东省泰安市宁阳化工产业园违规建设"两高"项目，高浓度化工废水长

---

① 李国武．产业集群与工业园关系的研究 [J]．中央财经大学学报，2006 (8)：50–55.
② 任丙强，王俊景．我国工业园区环境污染：制度缺陷、逻辑与治理 [J]．福建行政学院学报，2016 (4)：17–23.

期直排。江西省抚州金溪环保主体责任缺失，其中的陆坊工业园区违法现象多发，区域环境污染严重。安徽省滁州市定远盐化工业园区里企业通过雨水管网偷排污水、治污设施不正常运行等现象普遍存在。宿州经开区部分企业长期超标排放废水，其中 COD 浓度最高达到 1873mg/L，污水处理厂出水往往不能稳定达标①。类似的现象在其他中西部省份也有。尤其是在县级及以下工业园区中，当地政府盲目扩张造成的"园区围城"、违规生产、超标排放、监管缺失等问题都较为突出。

我国东中西部地区间经济发展不平衡，随着产业结构升级的需要，经济发达地区在"腾笼换鸟"，逐渐转移劳动密集型以及低附加值产业。产业从东部向中西部地区转移，污染也随之转移，承接地工业园区作为工业企业的集聚地和载体，污染问题严重。由于我国中西部地区经济发展仍然相对滞后，中西部省份有些仍在重复工业园区发展初期的策略，不关注企业的环境影响和污染问题，仍然走"先污染，后治理"的老路。同时，为了促进经济发展，中西部地区大力建设工业园区，制定税收、土地等相关优惠政策，吸引企业落户园区。由此可见，中西部地区工业园区的产业承接不但是东部地区产业结构升级的结果，同时也促使了污染在区域内与跨区域转移，加剧了承接地园区环境污染状况②。虽然从目前整体形势来看，随着对生态环保的重视程度加深，产业承接地工业园区也在积极发展生态、低碳、循环的园区。然而，与发达国家和地区日臻成熟的生态工业园模式相比，现有的产业园区仍存在一定的问题，达不到生态环保要求。以江西省为例，全省共有 58 个化工园区或化工集中区，目前只有 26 个达到了标准，通过了重新认定，4 个待定，其余暂缓认定③。

早期的工业园区采用经济发展优先的思路，地方经济发展模式往

① 中华人民共和国生态环境部. 中央第三生态环境保护督察组向安徽省反馈督察情况 [EB/OL]. （2021 - 07 - 20）[2022 - 07 - 02]. https：//www.mee.gov.cn/ywgz/zysthjbhdc/dcjl/202107/t20210720_849286.shtml.

② 任丙强，王俊景. 我国工业园区环境污染：制度缺陷、逻辑与治理 [J]. 福建行政学院学报，2016（4）：17 - 23.

③ 江西省工业和信息化厅. 关于江西省化工园区认定合格名单（第一批）的公示 [EB/OL]. （2021 - 03 - 16）[2022 - 07 - 02]. http：//jxciit_www.jxciit.gov.cn/Item/70853.aspx.

往是粗放型、外延式的，以牺牲环境规制换取经济增长。在经济激励和政治激励双重驱动下，园区经济建设为地方政府所带来的短期收益大，因此其往往忽视长期的环境成本，并未真正重视园区的环境污染及治理问题；相反，为了能够招商引资，一些地方政府还会通过降低环保要求、放松环境管制来获得工业园区的短期经济发展，结果导致园区环境污染严重，环境问题久治不愈。

二、产业承接地工业园区环境污染的影响因素

（一）产业承接地工业园区环境问题的影响因素

产业承接地工业园区产生的环境问题与其自身的发展机制、发展阶段、技术升级、地方行政体制等多种因素密切相关，涵盖了体制、技术、管理方式、公众意识以及参与园区的企业自身等多方面。

1. 工业园区体制方面

在体制方面，现有的体制缺乏创新，政策引导性不强，相关法律法规未健全。例如在园区规划、招商机制以及环保机制等方面：

（1）园区规划。一是大部分园区在规划时缺乏顶层设计，缺少科学系统的论证，"多规合一"没有实现真正的统一。在规划时，过于注重园区带来的经济效益和建设速度，并未涉及对环境和生态的综合考虑，对园区的环境承载力缺乏认识和规划；过分注重园区企业的数量、规模和效益，而忽视大量企业聚集所产生的环境压力导致该区域无法承载过量污染排放而使环境急剧恶化等问题。二是工业园区规划缺乏公众的有效参与以及对公众的考虑，忽视园区周边居民的利益。园区内部产业以及居住区布局混乱，产城融合程度不够。工业园区的规划以及企业的引进都缺乏相关信息的公开，也没有吸纳附近公众的参与，较少考虑到附近居民的环境权益。

（2）招商机制。一是现有的机制过于强调考核招商引资指标，这使得入园的企业环保水平不统一。尤其是在园区产业承接早期，地方政府为了快速吸引投资，往往下达园区招商引资指标，这种动员式的招商引资使得很多官员将环保要求和标准作为软约束或软指标，忽视

了引入企业的环保状况，从而使一些高能耗、高污染但产值高、税收高的企业被引入到工业园区。二是园区管理者没有真正重视环境标准。随着经济发展和园区污染问题日益暴露，处于经济发达地区的工业园开始走向提高环境标准和可持续发展的道路，着手治理环境污染问题。然而有不少产业承接地的园区仍遵循粗放式的发展思路，通过降低环境标准来吸引投资企业。三是招商中企业考察指标的科学性和系统性不够。一套完整的招商指标中不仅应包括企业规模、效益、科技水平等，还应包括环境保护、产业相关度等指标，并赋予权重。但承接地园区缺乏科学合理的招商评估指标，选择企业较为随意。

（3）环保机制。产业承接地工业园区大多采取管理委员会管理模式。在这种模式中，园区管委会作为当地政府的派出机构，代表政府管理园区内的企业。然而，管委会在环境管理方面职能薄弱，体现在：机构设置上，没有设立专门的环境监管机构，仅仅指派几个人对接相应的环境工作；管委会作为准政府机构，对下没有执法权，在环境监管权限上受限制。很多人认为环保仅是环保部门的工作，其他部门无须插手；环境管理部门内的责任划分也不明确，存在大量职能交叉和职能空缺的情况。以江西为例，全省仅有16%的工业园区在设置了专门的环境管理机构，其余大部分工业园区没有专门的环境管理机构，仅有1~2名兼职工作人员负责对接环保部门[①]。工业园区的环境政策执行不力，监管较为薄弱。

2. 工业园区管理方面

（1）管理方式。承接地园区管理理念与方式滞后，对环境污染的处理方式以"末端治理"为主，只单纯关注排放量问题，仍采用"先污染，后治理"的管理方式；对园区企业排污的监督只是动用强制的行政手段，对于违规企业，只是要求停产整顿，并不能从根本上解决环境污染问题和企业的生产方式上存在的问题。这些导致了园内企业的机会主义行为。部分企业敷衍应付环境监督，如在晚上排污、利用

---

① 廖兵，魏康霞，樊艳春.工业园区环境管理现状及对策研究——以江西省工业园区环境保护为例［J］.环境与可持续发展，2013，38（6）：105－107.

暗道排污等，"假装整改""表面整改""敷衍整改"等现象严重。

（2）技术管理。在技术方面，承接地园区存在着关键技术落后、技术创新能不足等问题。与绿色发展相关联的技术推广不多，新技术不成熟，应用难度大；绿色工业技术研发成本过高，缺乏资金；研发投入受制约，缺乏创新主体。据浙江省地方统计局调查，在接受工业园区循环经济调查的6168家企业中只有1564家企业有科技活动经费支出，仅占被调查企业的25.4%。企业从业人员中有半数以上科技活动人员的企业只有17家；2008年购置环保设备和技术成果的企业分别只有547家和194家。110家工业园区平均研究开发费用占园区GDP比例仅为4.9%，其中80家工业园区低于这一比例，甚至还有8家工业园区的研发费用为零①。

3. 工业园区企业方面

（1）产业结构。承接地园区产业结构调整仍显滞后。由于产业承接地区仍然有发展经济、摆脱落后的迫切性和紧急性，并且矿产资源、劳动力等生产要素十分丰富，所以以能源和矿产品为主要原料的重化工业以及传统工业仍占产业结构的主要部分，第三产业比例较小。"三高"行业产能迅速扩张，加重了环境负荷。调整产业结构，构建低污染、低能耗、低资源消耗，同时又具有高附加值、能适应绿色发展要求的新型产业体系，存在一定的困难和阻碍。

（2）企业共生关系。承接地园区内部企业之间缺乏有效的联系，未建立有效的循环经济，难以形成工业共生关系。根据西方发达国家的经验，生态工业园区成功的原因之一是园区内的企业积极参与到工业共生关系的构建中，许多企业将原有的废弃物进行再利用，由此形成的循环经济模式不仅提高了经济效益，还达到了保护生态的效果。这是许多产业链甚至是企业之间自发探索形成的。但是承接地现有园区仍存在着行业集中度低、产业关联性不强等问题，生态产业链尚未形成较为高效的闭循环。企业间的联系更多的是地域上的联系，资源

---

① 浙江省地方统计调查局课题组. 浙江省工业园区生态化发展状况研究 [J]. 统计科学与实践，2010（9）：17-19.

和能源在企业间不能有效流动，缺乏企业与企业间的有效合作机制。园区在废弃物再利用和循环经济链的建构方面仍处于初级阶段。

4. 工业园区公众方面

（1）生态观念。承接地园区仍然缺乏生态文化、生态观念，绿色生态的思想观念仍比较淡薄，对推进生态文明建设的重要性认识不足，在产业发展和环境保护的思维与理念上并未有多大的改变。目前，这些园区在环境保护方面还是采用以政府为主导、以行政为主要手段的模式，园区企业和公众参与不够，没有形成企业和公众的自觉行动。园区较少进行环保宣传教育，关于生态创建意识、绿色消费理念和绿色创建活动等渗透还不够，园区内并没有形成全员参与生态文明建设的良好氛围。

（2）参与热情。承接地园区在环境治理体制方面没有充分发挥各个主体的参与热情，各个主体也缺乏稳定的、机制性的参与渠道。倡导环保的民间组织依然身份模糊，行动空间有限，普通公民参与环境保护的行动渠道也未实现制度化。

（二）产业承接地工业园区环境治理困境的深层逻辑

环境政治经济学分析的主流理论目前有两种：一是"生产跑步机"理论。施奈贝格（Schnaiberg）于1980年提出了这个概念，用于指称一种经济扩张过程中复杂的自我强化机制①。"生产跑步机"被认为是园区"技术能力的扩张"和"经济增长的优先性"两个过程互动的产物，这种互动过程需要消耗更多的资源和能量，这会使工业和消费的浪费不断增长。二是"政绩跑步机"理论。其是指政府机构间围绕政绩考核激励而产生的一种重要机制，其动力根源在于中央政府自上而下的考核机制与地方官员在政绩考核下的升迁冲动的相互推动②。

在"生产跑步机"和"政绩跑步机"机制下，承接地工业园区的

---

① Buttel, Frederick H.. The Treadmill of Production: An Appreciation, Assessment, and Agenda for Research [J]. Organization & Environment, 2004, 17（3）: 323 –336.

② 任克强. 政绩跑步机：关于环境问题的一个解释框架 [J]. 南京社会科学, 2017（6）: 84 –90.

环境污染现象是园区执行"发展主义"思路的一种结果，体现在：一是工业园区满足地方政府应对财税压力的需要。地方政府对其所辖企业在经济方面具有高度的依赖性[①]。地方政府财政依赖于所辖企业利税的上缴，因此可能会因维护企业的发展而对企业损害环境的行为不予严格追究。二是工业园区满足地方政府应对政绩考核压力的需要。以GDP 为核心的单向激励模式造成地方政府忽略环境保护，产生扭曲结果，这种激励结构只要仍然存在，地方政府就没有积极性和动力去治理污染、改善生态环境[②]。三是承接地工业园区满足产业转移、产业结构转型升级的需要。产业承接地宽松的环境标准导致其在承接过程中成为污染的集中地，"污染避难所假说"成立，承接地技术进步路径被锁定。

因此，从制度上完善工业园区环境治理体系，以更加具有系统性、整体性的发展思路促使园区与企业协同，将生态管理的理念覆盖到全员全部分，才能在整个园区形成一个良性互动发展的工业生态系统。

三、产业承接地园区—企业绿色协同发展的可能性

（一）协同和协同治理

1. 协同和协同效应

"协同"一词起源于我国《汉书·律历志上》："咸得其实，靡不协同"。含义是谐调一致，和合共同。1971 年，德国物理学家哈肯从系统工程学的角度提出了"协同理论"（Synergetics），认为自然界和人类社会的各种事物普遍存在有序以及无序的现象。协同则是指在一定条件下，系统逐渐由无序走向有序，由低级有序走向高级有序。其观点是：一个开放非线性的非平衡状态的系统，当外界控制变量达到一个

---

① 聂国卿. 我国转型时期环境治理的政府行为特征分析 [J]. 经济学动态，2005（1）：31-34.

② 孙伟增，罗党论，郑思齐，万广华. 环保考核、地方官员晋升与环境治理——基于2004~2009 年中国 86 个重点城市的经验证据 [J]. 清华大学学报（哲学社会科学版），2014，29（4）：49-62+171.

阈值的时候，在随机涨落的触发下系统可以通过突变进化到新的更有序的结构。系统的有序过程如图 4 - 1 所示。

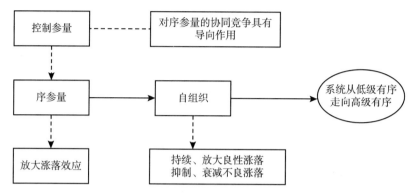

图 4 - 1　系统的有序过程及其关联性

资料来源：邹辉霞. 供应链协同管理——理论与方法［M］. 北京：北京大学出版社，2007.

　　协同效应是协同作用产生的结果，是指复杂开放系统中大量子系统相互作用而产生的整体结构效应或整体效应[1]。当存在协同效应时，系统中各要素之间的相互作用对系统发展的贡献大于各要素对系统发展的影响之和，即产生"1 + 1 > 2"的效应。20 世纪 90 年代中后期，"协同"的发展理念开始在欧美一些发达国家的经济、管理领域中应用。

2. 协同治理

　　协同治理是指在社会的公共生活中，在由各种权力主体组成的开放框架之下，通过行政、法律、技术、舆论等手段，使原本混乱无序的要素相互协调、相互作用，形成有序的协同体系，从而有效地管理公共事务，最终达到维护公共利益的目的。根据协同治理理论，政府、企业和民众都可以是公共事务的参与者，而共同利益则成为影响不同参与者决策行为的关键点，参与者能否介入和表达取决于"提出问题

---

① 哈肯. 协同学导论［M］. 西安：西北大学科研处，1981.

和解决问题的能力"①。协同治理理论源于克里斯·哈克斯在协同学理论和治理理论基础上提出的"协同优势"概念，并经众多西方学者的进一步优化与完善，最终得以形成。

协同治理的主要特征可以归纳为以下四个方面：一是统筹协调的总体目标。既能满足多方利益的要求，又能调动多方治理主体参与治理的积极性。二是协同治理系统是一个开放的系统，同外界存在着物质、资源的交换。在这一体系中，参与治理的主体具有多样性特征，而参与主体的多样性也要求治理体系具有开放性。主体之间可以通过平等协商和合作行动实现治理目标，最终实现地方利益和整体利益最大化。三是协同治理的过程是一个动态的过程。由于环境的不确定性，地方环境协作与治理主体的关系、不同阶段的目标、治理对象以及治理过程中的组织框架、协作规则和资源交换都是动态的。四是协同治理的边界相对模糊。在协同治理过程中，在协同的作用下，由于子系统之间的紧密联系，原有的子系统边界变得更加模糊。此外，协同治理最大的特点是其治理主体的多元化。在协同治理下，政府的主导作用和社会各部门多个治理主体的参与是多种治理主体参与的表现。

（二）产业承接地企业—园区协同发展的契合度

如上所述，协同学理论主要研究远离平衡态的开放系统在与外界进行物质、能量交换的情况下，各子系统通过协作，如何自发地在时间、空间、功能等诸方面产生有序结构②。工业园区本身是一个开放的自组织系统，具有开放性、非线性、不平衡性以及内部涨落等特征。因此，运用协同学理论研究工业园区企业—园区共生关系具有合理性和可行性。

1. 系统性
协同是大系统中各子系统之间的一种关系状态。它是具有多维性

---

① 肖钦. 绿色发展视阈下我国地方环境协同治理研究 ［D］. 南昌：江西财经大学，2019.

② 张奔，戴铁军. 基于协同学的生态工业园不稳定现象的解释与对策 ［J］. 科技管理研究，2010，30（8）：238－240＋227.

的。在经济发展的初级阶段，各子系统之间更多的是信息、资源的简单相互交换。随着经济的发展、系统复杂程度的提高，各子系统之间的关系逐渐向相互协同和一体化等高级形态演变。而产业承接地工业园区聚集若干工业企业，各企业间紧密相关并共享该区域公共设施，是一个集经济、社会发展、资源和环境消耗的地域综合体（见图4–2），包括空间维度（园区—企业）、关系维度（交换—合作—协同——体化）、功能维度（经济—社会—生态环境）、社会再生产维度（生产—分配—消费）等。

图4–2　工业园区系统示意图

2. 开放性

从系统进化理论来看，每个系统都会经历由简单转向复杂、无序转向有序、封闭转向开放、简单组合转向聚合进化的过程。处于协同状态的经济系统具有整体性、结构平衡性、关联性、开放性等特征。整体性表示系统是由各子系统基于一定的规范关系形成的有机整体组合。关联性是指子系统之间是彼此影响、相互促进的。开放性则强调经济系统是一个开放的系统，可以通过与外界系统进行资源与能量的交换来实现可持续的有序发展。承接地工业园区系统的开放性表现在对内开放和对外开放两方面。对内开放是指园区系统内的企业之间相互开放，不断进行着物质（原料、辅料）、能量和信息的交流。对外开放主要通过两个层面进行：一是对自然生态系统开放，即工业园区系统从自然环境中获取生产所需原材料和能源，又向自然环境输出废弃物和废热；二是与周边的社会经济环境进行着物质、能量、信息、技术、劳动力和资本的交流。工业园区污染的社会—环境影响如图 4-3 所示。

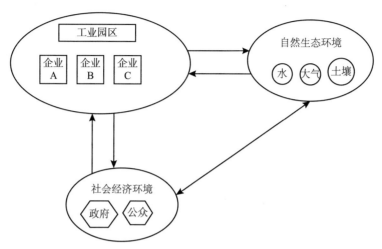

图 4-3　工业园区污染的社会—环境影响示意图

3. 不平衡性

不平衡是系统有序的源泉，是整个系统自组织演化的稳定态条件。自组织系统的平衡是指系统与环境之间没有任何能量、物质、信息等交流，系统的组成元素处在稳定、固定和均衡的状态。工业园区生态系统的不平衡性体现在：（1）在工业园区开发建设过程中，随着园区经济总量的扩大和城市功能的完备、资源和能源消耗的增加，会加重环境污染负荷和生态破坏程度，环境保护面临的压力将越来越大。资源总量日趋减少和污染总量不断增加，而它们的分布更加不均匀。（2）传统产业日趋饱和，但利润率降低；新兴产业不断涌现，利润不断增加。（3）不同企业和地区占有和利用资金、信息和技术的水平存在很大差距。企业污染排放信息不对称、污染责任不清。（4）物流、能流、信息流、资金流和技术流的软硬件条件的发展存在差异①。

由此可见，协同发展强调系统性、整体性、开放性，更强调整体

---

① 吴鹏举，郭光普，等．基于系统自组织的产业生态系统演化与培育［J］．自然杂志，2008，30（6）：354-358．

平衡产生协同效应，从而实现经济与环境的协调发展。企业—园区绿色协同发展实际上是对园区原有发展路径的优化和对企业与园区关系的重构，是基于生态文明和可持续发展背景的发展创新思路。

第二节　产业承接地企业—园区绿色协同发展的主体分析

协同治理伴随着单一主体解决公共问题的乏力或失效而来，在实践中，多主体参与的协同治理使公共事务的治理效率更高、效果更佳。协同主体是全部可能的行为人，如政府、公众、非政府组织、媒体等。这些主体通过协商、咨询、交流等途径达成共识，以实现单一主体难以实现的公共目标①。

利益相关者理论起源于企业管理理论。20 世纪 60 年代西方国家的管理理论从"以股东为中心"转化到"其他利益主体"，认为任何一个公司的发展都离不开各利益相关者的投入或参与，作为企业，应该追求的是利益相关者的整体利益，而不仅是某些主体的利益②。20 世纪 80 年代以后，其应用领域逐步扩大，包括环境管理领域。根据该理论，工业园区环境污染的利益相关者主体主要包括政府（园区）、企业以及公众：政府（园区）偏好社会经济发展的总绩效，代表公众整体利益。企业指园区内部的所有企业，偏好追求自身利益最大化。工业园区的污染是由企业污染行为造成的，同时，企业的长远发展也需要控制污染。公众包括当地居民、企业员工以及环境公益社会团体等，偏好健康生活和环境权益。随着园区环保意识的增强且越来越倾向于产城融合发展，其集生产区和居住区于一身，这使得公众参与的程度与影响力进一步增强。工业园区的利益相关者如图 4 - 4 所示。

---

　　① 李珏. 协同治理中的"合力困境"及其破解——以京津冀大气污染协同治理实践为例 [J]. 行政论坛，2020，27（5）：146 - 152.

　　② R. 爱德华·弗里曼. 战略管理：利益相关者方法 [M]. 王彦华，梁豪，译. 上海：上海译文出版社，2006.

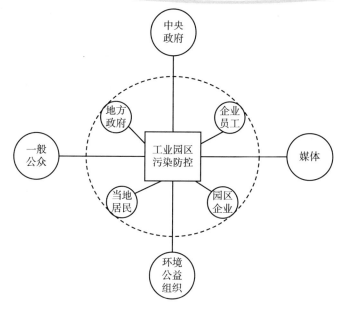

图 4 - 4　工业园区的利益相关者

一、企业主体分析

　　承接地园区内企业的目的是追求利润最大化。企业出于对污染治理高成本的考虑及对高额利润的追求，使得其在环境治理方面是被动的。企业污染行为常被看作是一种源于对自身经济利益追求而成本外输，从而侵犯公众利益的负外部行为，是工业园区污染防控的对象。企业选择环境行为往往是迫于政府或公众的压力，这时企业会支出治理污染排放的成本。企业环境行为的选择受企业内在经济利益的驱动和外部制度环境共同作用。

　　园区企业是地方重要的经济支柱，这使得企业污染行为在与当地政府的博弈中具有讨价还价能力，不少地方政府出于经济利益的考虑，对企业污染行为多有偏袒，甚至共谋。企业为了减少成本支出、提高经济效益，往往采取被动的环境治理措施。同时，工业园区具有其特殊性。工业园区及周边环境的公共物品特征使环境外部不经济性出现。园区企业生产时付出的环境治理成本与污染责任及利益存在着非对称性，工厂污染物排放对工业园区及周边环境的污染很难判别是由哪个企业造成的，导致企业污染排放对工业园区及周边环境出现不经济性。工业园区企业在利用外部环境资源以及排放污染物监管不严、污染责任划分模糊的情况下，会出现"公地悲剧"现象，企业会选择污染行为，以实现自身利益最大化。

但另一方面，从长远看，企业的发展也需要环境安全，这使得其具有主动进行环境治理的一面。为了企业能够可持续、健康地发展，在企业环境治理措施产生的环境效益能够得到体现、其他污染企业的责任也能够落实的前提下，企业倾向于主动进行环境治理。另外，随着环保观念的普及，追求良好的社会信誉和追求企业的可持续发展成为企业的发展目标之一，这使得企业逐渐成为环境保护的领导力量。由此，园区企业不仅是工业园区污染防控的客体，同时也是污染防控的主体。实际上，也只有企业真正成为防控主体，企业采取环境行为能够提高自身的收益时，其才会加大环境治理力度，承担起污染主体责任，工业园区污染防控才能有效。因此，应改变企业外部的影响因素，抑制企业污染行为，促使企业选择更为积极的环境行为。

二、园区主体分析

承接地园区关系主要包括园区内部关系和外部关系。处理园区外部关系主要是指对园区与各级地方政府间的关系以及园区与园区之间的关系的处理；处理园区内部关系主要是指对园区开发、建设全过程中园区内各类主体间关系的处理，涉及园区开发、管理、治理以及发展等多方面①。

我国的工业园区大部分是由各级政府建立的，园区管理委员会一般隶属于园区所在地的政府，具有浓厚的行政色彩。这些园区以税收、土地等优惠政策吸引企业入驻，大多采用"政府主导、企业为主体"的管理和运行机制。园区管委会制定园区发展政策和规章制度，作为

---

① 苏文松，方创琳. 京津冀城市群高科技园区协同发展动力机制与合作共建模式——以中关村科技园为例 [J]. 地理科学进展，2017，36（6）：657-666.

"第三方"协调园区内企业之间的关系，负责制定园区规划和实施规划方案等工作。

政府包括中央政府和地方政府。中央政府追求全局利益最大化，包括协调经济和环境之间、地方政府之间的矛盾和问题，实现经济、环境和社会的可持续发展。中央政府代表整个国家的公共利益，作为公共管理者，负有保护环境的责任。

地方政府则代表着地方经济利益和环境利益。地方政府首先担任监管角色，即通过行使环境行政监督管理权来达到环境保护的目的。但同时地方政府追求地方经济利益最大化，有时为了发展经济而故意隐瞒污染事实，对污染企业可能存在监督不严、执法不严等软约束问题。因此，地方政府策略是在政策范围内寻求自身利益最大化，在有强烈自利性的动机下，可能会出现地方保护主义，甚或做出利于自己而不利于其他竞争主体的事情。地方政府更为关心的是当地企业带来的就业、税收以及利润，往往会忽视污染给社会带来的环境影响。对于地方政府来说，进行严格的环境监督管理需要付出一定的成本。尤其是产业承接地区，经济发展动力不足，采取严格的环境监督管理后所获得的收益并不为当地所独享，导致环境效益不足以抵消当地政府采取严格的环境监督管理付出的成本，因此其往往会放弃采取严格的环境监管手段[①]。

三、社会主体分析

承接地园区公众的生活与环境密不可分，干净的空气和水源、无污染的土地是公众健康生活的基础。而工业园区的环境污染严重影响了公众生存的基础，甚至威胁公众的健康。2015年我国开始实施的《环境保护法》中规定，公众有获取信息、参与决策以及监督环境行为的权利。公众的作用不可忽视，西方国家之所以已经进入"工业绿色化"阶段，其中一个重要原因在于环境已成为公共领域中的重大议题，

---

① 陈真玲，王文举. 环境税制下政府与污染企业演化博弈分析 [J]. 管理评论，2017，29（5）：226 – 236.

处于该领域中的所有参与者都感受到了"环境压力",这种压力威胁到了他们的生存,妨碍了他们的行动能力。公众对环境保护的广泛参与使企业生产在一定程度上受到了监督,这为形成良性的生态环境治理体制打下了基础。

因此,承接地工业园区在污染治理过程中涉及各主体的利益及其局限性不同,归纳如表4-1所示。

表4-1   工业园区各协同主体比较

协同主体	协同目标	缺点
中央政府	公共利益最大化	对地方的环境治理状况不够了解
地方政府（园区）	减少地方环境污染事件	关注上级政府的考核目标,追求地方经济利益最大化
园区企业	减少或免除污染责任及赔偿	追求自身最大经济利益
园区公众	环境效益最大化	关注自身环境利益

第三节 产业承接地企业—园区绿色协同发展的机制分析

一、企业—园区绿色协同发展的动力要素

(一) 企业—园区绿色协同发展动力的产生条件

1. 多主体相互依赖是企业—园区绿色协同发展的前提

园区各主体之间的相互依赖是协同产生的前提条件。园区环境治理模式正逐步从传统的"自上而下"模式转变为"自上而下"与"自下而上"相结合的多主体协作模式。各主体为了实现各自的目标需要进行知识共享、资源交换和信息互动,形成相互依赖关系,从而实现企业—园区的绿色协同发展。具体而言,包括政策规划上的相互依赖

（表现为政策规划的发布与落实的执行力）、信息资源上的相互依赖（表现为信息资源的共建共享能力）和技术应用上的相互依赖（表现为实际应用需求与所提供的环保产品的契合度）等。如果各主体间没有广泛的联系、互动与依赖，便不会形成协同发展。同时，协同允许竞争和冲突，在联系与互动过程中产生的一些冲突可能也会成为各主体形成依赖关系的基础。

2. 利益共同体下各主体目标的实现是企业—园区绿色协同发展的契机

园区环境治理在推进过程中涉及园区管理部门、园区企业、社会公众等多个参与主体的利益，各主体都希望在实现各自目标的基础上达到利益最大化，获取协同价值，形成利益共同体。该过程是个体利益和群体利益不断博弈与重构的过程，最终会形成能够促进企业—园区协同发展的利益共同体，该利益共同体是维系企业—园区多主体协同发展的直接动力源。

3. 以需求为导向推进环保治理是企业—园区绿色协同发展的核心

新形势下，一方面工业园区发展趋于生态化与循环化，园区趋于产城融合以及信息化和工业化的深度融合；另一方面我国自 2013 年以来密集发布、实施新的或修正的环保法律法规、政策条例、环境标准以及环保技术规范等所带来的环保新形势（如环保法、环保税制度、排污许可证制度、生态红线、环保负面清单等），激发工业园区企业—园区绿色协同发展的关键需求。

（二）企业—园区绿色协同发展的动力形成与类型

园区环境治理是一个开放协同、多元发展的系统，各参与主体都具有各自的核心能力。由于企业与园区的协同绿色发展受市场自发驱动、政府政策驱动等因素的影响，本书借鉴波特的钻石理论对其动力要素机制进行归纳。波特[①]认为钻石体系的 6 个关键要素分别被强化或限制，导致国家或区域竞争优势的消长，在这一动态过程中，每个要

---

① 迈克尔·波特. 竞争优势 [M]. 北京：华夏出版社，2002.

素的运作会强化钻石体系内各要素间的互动。根据产业承接地园区实际情况，我们确定以下关键因素，即：企业的战略、结构和竞争、需求条件、科技平台资源、机会和政府，相应地可将其作为产业承接地企业—园区绿色协同发展的动力机制（见图4-5）。

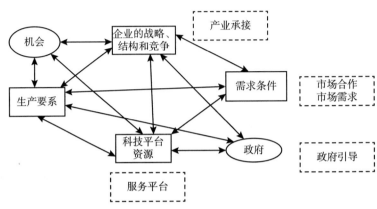

图4-5 产业承接地园区协同动力要素模型

1. 政府引导驱动

自改革开放以来，中央政府致力于经济建设，对地方官员的提拔标准从以政治表现为主转变成注重经济绩效。在中国式分权的制度下，对地方政府的政绩考核将直接影响地方政府的行为，最终表现为当地经济社会发展的显著差异。地方官员为实现政治上的晋升，会根据考核办法中的具体指标来调整自身行为，以期完成考核目标。因此，在资源有限的条件下，地方官员为了获得晋升，不惜降低环境标准以吸引资本等流动性要素流入。他们牺牲地区生态环境谋求短期经济增长。然而，面对日益严重的环境问题，2005年12月国务院发布了《关于贯彻落实科学发展观　加强环境保护的决定》，其中明确提出要将干部的污染减排绩效作为其任用选拔以及奖惩的依据。随后，国家环境保护总局在2007年印发了《"十一五"主要污染物总量减排核查办法（试行）》。在2007年11月国务院发布的《主要污染物总量减排考核办法》中更是增加了环保考核问责制和"一票否决"制，进一步增强了对地方干部污染物减排实绩考核的力度①。"十三五"期间我国开始实施环保督察、环保法庭等制度，这些制度带来的环境保护压力，使得在新形势下体现环境治理的政绩评价成为影响官员晋升的一个重要因素。在原有的经济目标考核体系中，加入环境目标强约束，使地方政府的行为发生了转变。上级政府的监督会提升下级政府的环境污染治理意愿和环境监管的力度。在环境目标约束下，政府与企业之间能够加强利益共同体建设，加强统筹协调，通过协同营造有利的市场和制度软环境。

2. 市场合作驱动

各级园区平台企业和各类社会资源通过股份合作开发和园区发展基金引导等途径，协同共建绿色发展产业园区，构成市场合作方面的驱动力。例如，2013年发布的《中共中央关于全面深化改革若干重大问题的决定》中明确：要建立吸引社会资本投入生态环境保护的市场化机制，推进环境污染第三方治理。2014年，在全国"两会"上，全国工商联环境商会提交《关于推行环境污染第三方治理的建议》的提案。2015年，国务院办公厅正式印发了我国环境污染第三方治理领域的第一个国家层面的法规性文件——《关于推行环境污染第三方治理的意见》。北京、上海、广东等10余个省份根据各自实际情况陆续制定了推进环境污染第三方治理实施的政策文件，引入第三方治理机构或环保管家服务②。

3. 市场需求吸引

园区环境治理、循环利用、产业共生以及产城融合等方面的市场需求，成为动力形成的另一个因素。绿色发展的理论前提是生产系统、生活系统和生态系统的共生性。从整体上来看，在国际上，工业园区的发展已经脱离早些时候单一工业企业集聚的概念，朝向企业间具有更加密切关系的生态工业园区、科学园区等转型。产业共生是指企业

---

① 余泳泽，孙鹏博，宣烨. 地方政府环境目标约束是否影响了产业转型升级？[J]. 经济研究，2020，55（8）：57-72.

② 董战峰，董玮，等. 我国环境污染第三方治理机制改革路线图［J］. 中国环境管理，2016，46（4）：52-59+107.

或产业之间的代谢和共生关系。这种关系促使区域内的资源共享、能量梯级利用和废物交换，一方面使物质和能量在不断循环和重复的过程中实现多级递进，从而提高资源自身的利用率；另一方面减少了生产和消费过程中废弃物的产生，降低了经济活动对生态环境的负面影响，使企业和产业同时获得经济效益与生态效益。产业共生通过增加物质能量循环，对生态经济效率的提高起到正向的促进作用；围绕核心企业的主导产品形成上下游产品的生产及资源的综合、循环利用产业链。经验表明，与未经规划的园区产业系统相比，经过规划的产业共生系统能更好地发挥其对生态与经济的耦合协调作用[①]。

4. 服务平台孵化转化推动

通过园区内部的平台企业、园区外部的产业技术联盟、高校院所等科技平台资源可有效地整合各类资源，这也是协同发展的动力之一。通过移植现有的园区服务资源、服务要素和服务模式，对接企业方面的环保需求，进行技术服务平台孵化转化，推动企业—园区绿色合作。

5. 产业梯度转移推动

园区产业转移与承接促进企业—园区绿色协同发展。按照园区由初级到高级的演变过程来看，其可分为初始阶段、填充阶段、集群阶段以及最终的融入城市阶段。在初始阶段，地方政府占主导地位，政府往往制定许多优惠政策并做好园区基础设施的建设以吸引投资，促使园区的快速建成；在填充阶段，发达国家和地区等外部作用力逐渐发挥主导作用，外来的生产要素在园区内聚集，产生要素协同，成为园区发展动力；在集群阶段，学习、创新能力以及市场发挥着主导作用，促进园区的发展；在融入城市阶段，无论从空间上还是从功能上，园区与城镇开始融为一体，产生功能协同，成为了一个城市新区。产业承接地园区往往处于第二阶段，在这一阶段，外来生产要素占据主导地位，其最终会走向产城融合阶段。而园区的产城融合离不开园区的绿色发展和可持续发展。由此可见，受园区与企业自身发展规律驱

---

① 赖运东，刘清云. 珠三角典型制造工业区环境污染第三方治理现状研究 [J]. 环境科学导刊，2019，38 (3)：32－36.

动，企业—园区最终趋向于绿色协同发展。

二、产业承接地企业—园区绿色协同发展的框架分析

（一）从宏观层面看，产业承接与绿色发展协同

在上述动力机制的影响下，园区产业承接与绿色发展不断进步，并在发展过程中相互作用、彼此影响。

1. 产业承接促进园区绿色发展

关于产业转移与绿色发展之间的关系，学者们有不同的看法。一种观点认为：产业转移有助于绿色经济发展。产业转移能将先进的生态治理体系和先进的绿色技术通过对外投资等形式带给承接地，一方面能够直接促进承接地资源利用能力的提升，另一方面也能够通过技术扩散、技术外溢等提高区域整体的环境治理水平，促进并提升产业承接区域的环境效益（陈景华，2019①；严运楼，2017②）。另一种观点则认为：产业转移是发达地区的污染企业在欠发达地区的"污染避难所"，由于环境规制的存在，污染企业想要摆脱"绿色壁垒"去寻求环境成本更低的区域，因此产业转移的过程同时也是污染扩散与迁移的过程（张静和付金存，2015③；王鑫静等，2019④）。还有观点认为：在承接产业转移的背景下，经济增长与污染物排放之间的关系从长期来看呈倒"U"型。即在产业承接的初期，由于环保成本高、环保能力差等原因，无法兼顾经济发展与环境保护；但随着经济的进一步增长，企业的环保意识和环保能力都得到了进一步加强，产业承接所带来的

---

①　陈景华. 区域产业转移对环境质量影响的机理分析 [J]. 东南学术，2019（1）：123 - 130.

②　严运楼. 产业转移的区域福利效应分析——以安徽省为例 [J]. 经济体制改革，2017（5）：55 - 60.

③　张静，付金存. 区际产业转移的框架构建、机理解析与策略匹配 [J]. 经济体制改革，2015（1）：69 - 73.

④　王鑫静，程钰，王建事，丁立. 中国对"一带一路"沿线国家产业转移的区位选择 [J]. 经济地理，2019，39（8）：95 - 105.

经济增长能够带动环保能力的提升（张峰等，2020）①。王建民等②则认为我国在产业承接的过程中，绿色经济的发展主要受技术效率的影响，低碳发展与技术进步之间有着很强的同向性，因此技术驱动在产业承接中成为影响绿色承接的关键因素。

由以上文献可知，产业承接地可能由于承接的产业多为低附加值的劳动密集型或资源利用型产业，陷入分工体系当中的"低端锁定"和"路径依赖"状态；由于引入不少高消耗、高耗能和高污染的生产项目，产生"荷兰病"，抑制了本地区绿色产业的发展；存在着"重投资、轻技术"和"重招商，轻嫁接"等产业承接现象，阻碍了产业结构优化升级③。但是同时，承接转移的产业可为承接地带来先进的管理经验、生产技术、环保技术以及大量的投资，能有效地促进当地的就业与产业升级，有效地刺激承接地的经济发展，促进承接地环保管理水平的提高④。具体体现在：园区在承接产业转移过程中，通过投资和兼并收购企业，获得大量的资金储备，扩张工业资本存量并提高资本存量质量；园区通过产业在各产业部门间的转移和扩散，加快先进绿色生产技术的示范作用的发挥以及技术研发，实现承接产业转移的技术溢出及扩散效应；园区通过引进产业实现产业集聚，带动配套体系内的相关生产性服务业发展，发挥产业关联带动作用等。承接地园区通过流入的外部生产要素与承接地资源、产业、劳动力的有机整合，外部流入的生产要素与本地区具有比较优势的要素重新组合，促进资源的高效利用；外部流入的生产环节嵌入地区性产业链，污染性行业进行生态化改造，促进产业链重塑；外部流入的制造和服务产业具有优化结构的潜能，从而使园区承接产业转移对绿色发展起到正向促进作用。

---

① 张峰，薛惠锋，宋晓娜. 国家高效生态经济战略区承接产业转移能否兼顾环境效益？[J]. 经济体制改革，2020（3）：181 – 186.

② 王建民，蒋倩颖，张敏，仇定三. 皖江城市带承接产业转移示范区低碳发展效应分析 [J]. 地域研究与开发，2019，38（2）：50 – 54 + 85.

③ 边云涛. 基于产业生态视角的资源型区域产业演进研究 [D]. 太原：山西财经大学，2021.

④ 肖琳琳. 曹妃甸区产业承接与绿色经济发展 [J]. 兵团党校学报，2021（2）：65 – 70.

2. 园区绿色发展增强产业承接能力

园区的绿色发展也影响着园区的产业承接能力，而产业承接能力的强弱影响着园区的经济发展和竞争优势。目前，国内学者普遍将承接产业转移的能力分解为以下几方面：一是产业承接地对转移产业的吸引力，是指承接地的自然地理环境、社会发展水平和经济发展水平等对转入产业的影响。吸引力可以用产业承接地的固定资产投资、经济外向程度、经济发展总量水平、人力资源丰富程度、科技创新能力、城市的宜居性和可持续发展等指标衡量[①]。二是产业承接地对转移产业的支撑力，分为外部支撑能力和内生的支撑能力。外部支撑能力通常体现在地方政府政策、配套的基础设施、产业集聚的规模和环境承载能力等方面。内生的支撑能力体现在企业的产业特色、人才结构、创新发展等方面[②]。区域内较强的产业支撑能力会不断发挥其自我的优化效应，降低产业发展成本，建设产业发展的平台，吸引优质生产要素，扩大招商引资。三是产业承接地对转移产业的发展力，即指产业后续的可持续发展能力。其可以用产业承接地区的 GDP 增长率、工业企业利润总额、工业企业专利数、人均受教育年限等指标衡量。

园区绿色发展能力指的是在承接产业转移过程中，实现经济社会发展与环境承载协调相处的能力，具体体现在能源利用绿色化、资源利用绿色化、基础设施绿色化、产业绿色化、生态环境绿色化、运行管理绿色化等方面，可归纳为资源利用、环境保护、生态治理三个大的方面。园区绿色发展是产业发展支撑力和吸引力的具体体现，其提高了区域生态环境承载力，增加了产业可持续发展能力，提高了园区产业承接能力。

将两者结合起来。在宏观层面上，围绕产业承接与绿色发展这两大系统的基本理念、发展目标与实施路径间的耦合性进行顶层设计，两者协同发展作用具体如图 4-6 所示。

---

① 邱慧，潘红玉，等. 产业集聚指数、产业吸引力指数与产业转移和承接 [J]. 科学决策，2020（6）：41-68.

② 田婷. H 园区产业园区承接产业转移绩效评价指标体系的构建研究 [D]. 长沙：湖南师范大学，2020.

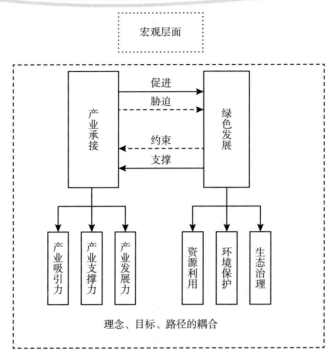

图 4 - 6　园区产业承接与绿色发展的耦合关系

（二）从微观层面看，园区与企业协同

在微观层面上看，产业承接与绿色发展耦合体现在承接地产业园区与企业之间的协同度，而协同度的变化主要体现在要素协同、功能协同以及效应协同三方面。

1. 要素协同

要素协同体现在园区的人力、财力、物力、技术、信息、资源等多要素的协同。能源、水、土地、环境等作为园区发展核心的资源要素，对园区经济发展及其生态环境有直接的影响。具体体现在：一是园区经济发展与能源、水、土地、环境通过各种相互作用而彼此影响，呈非线性特征。基于经济、资源、能源、环境等多要素的协同能够调控工业园区经济发展与资源能源、环境系统的矛盾，支撑园区绿色发展。二是要素协同对提高资源配置效率起促进作用。在要素供给方面，要素培育、供给质量改善能增加绿色发展所需的要素存量，为产业提质升级所需的要素间最优配置的实现提供保障。要素间协调匹配能充分发挥各类要素的功效，从而提升要素边际生产率，实现要素优化配置；在要素流动方面，外来创新环保要素流向产业承接地，能够提升企业或行业的投入产出效率，实现资源配置动态优化及制造业的提质增效。

2. 功能协同

功能协同体现在园区生产、物流、服务、安全、循环、生态等多功能的协同。随着经济的发展，承接地园区不再局限于单一的制造业功能，大量生活、服务功能的引入使得过去获取这类服务的成本得以下降，因此生产性服务业、生活性服务业等新业态被引入；以企业集团组织的研发等职能开始专业化，逐步被剥离出来，成为服务于企业的专门化服务；园区出现功能复合、空间复合、向综合性园区发展的趋势[1]。园区的协能协同能进一步增强园区对人才及各种生产要素的吸引力，推动园区绿色发展，逐步实现园区的美丽宜居，实现园区的可持续发展。

3. 效应协同

效应协同体现在产值、税收、就业、专利、环境等多效应的协同。承接地园区既体现经济效应，也体现环境生态效应。其成效具体体现在：园区的综合经济实力增强，主要经济指标保持良好；经济发展质量高，创新技术能力较强；环境质量良好稳定，园区的公共服务能力提升[2]。这些促使园区既有良好的经济发展能力，同时又有良好的生态环境绩效，实现园区的高质量发展。

根据协同理论，其研究框架是由跨时空协同、不同层次的协同、要素组合的协同和组织内外协同四个维度构成的，个人、组织和区域不同层面的行为主体跨组织内外对战略、组织、文化和市场等要素进

① 张京祥，姜克芳，何鹤鸣，等. 精明收缩视角下产业园区转型再生 [M]. 南京：东南大学出版社，2019.

② 禹汀，付允等. 国家绿色园区发展报告（2018）[M]. 北京：中国社会科学出版社，2018.

行整合，实现资源跨时空优化配置的协同结果①。根据此协同维度，园区—企业绿色协同发展的框架体系可以用图 4-7 表示。

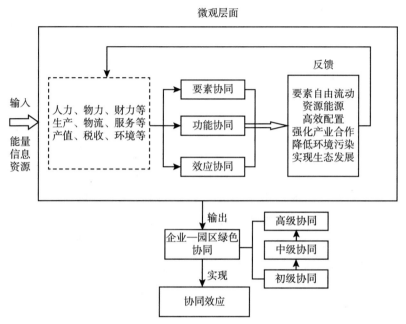

图 4-7　园区—企业绿色协同发展的框架体系

（三）从操作层面看，多主体协同

在操作层面，不论是宏观层面产业承接、绿色发展两大系统的协同发展，还是微观层面企业—园区协同度提升的具体表现，最终都必须落实到特定的实施主体之上。因此，从具体操作层面来看，该体系是一个由多主体共同参与，采用综合手段协同治理的公共事务体系。它是对传统意义上负责经济发展的部门与环境保护部门相关职责的融合、交叉与进一步优化。多元协同体系中包含园区、企业与社会三大治理主体，政府规制、市场激励与社会监督互为支撑、相互约束，共同服务承接地园区的绿色发展，具体如图 4-8 所示。

---

① 陈光. 企业内部协同创新研究 [D]. 成都：西南交通大学，2005.

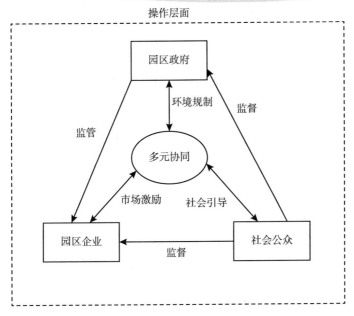

图 4-8　园区—企业多元主体协同

第四节　产业承接地企业—园区绿色 协同发展的关系

　　协同是对传统发展路径的一种优化，不仅需要对园区资源要素配置的方式、治理方式以及发展的思路进行调整，还需要正确处理好协同发展之间的关系，从而对园区政策工具进行系统的优化组合，构建更适宜于绿色协同发展的政策体系和激励约束机制。

一、企业—园区绿色协同发展的相互关系

（一）政府与市场的协同关系

　　承接地工业园区各主体有各自的主体利益——地方政府、企业、各级部门都有各自的目标与利益。而环境资源具有自然公共物品的属

103

性。当各方之间的目标和利益冲突，又没有很好的市场运作机制时，会导致政府或市场对环境保护资源配置的失灵，从而不能实现环保资源的合理配置，不能发挥其应有的效用。由于行政体制的制约，一些地方政府在工业园区建设过程中存在短视行为，重视地面上的设施、建筑物的建设，忽视地下配套特别是环保相关设施的建设。因此，单纯地强调政府与市场两种机制各自的特点与功能，把它们割裂开来，是难以解决经济发展过程中面临的问题的，需要进一步加强政府与市场之间的互相促进和有机融合①。

（二）中央与地方的协同关系

我国的环境监管主要采用以政府机构为主导的监管模式，针对工业园区，设有专门的园区管委会对园区的各项事务予以管理，其中环境监管的职能部门一般为环保局、城管局或建设局等。地方环境监管需严格执行上级政府制定的各种政策、法规及标准，自主权有限，这种分层分级的监管模式易导致机构责权不明，统管受限。地方环境管理部门隶属于地方人民政府，因此，一般认为中央环境管理部门对地方环境管理部门只是在业务上指导而没有领导权，地方人民政府也不受环保部门的领导。《环境保护法》只是原则性地做了规定，但是关于中央和地方如何分权分责界定不明确。各部门的职能和权限有模糊或重叠的部分，使得政府在制定扶持和发展策略时忽视环境保护的问题。地方环保部门在环保监管时受诸多因素制约，独立性和权威性不够。因此，在企业—园区绿色协同发展过程中，需要注重中央政府和地方政府的协同，形成目标一致、激励相容的中央地方关系。要推进行政管理体制改革，改变以往的政绩考核机制，将环境责任作为考核目标之一，强化地方政府的环境责任职责，减少地方政府与企业合谋，增强环境治理力度。

---

① 薛菁. 多元化生态补偿机制中政府与市场关系：演进机理与有效协同 [J]. 云南行政学院学报，2021，23（1）：144－150.

（三）园区与企业、公众的协同关系

园区与企业、公众主体之间的协同关系，包括规划协同、政策协同、产业协同、服务协同等。

1. 规划协同

重视发挥规划的引领和统筹作用，对接国家和区域发展战略，明确发展定位和前景。统筹对接国民经济发展战略和总体规划，协同衔接各部门专项规划和下位规划，提高园区绿色可持续发展能力。做好顶层设计，设置可量化、可核查的园区绿色发展目标。

2. 政策协同

在政策上创新，加强园区绿色协同管理。具体体现在：可以成立专门的领导小组组建团队，建立相应的工作机制和操作流程，集成国家、各省区市的相关政策，基于"协同"发展的统一目标，对各层次的产业政策、创新政策、财政政策、土地政策、环保政策进行分类专项清理，避免政策与政策之间冲突，充分发挥有效的政策作用。

3. 产业协同

优化产业结构，提旧促新，通过产业集聚促进绿色发展。改造传统的"高投入、高消耗、高污染"的产业发展模式，降低能源消耗，提升能源利用效率。基于产业发展和资源环境的承载力，进行绿色技术创新，不断提升产业层次。

4. 服务协同

成立绿色协同公共服务平台。为政府提供绿色规划、决策、实施方面的技术支持、信息支持、能力建设培训等服务，提高综合竞争力，提升园区的宜居程度；为企业提供节能减排、绿色环保、循环经济等方面的技术咨询、绿色金融、检测、能力建设培训等机会和服务，提升绿色发展意识，提高企业竞争力；为公众提供绿色信息、技术咨询、检测、能力建设培训等机会和服务，培育可持续发展社会文化，改善环境。

（四）企业与企业间的协同关系

要重视企业与企业之间的协同，引进产业共生模式，促进园区产业绿色升级。企业与企业之间优势互补的生态关系使园区内不同企业之间形成共享资源和互换副产品的产业共生组合，使上游生产过程中产生的废物再利用，成为中游或下游的原料，以达到资源的优化配置和高效利用的目的；园区以关键企业为龙头，形成关联度高的产业集群和生态产业链，形成共享资源和互换副产品的产业共生组合，形成物质、水、能量和信息集成平台，达到物质、能量的逐层梯级利用和资源共享的生态化效果。以丹麦的卡伦堡生态产业园区为例，20 世纪70 年代开始，卡伦堡地区的发电厂、炼油厂、制药厂等就意识到可以在生产资料、废料、产品等方面进行合作，通过持续探索，其最终在淡水资源的有效利用、废料再利用与管理等方面实现了合作，构建了一种紧密协作而又互惠互利的良性关系。经过不断的发展，当地政府、居民和部分其他企业也陆续地加入这一关系之中。该园区成为生态经济社会复合系统的典范①。

二、企业—园区绿色协同发展的机制和政策框架

（一）促进企业—园区绿色协同发展的三大机制

基于企业园区绿色协同发展的关系，促进绿色协同发展的机制包括三个方面：一是协同决策机制。目标是减少系统性冲突，针对不同园区主体发展目标、发展利益进行协调平衡，并对园区环境保护事务进行协商沟通和综合决策。二是协同动力机制。激发不同主体协同发展的内在动力，按照整体效率最大化的目标实现生态产业链的分工耦合。三是协同规制机制。调节和矫正系统运行中的波动和偏离，促使不同主体间实现资源共享、利益分享，完善绩效考核制度，加强不同主体间对生态环境的合作治理。

（二）促进企业—园区绿色协同发展的政策框架

对应相应的机制，企业园区绿色协同发展政策体系有三大类：一

---

① 张萌. 工业共生网络形成机理及稳定性研究 ［D］. 哈尔滨：哈尔滨工业大学, 2008.

是有利于各主体协同的激励引导型政策，如设立环保专项基金、财税补贴等政策工具加以引导；二是对各主体的约束控制性政策，如环保政策、规划政策、产业政策、技术标准、土地指标等，促使各主体主动调整发展路径，实现与绿色协同发展总体目标相一致的发展；三是各主体之间的协调性政策，如利益的分享、技术创新资源的共享、人才流动政策、税收分享等政策，为各主体参与协同提供重要的保障。

本 章 小 结

本章主要针对产业承接地工业园区绿色协同发展的必要性、可行性、协同主体、协同作用机制以及协同关系、政策进行了梳理与阐述。在阐述了承接地园区协同发展的必要性和可行性的基础上，构建了由宏观、微观和操作三个层面构成的体系框架。宏观层面包括产业承接和绿色发展的耦合；微观层面表现为承接地园区—企业协同度的提升，按要素协同、功能协同、效应协同三个维度阐述；具体操作由政府、市场和企业三个方面共同推进。同时还分析了企业园区协同的动力要素，体现在政府引导、市场合作、市场需求、服务平台孵化、产业梯度转移等方面，在此基础上形成了政府和市场的协同、中央和地方的协同、园区与企业的协同、企业与企业之间的协同关系，并提出了相应的机制和政策框架。

第五章

产业承接地企业—园区绿色
协同发展评价

对产业承接地企业—园区绿色协同发展进行评价，首先要选择一个科学、合理、能展现企业—园区绿色协调发展的指标体系，然后要构建一个能解决企业—园区绿色协同发展问题的模型，最后要收集指标体系中指标的数据，运用模型进行实证并对实证的结果进行解释。

本书对产业承接地企业—园区绿色发展协同发展情况的评价分微观和宏观两个层面。微观层面构建了一套适合微观层面的指标体系，选取了2019年江西省100个工业园区为研究对象，运用信息熵和灰色关联度模型进行实证分析，随后进行静态评价。宏观层面构建了另一套适合宏观层面的指标体系，以产业承接地（中国的中西部地区，西藏除外）17个省份2010～2019年工业企业—园区的发展为研究对象，同样运用信息熵和灰色关联度模型进行实证分析，随后进行动态评价。

第一节 产业承接地企业—园区绿色协同发展
指标选择原则和模型构建

一、测度指标的选择原则

为了对产业承接地企业—园区绿色协调发展的情况进行科学、全面、客观的测度，在对指标体系中的指标进行选择和确定时，一般应遵循以下原则（商婕和曾悦，2015[①]；陈胜东，2016[②]）。

（一）科学性和实用性原则

科学性是一切研究探索工作所必须遵循的原则。科学性原则的要求是在选择指标时，指标要有准确的定义，即指标要具有一定的科学内涵，目的清楚，定义准确，能够测度和反映产业承接地企业—园区绿色协同发展的情况，同时还要满足运算对数据的要求。选择指标时，应尽可能做到全面、系统，对某一个具体问题进行测度时，又要求简洁、实用，不要过于繁杂。

实用性是指这些指标要对企业—园区的绿色发展情况的测度有实实在在的支持与指导作用，能够测度企业—园区的绿色协同情况，并与已有的政策目标相关。

此外，指标权重系数的确定，数据的选取、计算与综合等都要建立在科学性和实用性的基础之上。

（二）可操作性原则

对产业承接地的企业—园区的绿色发展协同测度需要指标体系不仅具有重要的理论研究价值，同时更要具有实践应用价值，所以在设计选取指标时，要求其必须具有某种程度的可操作性。指标的选择应遵循简洁、方便、有效、实用的原则，尽可能考虑数据的易获性和可采集性。在实践中，要根据需要删减、更新指标，或将原有的一些指标综合、细分，生成一些需要的派生指标。

（三）全面性和主导性原则

影响企业—园区绿色发展协同的因素很多，如果仅仅利用某一单

---

① 商婕，曾悦.绿色经济理念的生态工业园区综合评价指标体系［J］.华侨大学学报（自然科学版），2015，36（6）：698-703.
② 陈胜东.江西省生态文明建设评价体系研究［J］.企业经济，2016（8）：21-25.

个因素根本不可能对企业—园区绿色发展协同进行科学测度，但若一一概全不可能也不现实。因此，应选择具有较强的综合性和全面性的主导性指标，这样既能简化指标体系，又能全面集中地反映企业—园区绿色发展协同的各个方面的特征和状况。指标具有代表性则能够直接反映企业—园区绿色发展协同的主要特征。

二、测度模型的构建

测度模型的构建主要涉及两个方面：一是计算出各个测度指标的灰色关联系数；二是测算出各个测度指标在评价系统中的权重，然后运用加权灰色关联度来测度各个研究对象企业—园区的绿色协调发展情况[1][2][3][4][5][6]。

（一）信息熵模型

信息熵模型主要是用来测算各个指标在指标体系的权重的。

确定权重的具体做法是：（1）将数据进行标准化处理，对经过标准化处理后的数据进行归一化处理，处理公式是 $p_{ij} = \dfrac{x_{ij}}{\sum x_{ij}}$ 。（2）用 E_j 表示信息熵，计算公式是 $E_j = -\dfrac{1}{\ln n}\sum p_{ij}\ln p_{ij}$ ；当 $p_{ij}=0$ 时，规定

① 甘小文，毛小明. 基于 AHP 和灰色关联的产业承接地工业园区产城融合度测度研究 [J]. 南昌大学学报（人文社会科学版），2016，47（5）：88 - 95.

② 甘小文，毛小明. 基于信息熵和灰色关联度下中部六省生态文明建设状况的比较研究 [J]. 企业经济，2018，（12）：27 - 33.

③ 何争. 基于 FAHP 与灰色综合分析法的城市环保评价 [J]. 周口师范学院学报，2019，36（5）：14 - 18.

④ 李燕，陈龙梅，何耀宇，赵国叶. 山西省产业结构与经济增长的灰色关联度分析——基于面板数据 [J]. 太原理工大学学报（社会科学版），2016，34（5）：39 - 44.

⑤ 田桂丰，谌颜，尹帮治. 信息熵和灰色关联分析在企业大数据分析中的应用 [J]. 信息记录材料，2021，22（3）：151 - 152.

⑥ 田甜，丁煜. 广东省城镇化与服务业关联效应研究——基于信息熵和灰色关联 [J]. 湖南广播电视大学学报，2018（2）：60 - 65.

$p_{ij}lnp_{ij} = 0$。（3）指标的权重计算公式 $w_j = \dfrac{1 - E_j}{\sum (1 - E_k)}$。

（二）灰色关联系数模型

计算各个指标灰色关联系数的具体的思路如下：

（1）建立本指标体系的变量数列和参照数列。

本书的变量数列是按照表 5 – 1 中的指标体系收集到的所有指标构成的数据集。其中，m 为测度企业—园区绿色发展协同的变量指标的个数，n 是进行企业—园区绿色发展协同的企业个数。记 $Y_i(K)$，$i = 1，2，\cdots，m$ 为变量数列；$Y_0(K)$ 为参照数列。

（2）关于指标体系中的变量数列的标准化处理。

标准化处理的思路是采取与比较分析指标体系相一致的标准化变换。这里是已经处理好的标准化数据。

（3）将标准化数列与其最优数列的绝对值构造的一新数列，计算公式是：

$$x_i(k) = \max\{y_i(k)\} - y_i(k) \tag{5-1}$$

（4）计算新数列的灰色关联系数，公式为：

$$\xi_i = \frac{\min\min|x_0(k) - x_i(k)| + \rho\max\max|x_0(k) - x_i(k)|}{|x_0(k) - x_i(k)| + \rho\max\max|x_0(k) - x_i(k)|}$$

$$\tag{5-2}$$

式（5 – 2）中，ρ 为灰色关联系数分析中的分辨系数，取值在 0～1，本书取值是 0.80。

（5）计算加权灰色关联系数，即企业—园区绿色发展协同的程度。

分别计算研究对象对应的加权灰色关联度，以反映产业承接地企业—园区绿色发展协同的程度。加权灰色关联度为：

$$d_j = \sum_{i=1}^{m} w_i\xi_{ij} \tag{5-3}$$

第二节　产业承接地企业—园区绿色协同
发展的静态测度
——以江西省 2019 年 100 个工业园区为例

一、静态测度指标体系的构建

考虑到数据的可操作性、全面性和主导性、分析科学性以及实用性，我们构建了一个指标体系：企业—园区绿色发展协同度为一级指标。在一级指标下设置要素协同、功能协同、效应协同 3 个二级指标。在二级指标要素协同中设置人力、财力、物力、资源、技术、信息为三级指标；功能协同中设置生产、物流、服务、安全、清洁、生态为三级指标；效应协同中设置产值、税收、就业、专利、环境为三级指标；总共 17 个三级指标。具体的指标体系情况见表 5 – 1。

表 5 – 1　　产业承接地企业—园区绿色协同发展测度指标体系

一级指标	二级指标	三级指标	指标含义
企业—园区绿色发展协同度	要素协同	人力	园区所在地区的成年人口及其受教育年限
		财力	园区总投资
		物力	园区所在地区的投产工业企业数
		资源	园区实际开发面积
		技术	园区技术中心、科技创新等投入
		信息	园区信息平台的投入
	功能协同	生产	主营业务收入
		物流	园区交通、物流网点情况
		服务	园区的"七通一平"的投入
		安全	园区安全事故投入、发生情况评估
		清洁	园区废水、废气、废渣等清洁生产的投入
		生态	园区废水、废气、废渣的达标情况

一级指标	二级指标	三级指标	指标含义
企业—园区绿色发展协同度	效应协同	产值	利润总额
		税收	园区工业税金
		就业	园区就业人员
		专利	园区所获得的专利数量
		环境	江西园区评估的营商环境评估值

资料来源：张钰莹，罗洋．生态文明建设的多层次模糊综合评价［J］．四川建筑科学研究，2017，43（1）：149-154；王丽，翁瑾．灰色 LEAP 计量的青岛生态文明建设评价模型［J］．科技通报，2017，33（6）：234-237.

二、数据的来源

静态测度的数据主要来源于三个方面：一是江西省工业和信息化厅编印的 2019 年全省工业园区发展情况简介；二是《江西统计年鉴 2019》；三是请专家进行打分得到的数据。

三、数据的处理

这里的数据处理主要有两种方法。

一种方法是由专家打分得到数据，同时要求专家打分不高于 100 不低于 70，然后采取简单的算术平均法来处理，即 $\overline{x_i} = \sum \dfrac{x}{n}$。

另一种方法是对于从统计年鉴和全省工业园区发展情况简介中取得的数据，一般处理方式为：$X = \dfrac{Y_i - Y_{min}}{Y_{max} - Y_{min}} \times 30 + 70$。

四、实证过程

第一步，原始数据的标准化处理，具体情况见附表 1。

第二步，各个指标在指标体系中的权重的计算，即信息熵模型的运用。具体情况见表附 2。

根据上述数据，利用信息熵模型计算出的 17 个指标在指标体系中的权重如表 5-2 所示。

表 5 - 2   指标体系中的各指标的权重

指标	E	1 - E	W
开发区人力	0.999275	0.000725	0.072444
开发区财力	0.999637	0.000363	0.036291
开发区物力	0.999352	0.000648	0.064714
开发区资源	0.999451	0.000549	0.054829
开发区技术	0.998862	0.001138	0.113762
开发区信息	0.999123	0.000877	0.087606
开发区生产	0.999267	0.000733	0.073257
开发区物流	0.999213	0.000787	0.078671
开发区服务	0.999207	0.000793	0.079261
开发区安全	0.999779	0.000221	0.022095
开发区清洁	0.999877	0.000123	0.012326
开发区生态	0.999434	0.000566	0.056564
开发区产值	0.999656	0.000344	0.034346
开发区税收	0.999564	0.000436	0.043549
开发区就业	0.999376	0.000624	0.062361
开发区专利	0.999388	0.000612	0.061149
开发区环境	0.999532	0.000468	0.046797
合计	—	0.010007	1.000000

第三步，各个指标在指标体系中的灰色关联系数的计算，即灰色关联度模型的运用。具体情况见表附3。

第四步，各个指标在指标体系中的加权灰色关联系数的计算，即企业与园区绿色协同发展指数的计算。江西省2019年100个工业园区的企业—园区具体绿色协同发展指数及排名情况见表5-3所示。

五、结果

江西省100个工业园区企业—园区协同发展指数及排名情况如表5-3所示。

表 5-3　江西省 100 个工业园区企业—园区协同发展指数及排名情况

工业园区	协同发展指数	排名	工业园区	协同发展指数	排名
九江市沙城工业园区	0.565191	35	龙南经济技术开发区	0.598597	21
武宁工业园区	0.516951	52	定南工业园区	0.478228	93
修水工业园区	0.524124	49	全南工业园区	0.479924	91
永修县云山经济开发区	0.583978	25	瑞金经济技术开发区	0.587313	23
德安工业园区	0.575330	30	宁都工业园区	0.503656	63
星子（庐山）工业园区	0.515266	56	于都工业园区	0.508571	60
都昌工业园区	0.515883	55	江西兴国经济开发区	0.500514	68
湖口金沙湾工业园区	0.527257	47	石城产业园	0.480221	90
彭泽工业园区	0.516421	54	会昌工业园区	0.480965	86
瑞昌工业园区	0.545810	39	寻乌产业园	0.473366	97
共青城经济开发区	0.596863	22	南康经济开发区	0.512894	57
九江经济开发区	0.719772	4	赣州经济技术开发区	0.686157	6
南昌小蓝经济技术开发区	0.771697	3	上饶经济技术开发区	0.681376	8
南昌经济技术开发区	0.860211	2	上饶高新技术产业园区	0.609564	19
南昌高新技术产业开发区	0.938146	1	玉山经济开发区	0.576261	29
青山湖高新技术产业园区	0.685458	7	铅山工业园区	0.509745	59
新建长埠经济开发区	0.623800	16	横峰经济开发区	0.520713	50
南昌昌南工业园区	0.555790	36	弋阳高新技术产业园区	0.501019	67
安义工业园区	0.553402	38	余干高新技术产业园区	0.505477	61
进贤产业园	0.526835	48	鄱阳工业园区	0.539033	41
章贡高新技术产业园区	0.569932	32	万年高新技术产业园区	0.499918	70
赣州高新技术产业开发区	0.640245	13	婺源工业园区	0.485664	81
信丰高新技术产业园区	0.536729	42	德兴高新技术产业园区	0.492325	76
大余工业园区	0.501120	66	景德镇高新技术产业园区	0.628061	14
上犹工业园区	0.487679	78	景德镇陶瓷工业园区	0.570969	31
崇义产业园	0.472771	98	乐平工业园区	0.557567	36
安远工业园区	0.478150	94	鹰潭高新技术产业开发区	0.626001	15

续表

工业园区	协同发展指数	排名	工业园区	协同发展指数	排名
余江工业园区	0.579088	27	丰城高新技术产业开发区	0.687389	5
贵溪工业园区	0.586390	24	樟树工业园区	0.601425	20
抚州高新技术开发区	0.653305	10	上高工业园区	0.583625	26
抚北工业园区	0.541922	40	靖安工业园区	0.473458	96
南城工业园区	0.527292	46	奉新工业园区	0.504811	62
黎川工业园区	0.494859	73	高安高新技术产业园区	0.533020	43
南丰工业园区	0.494410	74	宜丰工业园区	0.516878	53
崇仁工业园区	0.577352	28	万载工业园区	0.510598	58
宜黄工业园区	0.485599	82	宜春袁州工业园区	0.520029	51
金溪工业园区	0.480796	87	铜鼓工业园区	0.464488	100
东乡经济开发区	0.566945	33	井冈山经济技术开发区	0.621115	17
广昌工业园区	0.485697	80	吉安高新技术产业开发区	0.616844	18
乐安工业园区	0.480261	89	泰和工业园区	0.565758	34
新余高新技术产业开发区	0.646344	11	吉安河东经济开发区	0.502412	64
分宜工业园	0.531626	44	吉州工业园区	0.495225	72
新余袁河经济开发区	0.500388	69	吉水工业园区	0.501693	65
萍乡经济技术开发区	0.643618	12	永丰工业园区	0.492762	75
芦溪工业园区	0.531457	45	新干工业园区	0.489000	77
莲花工业园区	0.481251	85	安福工业园区	0.495334	71
萍乡安源工业园企业	0.485125	83	峡江工业园区	0.474052	95
萍乡湘东工业园区	0.483445	84	遂川工业园区	0.486178	79
上栗工业园区	0.478617	92	永新工业园区	0.480767	88
宜春经济技术开发区	0.665080	9	万安工业园区	0.472210	99

从表 5-3 的得分和排名情况可以看出，前 10 位工业园区的平均绿色协同度为 0.734859，后 10 位工业园区的平均绿色协同度为 0.474526，前者的得分是后者的 1.5 倍还要多，反映出当前江西省工业园区之间的绿色协同发展水平差距仍较大。

　　排在前 10 位的工业园区分别是南昌高新技术产业开发区、南昌经济技术开发区、南昌小蓝经济技术开发区、九江经济开发区、丰城高新技术产业开发区、赣州经济技术开发区、青山湖高新技术产业园区、上饶经济技术开发区、宜春经济技术开发区和抚州高新技术开发区。我们可以直观地看出，排在前 10 位的工业园区均以经济开发区或高新技术产业开发区为主，进一步分析可以得出，这 10 个工业园区在技术、信息、生产、物流、服务和生态等指标方面均具备明显优势，如南昌高新技术产业开发区在几乎所有指标（除人力、资源指标外）方面都在全省工业园区中处于领先位置，南昌经济技术开发区在财力、信息和物流方面在全省工业园区中处于"领头羊"的地位，南昌小蓝经济技术开发区在生产和物流方面处于领先地位，具备突出优势。

　　排在后 10 位的工业园区分别是全南工业园区、上栗工业园区、定南工业园区、安远工业园区、峡江工业园区、靖安工业园区、寻乌产业园、崇义产业园、万安工业园区和铜鼓工业园区。排在末尾 10 位的工业园区全部都不是经开区或者高新技术产业园区，进一步分析可知，这 10 个工业园区绿色协同发展得分较低主要受财力、产值、税收、就业和专利等指标的影响，当然，相比较而言，这类工业园区在安全和清洁方面做得比其他方面效果要好。具体来说，铜鼓工业园区在人力、财力、产值、税收、就业和专利方面与其他园区相比均不具备特别的优势，万安工业园区在财力、技术、产值、税收方面有所欠缺，崇义工业园区在财力、物力、资源等方面还需要继续发掘潜力。

第三节　产业承接地企业—园区绿色协同
发展动态分析

　　对产业承接地企业—园区绿色协同发展情况的动态分析拟定从宏观的视角对 2010～2019 年中西部 17 个省份企业—园区绿色协同发展情况来进行分析。分析思路与静态分析一致，采取的模型是一样的，只是研究对象和指标体系有了变化。

一、指标体系的构建

对于产业承接地企业—园区绿色协同发展动态分析,这里采用表5-4所示的指标体系。一级指标是产业承接地企业—园区绿色协同发展。一级指标下设置了产业承接能力和绿色发展能力2个二级指标,在各二级指标下分别设置了3个三级指标,如二级指标产业承接能力下设置了吸引力、支撑力、发展力3个三级指标。每个三级指标层均设置了4个具体的指标,同时对指标的含义、属性和单位进行了解释,如三级指标吸引力下设置了第二产业从业人数、第二产业固定资产投资额、人均水资源量、规模以上工业企业研究与开发(research and development,R&D)经费内部支出4个指标,同时对4个指标的含义、属性和单位进行了诠释。具体的指标体系以及它们之间的含义、属性和单位等情况见表5-4。

表5-4　　产业承接地企业—园区绿色协同发展指标体系情况[ab]

一级指标	二级指标	三级指标	指标层	指标含义	属性	单位
产业承接地企业—园区绿色协同发展 A	产业承接能力 B1	吸引力 C1[c]	第二产业从业人数 D1	人力要素	+	万人
			第二产业固定资产投资额 D2	资本要素	+	亿元
			人均水资源量 D3	资源要素	+	立方米/人
			规模以上工业企业 R&D 经费内部支出 D4	技术要素	+	万元
		支撑力 C2[d]	公路网密度 D5	基础设施	+	公里/万人
			营业收入 D6	生产能力	+	亿元
			人均地方财政收入 D7	政府能力	+	元
			规模以上工业企业数 D8	主体数量	+	个
		发展力 C3[e]	人均受教育年限 D9	人力资本	+	年
			规模以上工业企业利润总额 D10	产出效率	+	万元
			规模以上工业企业有效专利发明数 D11	研发产出	+	件
			GDP 增长率 D12	经济增速	+	%

续表

一级指标	二级指标	三级指标	指标层	指标含义	属性	单位
产业承接地企业—园区绿色协同发展A	绿色发展能力B2	资源利用C4[f]	单位工业增加值水耗（工业用水量/工业增加值）D13	水耗	–	立方米/万元
			单位工业增加值能耗D14	能耗	–	吨标准煤/万元
			单位工业增加值电耗D15	电耗	–	千瓦时/万元
			单位工业增加值用地面积D16	用地	–	亩/亿元
		环境保护C5[g]	单位工业增加值废水排放量D17	废水	–	吨/万元
			单位工业增加值废气排放量D18	废气	–	立方米/万元
			单位工业增加值固废产生量D19	固废	–	吨/万元
			建成区绿化覆盖率D20	绿化	+	%
		生态治理C6[h]	环境污染治理投资占工业增加值比重D21	污染治理	+	%
			工业用水重复率D22	用水效率	+	%
			一般工业固体废物综合利用率D23	固废效率	+	%
			环境污染治理投资额/地方财政支出D24	环保力度	+	%

资料来源：a 靖学青. 长三角装备制造业的产业选择 [J]. 南通大学学报（社会科学版），2020，36（3）：31－38.

b 习丽丽. 辽河生态长廊社会经济与生态环境协调发展度特征分析及其影响因素研究 [J]. 水利规划与设计，2019（11）：9－13.

c 程丹，魏纪原，孙鸿睿. 宁夏建设用地变化及其经济社会驱动力因素研究 [J/OL]. 宁夏大学学报（自然科学版），2021，41（4）：1－5 [2021－12－18]. https：//kns－cnki－net. wvpn. ncu. edu. cn/kcms/detail/64. 1006. N.20210701.0919.002. html.

d 武婷婷，王怡，张雪，董朕. 汉江生态经济带绿色发展与产业结构耦合协调研究 [J]. 辽宁农业科学，2021（4）：12－16.

e 尚英仕，刘曙光. 中国东部沿海三大城市群的科技创新与绿色发展耦合协调关系 [J]. 科技管理研究，2021，41（14）：46－55.

f 杨怡康，蒋毓琪. 绿色发展视阈下的城市化与生态环境协同发展的研究综述 [J]. 江苏商论，2021（6）：137－140.

g 黄成，吴传清. 长江经济带工业绿色转型与生态文明建设的协同效应研究 [J]. 长江流域资源与环境，2021，30（6）：1287－1297.

h 向云波，王圣云，邓楚雄. 长江经济带化工产业绿色发展效率的空间分异及驱动因素 [J]. 经济地理，2021，41（4）：108－117.

二、数据来源

这里的数据全部来源于 2010～2019 年产业承接地（西藏除外）统计年鉴①。

三、数据处理和模型

1. 数据处理

本书的数据根据指标的属性分正逆指标来处理。正指标采取 $X = \dfrac{Y_i - Y_{min}}{Y_{max} - Y_{min}} \times 30 + 70$ ；逆指标采取 $X = \dfrac{Y_{max} - Y_i}{Y_{max} - Y_{min}} \times 30 + 70$ 。

2. 模型

本书的模型依然是采用信息熵模型求出指标体系中指标层各个指标在整个体系中的权重。采用灰色关联系数模型求出各个指标在整个体系中绿色协同发展数据。

四、实证过程

原始数据标准化处理后的结果如表 5－5 所示。②

表 5－5　　　　　2010～2019 年第二产业从业人数标准化结果

省份	2010 年	2011 年	2012 年	2013 年	2014 年	2015 年	2016 年	2017 年	2018 年	2019 年
山西	75.6936	76.0609	76.3813	76.8086	76.6067	76.4077	76.2526	76.2921	75.6863	75.0102
安徽	84.0869	84.4088	85.4163	86.3213	86.9344	87.2417	87.4378	87.6427	87.6983	87.6646
江西	80.0571	80.3819	80.8063	81.2716	81.4691	81.6403	81.7047	81.8584	81.8993	81.9037
河南	94.8639	96.3272	97.2929	98.9903	98.4197	99.0928	99.2976	97.2929	100.0000	99.1806
湖北	80.2561	80.4963	80.6497	80.8282	81.4208	81.4164	81.4603	81.4896	81.5042	81.5189
湖南	82.6080	82.8595	83.0960	83.3266	83.2275	82.9066	82.5601	81.9603	81.4522	81.0658

---

① 中西部各省份（山西、安徽、河南、江西、湖北、湖南、内蒙古、广西、重庆、四川、贵州、云南、陕西、青海、甘肃、宁夏、新疆）2010～2019 年统计年鉴。

② 限于篇幅，此处仅展示第一个指标的标准化结果，其余指标结果欢迎向作者索要。

续表

省份	2010 年	2011 年	2012 年	2013 年	2014 年	2015 年	2016 年	2017 年	2018 年	2019 年
内蒙古	72. 2300	72. 4539	72. 6675	73. 0846	73. 1841	72. 8665	72. 6324	72. 5037	72. 5300	72. 2754
广西	77. 1730	77. 4363	76. 8218	76. 9535	77. 1144	76. 7193	76. 5291	76. 4999	76. 4413	76. 4121
重庆	74. 3614	74. 9312	75. 3984	75. 8298	76. 0094	76. 1443	76. 1876	75. 9684	75. 6886	75. 5642
四川	86. 6084	86. 9298	87. 2575	87. 5697	87. 8826	88. 0789	88. 2719	88. 4606	88. 6392	88. 7430
贵州	72. 1908	72. 3714	72. 6968	73. 0805	73. 4770	73. 8276	74. 1939	74. 5682	74. 7072	74. 7157
云南	74. 3137	74. 6898	74. 8998	74. 8402	74. 9258	74. 8038	75. 0259	75. 0999	75. 2631	75. 4580
陕西	77. 4217	77. 7778	73. 5704	73. 9303	74. 1147	74. 1103	74. 1601	74. 2830	74. 0372	74. 0386
甘肃	72. 5831	72. 6001	72. 6263	72. 7473	72. 7935	72. 8327	72. 8206	72. 7869	72. 7416	72. 6324
青海	70. 2302	70. 2940	70. 3032	70. 2780	70. 2732	70. 2946	70. 2976	70. 2853	70. 2283	70. 1981
宁夏	70. 0000	70. 0234	70. 0454	70. 0966	70. 2166	70. 1785	70. 1375	70. 2049	70. 1610	70. 1425
新疆	71. 1553	71. 3936	71. 5205	71. 8289	71. 8657	71. 8630	71. 8670	71. 9718	71. 9441	72. 0604

　　根据标准化后的数据，考虑到指标层 24 个指标在不同年份的数值不一样，这样会造成指标层在整个指标体系中的权重不一样。因此，这里对每个指标值取其平均值，就可以解决这个问题。按照上述处理结果，运用信息熵模型，运算出指标体系中的各指标的权重，具体数据见表 5 – 6。

表 5 – 6　　　　　　　　　指标体系中的各指标的权重

指标名称	E	1 – E	权重（%）
第二产业从业人数	0. 998862	0. 001138	6. 32
第二产业固定资产投资额	0. 999208	0. 000792	4. 40
人均水资源量	0. 999095	0. 000905	5. 03
规模以上工业企业 R&D 经费内部支出	0. 998892	0. 001108	6. 15
公路网密度	0. 998947	0. 001053	5. 85
营业收入	0. 999099	0. 000901	5. 00
人均地方财政收入	0. 999593	0. 000407	2. 26
规模以上工业企业数	0. 998774	0. 001226	6. 80

续表

指标名称	E	1－E	权重（％）
人均受教育年限	0.999484	0.000516	2.87
规模以上工业企业利润总额	0.999236	0.000764	4.24
规模以上工业企业有效专利发明数	0.999402	0.000598	3.32
GDP 增长率	0.999127	0.000873	4.85
单位工业增加值水耗（工业用水量/工业增加值）	0.999600	0.000428	2.38
单位工业增加值能耗	0.998742	0.001258	6.97
单位工业增加值电耗	0.999300	0.000700	3.89
单位工业增加值用地面积	0.999508	0.000492	2.73
单位工业增加值废水排放量	0.999727	0.000273	1.52
单位工业增加值废气排放量	0.999700	0.000301	1.67
单位工业增加值固废产生量	0.999487	0.000513	2.85
建成区绿化覆盖率	0.999660	0.00034	1.89
环境污染治理投资占工业增加值比重	0.999656	0.000344	1.91
工业用水重复率	0.998785	0.001215	6.75
一般工业固体废物综合利用率	0.998943	0.001057	5.87
环境污染治理投资额/地方财政支出	0.999194	0.000806	4.48
合计	—	0.018008	100

　　下面对不同年份的指标运用灰色关联系数模型进行指标层各个指标灰色关联系数的测算①。具体过程如表 5－7、表 5－8 所示。

表 5－7　　　　2010 年产业承接能力的灰色关联系数的测度值

省份	D1	D2	D3	D4	D5	D6	D7	D8	D9	D10	D11	D12
山西	0.4899	0.5376	0.4464	0.5055	0.4830	0.5154	0.6303	0.4953	0.9507	0.5291	0.4860	0.5086
安徽	0.6605	0.7427	0.4559	0.9373	0.4721	0.5940	0.5677	0.7580	0.7998	0.6030	1.0000	0.5402

　　① 限于篇幅，此处仅展示 2010 年产业承接能力和 2010 年绿色发展能力的结果，其余年份结果欢迎向作者索要。

续表

省份	D1	D2	D3	D4	D5	D6	D7	D8	D9	D10	D11	D12
江西	0.5701	0.7195	0.5229	0.6251	0.4989	0.5962	0.5825	0.6349	0.8487	0.6036	0.5812	0.5535
河南	0.9670	1.0000	0.4450	1.0000	0.4574	1.0000	0.6208	1.0000	0.9089	0.7228	0.6401	0.5276
湖北	0.5650	0.7626	0.4589	0.9559	0.5098	0.6413	0.6007	0.6943	1.0000	0.6714	0.7222	0.5402
湖南	0.5590	0.7823	0.4949	0.9687	0.4733	0.5937	0.6716	0.7226	0.8527	0.6009	0.7423	0.5428
内蒙古	0.4640	0.5049	0.4714	0.4953	0.6204	0.4957	1.0000	0.4722	0.9558	0.5475	0.4697	0.4866
广西	0.5043	0.5626	0.5197	0.4883	0.4525	0.5004	0.5146	0.5144	0.7270	0.5151	0.4836	0.5040
重庆	0.4955	0.5363	0.4685	0.6381	0.5303	0.5140	0.6605	0.5218	0.8011	0.5318	0.5446	0.5109
四川	0.6807	0.5523	0.4998	0.6854	0.4869	0.6323	0.5617	0.6712	0.6896	0.6702	0.7425	0.5402
贵州	0.4870	0.4800	0.4960	0.4817	0.5325	0.4712	0.5624	0.4939	0.6417	0.5181	0.4813	0.5618
云南	0.4944	0.4842	0.4974	0.5011	0.5250	0.4884	0.5375	0.4897	0.6170	0.5167	0.4943	0.5562
陕西	0.4804	0.5329	0.4630	0.5667	0.5034	0.5301	0.6099	0.5269	0.8425	0.6113	0.5480	0.5040
甘肃	0.4672	0.5332	0.4623	0.4629	0.5347	0.4696	0.4993	0.4589	0.6284	0.4824	0.4594	0.5086
青海	0.4461	0.4611	0.9431	0.4453	1.0000	0.4470	0.5525	0.4517	0.5932	0.4444	0.4525	0.5109
宁夏	0.4456	0.4692	0.4451	0.4590	0.5209	0.4550	0.6197	0.4518	0.6975	0.4783	0.4661	0.5155
新疆	0.4621	0.5420	0.5035	0.4601	0.6036	0.4772	0.6280	0.4748	0.7600	0.5018	0.4591	0.5086

表 5 – 8　　2010 年绿色发展能力的灰色关联系数的测度值

省份	D13	D14	D15	D16	D17	D18	D19	D20	D21	D22	D23	D24
山西	0.9704	0.7266	0.8377	0.8779	0.8382	0.7794	0.7763	0.8159	0.5046	0.9782	0.6333	0.6320
安徽	0.7408	0.9648	0.9440	0.7382	0.9548	0.9017	0.9647	0.8294	0.4609	1.0000	0.9411	0.5717
江西	0.7683	0.9843	0.9639	0.7467	0.8037	0.9300	0.9546	1.0000	0.4597	0.7160	0.4835	0.5328
河南	0.9485	0.9663	0.9697	0.8730	0.8986	0.9316	0.9767	0.7748	0.4603	0.9692	0.7137	0.5410
湖北	0.8030	1.0000	0.9856	0.7192	0.9022	0.9399	0.9909	0.7164	0.4465	0.9236	0.5699	0.4710
湖南	0.7290	0.9718	0.9984	0.8794	0.8910	0.9969	0.9952	0.7808	0.4479	0.5873	0.8831	0.4810
内蒙古	0.9384	0.5830	0.6635	0.8097	0.9536	0.7562	0.8128	0.7600	0.4838	0.8953	0.4521	0.6101
广西	0.7907	0.8418	0.8645	0.6837	0.7277	0.9050	0.9593	0.7688	0.4474	0.9648	0.6387	0.4646
重庆	0.8628	0.9923	0.9754	0.6852	0.9658	0.9343	0.9963	0.7996	0.4441	0.5876	0.7196	0.5161
四川	0.9286	0.9300	0.9622	0.7311	0.9898	1.0021	0.9706	0.7996	0.4474	0.8946	0.4577	0.4772

续表

省份	D13	D14	D15	D16	D17	D18	D19	D20	D21	D22	D23	D24
贵州	0.8064	0.8962	0.8840	0.7600	0.9442	0.8939	0.9144	0.7295	0.4571	0.8671	0.6201	0.4782
云南	0.8761	0.8361	0.8742	0.8265	0.9362	0.8893	0.8778	0.7376	0.4598	0.5833	0.5307	0.4512
陕西	1.0000	0.9515	0.9481	0.9587	0.9964	0.9345	0.9619	0.7269	0.4678	0.9280	0.4493	0.5278
甘肃	0.8841	0.7342	0.7530	0.5300	0.9287	0.8063	0.9199	0.6490	0.4584	0.9812	0.5311	0.4475
青海	0.8994	0.5838	0.5904	0.9504	0.7905	0.7156	0.5418	0.6325	0.4853	0.6206	0.4991	0.4543
宁夏	0.8975	0.4631	0.5896	0.7199	0.7808	0.6680	0.8433	0.7839	1.0000	0.9534	0.4579	0.5254
新疆	0.9214	0.6932	0.6382	0.6261	0.9414	0.8164	0.9177	0.7431	0.4760	0.5812	0.6039	0.5513

经过指标体系中的加权灰色关联系数的计算，即 2010～2019 年 17 个省份企业与园区绿色协同发展指数计算，具体情况如表 5-9 所示。

表 5-9　　2010～2019 年产业承接地企业—园区绿色协同发展的情况

省份	2010 年	2011 年	2012 年	2013 年	2014 年	2015 年	2016 年	2017 年	2018 年	2019 年
山西	60.9715	61.4757	63.0244	62.7887	60.5636	60.7511	62.3016	62.1663	62.8261	64.007
安徽	65.4505	65.8242	67.2417	68.8364	69.7097	70.8821	72.0365	73.8501	74.6603	75.7368
江西	62.7472	62.8122	65.0990	63.2301	63.4089	63.8738	63.939	64.8623	65.5838	67.3187
河南	68.9076	70.9425	70.5862	73.247	74.9022	76.2199	76.7112	78.72	78.8048	81.7281
湖北	64.6802	65.4736	66.2695	67.159	68.5147	68.8362	69.5867	69.6672	71.3159	72.6686
湖南	62.6723	62.3381	64.4177	64.136	64.7636	66.7196	66.8029	68.5596	69.5855	71.9331
内蒙古	59.1262	58.6741	61.0933	61.5091	61.5445	60.9471	61.4984	60.8988	61.1969	61.4804
广西	59.9188	60.2537	60.4988	63.0798	63.0904	63.0901	63.4197	63.7259	62.9084	62.7299
重庆	61.1052	63.3364	64.4500	62.9028	63.3502	64.1753	64.209	64.3236	63.9725	64.8721
四川	62.1699	63.8133	64.0609	64.5468	64.2844	65.0707	65.4787	67.1488	67.8982	69.1814
贵州	53.8344	56.3699	58.4604	58.8304	59.4714	60.0627	60.5622	60.6906	61.7044	62.5184
云南	57.4475	58.7382	59.7331	58.4221	60.1959	60.2728	60.7949	60.9615	59.8862	59.8048
陕西	64.3212	65.3684	64.9196	65.9908	66.0909	65.7139	66.4579	65.2996	65.7548	66.1714
甘肃	57.3323	58.3123	58.4527	60.1299	59.3658	58.4668	58.818	58.2628	58.9228	59.3491
青海	54.4621	55.3247	57.4012	55.221	55.9496	54.6501	56.1588	57.3026	58.973	58.9496

续表

省份	2010 年	2011 年	2012 年	2013 年	2014 年	2015 年	2016 年	2017 年	2018 年	2019 年
宁夏	56.1092	57.0409	56.8936	58.0578	58.1772	56.7449	57.1193	57.1099	57.1662	57.5565
新疆	55.1893	56.8033	59.0989	57.0935	57.6694	56.3633	56.452	58.2339	58.4343	58.718
平均	60.3791	61.3471	62.453	62.6577	63.0031	63.1083	63.6675	64.2226	64.682	65.572

如果取 17 个省份的协同度的平均值作为对应年份产业承接地的协同度数据，则可以得出如图 5-1 所示的情况图。

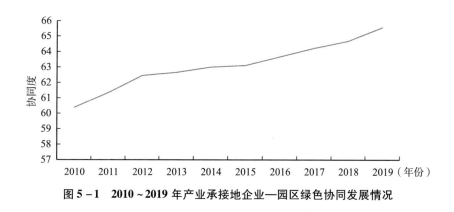

图 5-1　2010～2019 年产业承接地企业—园区绿色协同发展情况

从图 5-1 中可以看出，产业承接地企业—园区绿色协同发展情况在 2010～2019 年是逐渐上升的，说明产业承接地企业—园区绿色协同发展随着时间的推移情况在逐渐变好。

从表 5-10、表 5-11、表 5-12 可以看出，2010～2019 年中西部产业承接地企业—园区绿色协同度整体平均发展速度是 100.92%，整体平均增长速度是 0.92%，整体总增量是 5.1929。从表 5-9 可知，协同度从 2010 年的 60.3791 上升至 2019 年的 65.5720，增长幅度为8.60%。逐年增量均为正，正好印证了图 5-1 的走势，表明协同度存在逐年提高的发展规律。但逐年增量存在差异，最大值出现在 2012 年为 1.1059，最小值是 2015 年的 0.1052。从发展速度可以看出，所有发展速度均大于 100%，说明协同度是逐年上升的。增长速度均大于 0，说明绿色协同发展逐年变好。其中，增速最快的是 2012 年的 1.8%，最慢的是 2015 年的 0.17%。从各省来看，2010～2019 年协同度增长幅度较大的中部地区省份有：河南（18.61%）、安徽（15.72%）和湖北（12.35%）；西部地区省份有：贵州（16.13%）、四川（11.28%）、青海（8.24%）、新疆（6.39%）和重庆（6.16%）。2010～2019 年协同度平均逐年增量靠前的省份有：河南（1.42）、安徽（1.14）和湖南（1.03）；排名靠后的省份有：甘肃（0.22）、陕西（0.21）和宁夏（0.16）。

表 5-10　2010～2019 年产业承接地企业—园区绿色协同发展逐年增量的情况

省份	2010 年	2011 年	2012 年	2013 年	2014 年	2015 年	2016 年	2017 年	2018 年	2019 年
山西	—	0.5042	1.5487	-0.2357	-2.2251	0.1875	1.5505	-0.1353	0.6598	1.1809
安徽	—	0.3737	1.4175	1.5947	0.8733	1.1724	1.1544	1.8136	0.8102	1.0765
江西	—	0.0650	2.2868	-1.8689	0.1788	0.4649	0.0652	0.9233	0.7215	1.7349
河南	—	2.0349	-0.3563	2.6608	1.6552	1.3177	0.4913	2.0088	0.0848	2.9233
湖北	—	0.7934	0.7959	0.8895	1.3557	0.3215	0.7505	0.0805	1.6487	1.3527
湖南	—	-0.3342	2.0796	-0.2817	0.6276	1.9560	0.0833	1.7567	1.0259	2.3476
内蒙古	—	-0.4521	2.4192	0.4158	0.0354	-0.5974	0.5513	-0.5996	0.2981	0.2835
广西	—	0.3349	0.2451	2.5810	0.0106	-0.0003	0.3296	0.3062	-0.8175	-0.1785
重庆	—	2.2312	1.1136	-1.5472	0.4474	0.8251	0.0337	0.1146	-0.3511	0.8996
四川	—	1.6434	0.2476	0.4859	-0.2624	0.7863	0.4080	1.6701	0.7494	1.2832
贵州	—	2.5355	2.0905	0.3700	0.6410	0.5913	0.4995	0.1284	1.0138	0.8140
云南	—	1.2907	0.9949	-1.3110	1.7738	0.0769	0.5221	0.1666	-1.0753	-0.0814
陕西	—	1.0472	-0.4488	1.0712	0.1001	-0.3770	0.7440	-1.1583	0.4552	0.4166
甘肃	—	0.9800	0.1404	1.6772	-0.7641	-0.8990	0.3512	-0.5552	0.6600	0.4263
青海	—	0.8626	2.0765	-2.1802	0.7286	-1.2995	1.5087	1.1438	1.6704	-0.0234
宁夏	—	0.9317	-0.1473	1.1642	0.1194	-1.4323	0.3744	-0.0094	0.0563	0.3903
新疆	—	1.6140	2.2956	-2.0054	0.5759	-1.3061	0.0887	1.7819	0.2004	0.2837
平均	—	0.9680	1.1059	0.2047	0.3454	0.1052	0.5592	0.5551	0.4594	0.8900

表 5 – 11　　　2010～2019 年产业承接地企业—园区绿色协同发展

逐年发展速度的情况　　　　　　　单位：%

省份	2010 年	2011 年	2012 年	2013 年	2014 年	2015 年	2016 年	2017 年	2018 年	2019 年
山西	100.00	100.83	102.52	99.63	96.46	100.31	102.55	99.78	101.06	101.88
安徽	100.00	100.57	102.15	102.37	101.27	101.68	101.63	102.52	101.10	101.44
江西	100.00	100.10	103.64	97.13	100.28	100.73	100.10	101.44	101.11	102.65
河南	100.00	102.95	99.50	103.77	102.26	101.76	100.64	102.62	100.11	103.71
湖北	100.00	101.23	101.22	101.34	102.02	100.47	101.09	100.12	102.37	101.90
湖南	100.00	99.47	103.34	99.56	100.98	103.02	100.12	102.63	101.50	103.37
内蒙古	100.00	99.24	104.12	100.68	100.06	99.03	100.90	99.03	100.49	100.46
广西	100.00	100.56	100.41	104.27	100.02	100.00	100.52	100.48	98.72	99.72
重庆	100.00	103.65	101.76	97.50	100.71	101.30	100.05	100.18	99.45	101.41
四川	100.00	102.64	100.39	100.76	99.59	101.22	100.63	102.55	101.12	101.89
贵州	100.00	104.71	103.71	100.63	101.09	100.99	100.83	100.21	101.67	101.32
云南	100.00	102.25	101.69	97.81	103.04	100.13	100.87	100.27	98.24	99.86
陕西	100.00	101.63	99.31	101.55	100.15	99.43	101.13	98.26	100.70	100.63
甘肃	100.00	101.71	100.24	102.87	98.73	98.49	100.60	99.06	101.13	100.72
青海	100.00	101.58	103.75	96.20	101.63	97.68	102.76	102.04	102.92	99.96
宁夏	100.00	101.66	99.74	102.05	100.21	97.54	100.66	99.98	100.10	100.68
新疆	100.00	102.92	104.04	96.61	101.01	97.74	100.16	103.16	100.34	100.49
平均	100.00	101.60	101.80	100.33	100.55	100.17	100.89	100.87	100.72	101.38

表 5 – 12　　　2010～2019 年产业承接地企业—园区绿色协同发展

逐年增长速度的情况　　　　　　　单位：%

省份	2010 年	2011 年	2012 年	2013 年	2014 年	2015 年	2016 年	2017 年	2018 年	2019 年
山西	—	0.83	2.52	– 0.37	– 3.54	0.31	2.55	– 0.22	1.06	1.88
安徽	—	0.57	2.15	2.37	1.27	1.68	1.63	2.52	1.10	1.44
江西	—	0.10	3.64	– 2.87	0.28	0.73	0.10	1.44	1.11	2.65
河南	—	2.95	– 0.50	3.77	2.26	1.76	0.64	2.62	0.11	3.71
湖北	—	1.23	1.22	1.34	2.02	0.47	1.09	0.12	2.37	1.90
湖南	—	– 0.53	3.34	– 0.44	0.98	3.02	0.12	2.63	1.50	3.37
内蒙古	—	– 0.76	4.12	0.68	0.06	– 0.97	0.90	– 0.97	0.49	0.46

续表

省份	2010 年	2011 年	2012 年	2013 年	2014 年	2015 年	2016 年	2017 年	2018 年	2019 年
广西	—	0.56	0.41	4.27	0.02	0.00	0.52	0.48	− 1.28	− 0.28
重庆	—	3.65	1.76	− 2.40	0.71	1.30	0.05	0.18	− 0.55	1.41
四川	—	2.64	0.39	0.76	− 0.41	1.22	0.63	2.55	1.12	1.89
贵州	—	4.71	3.71	0.63	1.09	0.99	0.83	0.21	1.67	1.32
云南	—	2.25	1.69	− 2.19	3.04	0.13	0.87	0.27	− 1.76	− 0.14
陕西	—	1.63	− 0.69	1.65	0.15	− 0.57	1.13	− 1.74	0.70	0.63
甘肃	—	1.71	0.24	2.87	− 1.27	− 1.51	0.60	− 0.94	1.13	0.72
青海	—	1.58	3.75	− 3.80	1.32	− 2.32	2.76	2.04	2.92	− 0.04
宁夏	—	1.66	− 0.26	2.05	0.21	− 2.46	0.66	− 0.02	0.10	0.68
新疆	—	2.92	4.04	− 3.39	1.01	− 2.26	0.16	3.16	0.34	0.49
平均	—	1.60	1.80	0.33	0.55	0.17	0.89	0.87	0.72	1.38

本 章 小 结

　　本章从微观的视角构建了一个静态测度指标体系：企业—园区绿色发展协同度为一级指标。在一级指标下设置要素协同、功能协同、效应协同 3 个二级指标。在二级指标要素协同中设置人力、财力、物力、资源、技术、信息为三级指标；功能协同中设置生产、物流、服务、安全、清洁、生态为三级指标；效应协同中设置产值、税收、就业、专利、环境为三级指标；总共 17 个三级指标。借助江西省 100 个工业园区的数据的信息熵模型计算出了 17 个三级指标在指标体系中的权重，同时利用江西省 100 个工业园区的数据的灰色关联模型计算出了所有工业园区所有指标的灰色关联系数，并将所有工业园区所有指标的灰色关联系数乘以各自的权重得出所有工业园区的加权灰色关联度。运用加权灰色关联度作为江西省 100 个工业园区的企业与园区的绿色协同发展度对江西省 100 个工业园区的企业与园区的绿色协同发展进行了排名。

　　结果显示，排名前 10 的工业园区是南昌高新技术产业开发区、南昌经济技术开发区、南昌小蓝经济技术开发区、江西九江经济开发区、丰城高新技术产业开发区、赣州经济技术开发区、青山湖高新技术产业园区、上饶经济技术开发区、宜春经济技术开发区、江西抚州高新技术开发区；排名后 10 的是全南工业园区、上栗工业园区、定南工业园区、安远工业园区、峡江工业园区、靖安工业园区、寻乌产业园、崇义产业园、万安工业园区、铜鼓工业园区。

　　最后，本章从宏观的视角构建了一个指标体系：1 个一级指标是产业承接地企业—园区绿色协同发展。一级指标下设置了产业承接能力和绿色发展能力 2 个二级指标，在各二级指标下分别设置了 3 个三级指标，如二级指标产业承接能力下设置了吸引力、支撑力、发展力 3 个三级指标。每个三级指标层均设置了 4 个具体的指标，同时对指标的含义、属性和单位进行了解释，如三级指标吸引力下设置了第二产业从业人数、第二产业固定资产投资额、人均水资源量、规模以上工业企业 R&D 经费内部支出 4 个指标，同时对 4 个指标的含义、属性和单位进行了诠释。

　　借助产业承接地 17 个省份工业园区企业—园区 2010~2019 年数据的信息熵模型计算出了 24 个四级指标在指标体系中的权重，同时利用 17 个省份工业园区企业—园区 2010~2019 年的数据的灰色关联模型计算出各个省份 2010~2019 年所有指标的灰色关联系数，最后将各个省份工业园区企业—园区所有指标的灰色关联系数乘以各自的权重得出各个省份加权灰色关联度。运用加权灰色关联度作为 17 个省份 2010~2019 年各自的企业与园区的绿色协同发展度对 17 个省份 2010~2019 年企业—园区的绿色协同发展进行动态分析。

　　结果显示，17 个省份 2010~2019 年的绿色协同发展的情况整体趋势是上升的，但是具体到不同省份的情况是不同的。大多数省份的绿色协同在曲折中上升。

第六章

产业承接地企业—园区绿色协同发展的效应分析

通过第五章对产业承接地企业—园区绿色协同发展进行定量测度之后，还应当对产业承接地绿色协同发展进行效应分析，以便把握产业承接地绿色协同发展的重要本质。从当前中西部作为主要产业承接地这一现状来看，对产业承接地绿色协同发展的效应研究不能仅仅局限于某一产业承接地或者单一的局部区域，而需要以一种宏观的、全面的视角去看待；也不能仅仅停留在简单的产业承接地绿色协同发展带来的本地效应，还应该关注其所带来的空间溢出效应。一方面，针对产业承接地绿色协同发展的效应研究本身能够反映传统的产业承接地作为发展源对工业经济、生态环境等的影响；另一方面，增加空间要素的研究更能反映现实情况。总之，对企业—园区绿色协同发展的空间溢出效应进行相关的研究有助于提供更广阔的视野，符合产业承接地把握新时代高质量发展中"区域协同发展"的重要内涵。同时，本章将沿用第五章产业承接地绿色协同发展的研究结果，目的是保证研究样本选取的统一性和研究内容的连贯性。

第一节　产业承接地企业—园区绿色协同
发展的区域辐射效应

一、作用机理

目前已有文献大多研究区域内科技（创新）、经济、金融等集聚程度的辐射效应，本书认为产业承接地的绿色协同发展程度同样具备一定的辐射效应，为此建立了产业承接地绿色协同发展的区域辐射效应的作用机理，如图 6 - 1 所示。可以看出：一是产业承接地的发展本身需要汇聚大量的实物资源，如人力、财力和物力，同时还需要调动科技、人才、资金等配套资源，而这些资源本身隐含着集聚的特征，在产业承接地中效应被放大，且当产业承接地的绿色协同发展达到一定阈值时，或多或少地会出现一定的辐射作用（如承接地 1、承接地 2、承接地 3[1] 辐射范围大小不一）。二是绿色协同发展的理念是比较容易接受且与实际发展需求相适配的，各产业承接地之间可能进行交流，内容主要包括技术创新、人力资本、资源利用、投资环境等，如技术创新的交流可以使特定区域协同发展的合作机制形成"1 + 1 > 2"的效果，各产业承接地当然偏向于这一交流倾向。某区域的绿色协同发展一旦实现，势必引发周边产业承接地（或者广义上的承接地——如省市等）进行效仿，这一过程被视为产业承接地绿色协同发展作用机理中至关重要的一环——反馈。当然，需要指出的是，由于产业承接地资源禀赋或区位效应的差异，各区域的反馈效果必然也存在一定程度的差异。三是作用机理中最后一环——相互作用。一旦资源在各个产业承接地内实现流动，在宏观上即表现为各产业承接地之间的相互作用：短期来看，各个产业承接地进行的物质、技术、资源等相互作用不断加强，逐渐形成累积效应；长期来看，由这些产业承接地形成的

---

[1]　此处为示意图，产业承接地 1、2、3 仅起到泛指作用。

一整个区域系统（假定为封闭孤立系统）将趋于均衡，这一过程体现的外在效应就是辐射效应。此外，整个系统也能形成一个新的系统，通过不断吸收外部的资源交互利用，也相应地具备一定辐射效应能力。总之，对中西部各省份（作为产业承接地）绿色协同发展的辐射范围进行相关测度有助于我们更好地认识和理解当前产业承接地省份的协同发展现状并为今后如何有效发展进行一定的分析。

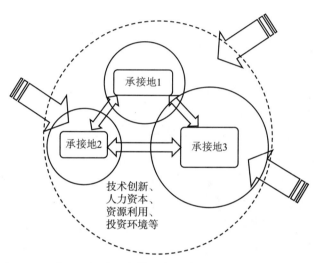

图 6 – 1　产业承接地绿色协同发展的区域辐射效应作用机理

二、理论模型

为测度中西部各省份（作为产业承接地）绿色协同发展的辐射范围，需要用到计量地理学中常用的威尔逊模型，为了更深刻地了解绿色系统发展辐射效应的作用原理，有必要对威尔逊模型进行一定的介绍。威尔逊模型，又称威尔逊最大熵模型[①]，最早于 1967 年由著名地理学家威尔逊（Wilson）发表在《运输研究》期刊上。他将区域规模、空间距离和资源连通性三个因素的共同作用进行定量描述，用以确定

---

①　Wilson A. G.. A Statistical Theory of Spatial Distribution Models [J]. Transportation Research, 1967, 1 (3): 253 – 269.

不同区域存在的空间相互作用，认为如果两个地区（或城市）经常发生资源流动和空间相互影响，则其程度与两地距离、区域规模和资源的同质性具有重要关系。其中最大熵原理体现为宏观系统由多个微观子系统构成，拥有微观态最多的宏观态即系统最理想的分布，也即最大熵分布。该模型的主要假设有三点：一是研究区域为封闭孤立系统；二是系统实现长期均衡；三是系统内部资源流动，自身损耗忽略不计。

假定区域 i 和区域 j 之间存在流量 T_{ij} 的流动，其中区域 i 为需求区域，区域 j 为供给区域，由前文假设区域为封闭系统，因此长期来看系统为均衡发展状态。则必定存在如下关系式：

$$\sum_{j=1}^{N} T_{ij} = O_i,\ i = 1, 2, \cdots, M$$

$$\sum_{i=1}^{M} T_{ij} = D_j,\ j = 1, 2, \cdots, N$$

$$\sum_{i=1}^{M} \sum_{j=1}^{N} c_{ij} T_{ij} = C$$

其中，O_i 为区域 j 实际供给量，D_j 为区域 i 实际需求量，M 为需求区域数，N 为供给区域数，c_{ij} 为区域内单位运输费用，C 为总费用。容易看出两区域存在物质守恒，且是一个孤立的系统。接着可以定义区域 i 接收来自区域 j 资源的概率 p_{ij}，如下[①]：

$$p_{ij} = \frac{T_{ij}}{\sum T_{ij}} = \frac{T_{ij}}{O_i} = \frac{T_{ij}}{D_j},\ \sum p_{ij} = 1$$

易得区域 j 供给的资源平均费用为：

$$C_j = \sum_i c_{ij} p_{ij}$$

假定区域 j 供给过程构成一子系统，由统计学可知子系统的熵为：

$$S_j = -\sum_i p_{ij} \ln p_{ij}$$

当 T_{ij} 在宏观上稳定时，表明 T_{ij} 是充分长时间上的瞬时流均值，则

---

① 以下公式中对求和符号进行缩略，不影响结果。

宏观稳定状态意味着区域系统的熵达到最大，其任一子系统的熵也达到最大；反之，若子系统熵最大化，整个系统实现熵的最大化。在数学上也即求受约束情况下的拉格朗日极值，求解过程如下：

$$L_j = -\sum_i p_{ij}\ln p_{ij} + \lambda_j\left(\sum_i p_{ij} - 1\right) + \beta_j\left(C_j - \sum_i p_{ij}c_{ij}\right)$$

$$\frac{\partial L}{\partial p_{ij}} = -(1 + \ln p_{ij}) + \lambda_j - \beta_j c_{ij} = 0$$

$$p_{ij} = e^{\lambda_j - 1}e^{-\beta_j c_{ij}} = Ke^{-\beta_j c_{ij}}$$

易得区域 i 收到供应构成的子系统以及区域 j 送出需求构成的子系统：

$$T_{ij} = p_{ij}D_j = K_jD_je^{-\beta_j c_{ij}}$$

$$T_{ij} = p_{ij}O_i = K_jO_je^{-\beta_i' c_{ij}}$$

其中，β 起到空间阻尼的作用，由均衡假设可知，空间相同条件下区域 i 和区域 j 的输出和输入过程应当是同一过程，因此阻尼应当相等，则 $\beta_j = \beta_i' = \beta$。得出下式（威尔逊最大熵原理区域空间相互作用模型）：

$$T_{ij} = K_jO_iD_je^{-\beta c_{ij}}$$

将距离函数 $c_{ij} = a + br_{ij}$ 引入阻尼作用中，模型变为：

$$T_{ij} = AO_iD_je^{-\beta\gamma_{ij}}, \quad A = K_je^{-\beta a}, \quad \gamma_{ij} = br_{ij}$$

其中，γ_{ij} 表示两地的距离，β 为衰减因子（通常取值为 0~1），它决定区域辐射影响衰减的速度，对上式进行变形可得区域 j 的辐射效应作用范围 θ 以及辐射半径 r：

$$\theta = \frac{T_{ij}}{D_j} = AO_ie^{-\beta\gamma_{ij}} = Me^{-\beta\gamma}$$

$$\ln\theta = \ln M - \beta\gamma$$

$$r = \frac{1}{\beta}\ln\frac{M}{\theta}, \quad \beta = \sqrt{\frac{2T}{t_{max}D}}$$

其中，辐射半径 r 同时受到衰减因子 β、区域发展上限 M 和阈值 θ 的影响。发展上限一般用区域的发展水平得分衡量，辐射阈值一般设定为发展水平（正值）的最小数量级。关于 β 的测算，一般采用自王铮（2002）① 在研究城市间人口迁移时对模型的简化时的发现，其中 T 为区域包含的子区域个数，t_{max} 为具有辐射能力的子区域个数，D 为相互作用的区域域元尺度（通常为行政区域土地面积）。

三、实证分析

本部分运用前面介绍的威尔逊模型，对中西部产业承接地绿色协同发展的辐射领域展开研究，最主要的问题是确定辐射域范围，结合各省份产业承接地绿色协同发展测度的结果，现阶段协同发展排在比较前位的主要有来自中部地区的部分省份，如河南、安徽和湖北，以及西部地区的四川。本书将以这四个省份为主，首先构建河南单核驱动模式，探讨以河南一省为核心的绿色协同发展的辐射范围；其次构建中部地区"豫皖鄂协同"的驱动模式，主要研究中部地区绿色协同发展的辐射范围；最后构建"中西部双核"的驱动模式，进一步研究中西部地区双核背景下绿色协同发展的辐射范围。

（一）河南单核驱动模式

根据前文计算公式，定义上限 M 为河南产业承接地绿色协同发展得分；阈值设定为 10（协同发展得分的最小数量级）；D 为河南省行政区域面积——167000 平方公里；t_{max} 是选定的可以进行辐射的源区域，显然这里是 1；T 为区域省份个数 16；易得 β 值为 0.01384。将数据代入相关公式，进一步得出 2015～2019 年河南的绿色协同发展辐射半径（以下简称：辐射半径），如表 6－1 所示。

表 6－1　　　　　　　　2015～2019 年河南单核辐射半径　　　　　单位：公里

省份	2015 年	2016 年	2017 年	2018 年	2019 年	均值
河南	146.7240	147.1882	149.0555	149.1334	151.7646	148.7731

---

① 王铮. 理论经济地理学［M］. 北京：科学出版社，2002.

可以看出，河南 2015～2019 年的辐射半径分别为 146.7240 公里、147.1882 公里、149.0555 公里、149.1334 公里和 151.7646 公里，整体呈现一种上升态势。如果单以河南省作为绿色协同发展的中心，其辐射半径为 148.7731 公里，辐射范围较为有限。中部六省中的湖南和江西几乎不能受其直接影响，西部省份更是如此。尽管河南产业承接绿色协同发展在中西部排名第一，但单靠一省的发展很难形成强有力的辐射作用。

（二）豫皖鄂协同驱动模式

鉴于单核模式效果不佳，本书基于以下两点考虑：一是产业承接地绿色协同发展应当突出区域合作，形成更为强有力的辐射中心；二是中部地区的河南、安徽和湖北产业承接绿色协同发展程度在中西部排在前位，三个省份又在地理上紧密相关，从而构建出"豫皖鄂协同"的驱动模式。M 和阈值定义与前文相同，不再赘述；D 为豫皖鄂三省行政区域面积——492300 平方公里；由于将 3 个省份视为一个辐射中心，因此 $t_{max}=1$；T 为区域省份个数为 14；易得 β 值为 0.00754。将数据代入相关公式，进一步得出 2015～2019 年豫皖鄂核心的绿色协同发展辐射半径（以下简称：辐射半径）如表 6-2 所示。

表 6-2　　　　　　　　2015～2019 年豫皖鄂协同辐射半径　　　　　单位：公里

区域	2015 年	2016 年	2017 年	2018 年	2019 年	均值
豫皖鄂三省	261.7207	263.1839	265.5332	267.0423	270.1627	265.5286

可以看出，在豫皖鄂协同驱动模式下，2015～2019 年中心的辐射半径分别为 261.7207 公里、263.1839 公里、265.5332 公里、267.0423 公里和 270.1627 公里，整体上也是呈现出一种上升的趋势。如果以豫皖鄂三省作为一个整体区域，其辐射半径为 265.5286 公里，辐射范围要比河南单核模式下的范围大出 78.48%，主要影响山西大部、陕西大部、重庆大部、湖南大部、江西大部和四川少部的区域。可以看出，相比于单

核驱动模式，以中部产业承接协同发展最为有力的 3 个省份为核心形成的辐射范围已经能够涉及中部绝大部分地区和西部少部分区域。

（三）中西部双核驱动模式

作为东部沿海地区和国外产业转移的重要地区，西部地区也应该建立辐射中心，鉴于前文计算所得的绿色协同发展得分情况，除了建立中部地区辐射核心外，同时建立以四川为中心的西部辐射核心，共同形成所谓的"中西部"双核驱动模式。M 和阈值定义与前文相同，不再赘述；D 为豫皖鄂三省行政区域国土面积为 492300 平方公里以及四川行政区域国土面积为 486000 平方公里；由于将 3 个省份视为一个辐射中心，将四川视为另一个中心，因此 $t_{max} = 2$；T 为区域省市个数为13。易得中部核心的 β 值为 0.00514，西部核心的 β 值为 0.00517。将数据代入相关公式，进一步得出 2015～2019 年中部核心与西部核心的绿色协同发展辐射半径（以下简称辐射半径），如表 6 - 3 所示。

表 6 - 3 　　　　　2015～2019 年中西部双核辐射半径 　　　　单位：公里

区域	2015 年	2016 年	2017 年	2018 年	2019 年	均值
中部核心（豫皖鄂）	384.1009	386.2484	389.6963	391.9110	396.4905	389.6894
西部核心（四川）	362.1250	363.3337	368.2035	370.3491	373.9693	367.5961

可以看出，中西部双核驱动模式下 2015～2019 年中部核心的辐射半径分别为 384.1009 公里、386.2484 公里、389.6963 公里、391.9110 公里和 396.4905 公里；2015～2019 年西部核心的辐射半径分别为 362.1250 公里、363.3337 公里、368.2035 公里、370.3491 公里和 373.9693 公里；整体上中西部双核的辐射范围呈上升趋势。如果以豫皖鄂为一核心，以四川为另一核心，其辐射半径分别为 389.6894 公里和 367.5961 公里，加总的辐射范围几乎是豫皖鄂协同驱动模式下的 2 倍，主要影响到中部地区几乎所有省份以及西部地区除了新疆、内蒙古、青海和广西的其他所有区域。无论是从实际情况出发还是从国家政策出发，建

立以中西部双核心为支撑的区域产业承接绿色协同发展模式影响力是最大的：既能弥补中部和西部单独核心影响力不够的缺陷，又能促进中西部交流协作；既能响应国家中部崛起和高质量发展战略，也能支持西部大开发战略，最终形成区域协同发展新格局。

第二节　产业承接地企业—园区绿色协同发展的经济增长效应

在对产业承接地绿色协同发展的辐射效应有了一定认识后，本书认为针对产业承接地绿色协同发展的效应分析应该聚焦于工业层面。如果从传统的经济学视角看，由于存在空间不可能定理，即空间均质的市场不存在区域间贸易竞争均衡，导致其对产业承接地绿色协同发展的解释受限，较为片面。实际研究中不能忽视产业承接地绿色协同发展所带来的经济外部性，因而本节应用空间计量方法实证分析产业承接地绿色协同发展的经济增长效应。本节的具体思路主要为：第一，分析并阐述产业承接地绿色协同发展经济增长效应的作用机理；第二，构建相应的空间计量模型；第三，进行实证分析，按照一定流程进行，出于对产业承接地绿色协同发展的经济增长效应可能存在非线性影响的考量而选取面板门槛模型进行分析。

一、作用机理

为了更好地理解产业承接地绿色协同发展带来的经济增长效应，我们绘制了相应的作用机理图，如图 6 - 2 所示。首先，从内部角度看，产业承接地绿色协同发展对工业经济增长不单单只起正向的促进作用，如果存在规模性不足、经济性不强等情况也可能会出现抑制效应，这一点也可以从时间效用上看出：产业承接发展的早期，产业承接地绿色协同发展很可能对当地工业经济起到促进作用（也可能由于成本原因起到抑制作用，具体需要根据后续实证分析得到结论），当工业经济发展到一定程度以后，二者之间相关性开始减弱，甚至起到抑制作用（也有可能由于产业升级或者转型成功而起到正向促进作用，同样需要实证验证）。其次，从外部角度看，随着邻近区域的工业经济联系加强，一方面可能带来人口流动、资本流动、劳动力分配、城镇化等发展过程，也有可能通过产业形式（如同一工业产业或者具备上下游配套产业链等产业形式的交流），进一步促进区域内经济外部性；另一方面也有可能会因为各区域存在"以邻为壑"的阻碍现象，造成区域协同发展的不足，从而导致部分产业承接地出现空心化、同质化、无效承接等乱象，也有可能由于政策上偏向于"先发展后治理"而导致产业区间联系不强，更不要说绿色协同。最后，产业承接地绿色协同发展本身形成的机制就是区域间要素不断加强联系的一种体现，将地区视作单独的个体仅仅体现某一区域的工业经济增长，可能存在经验偏差，从而对研究结果造成一定的误判。

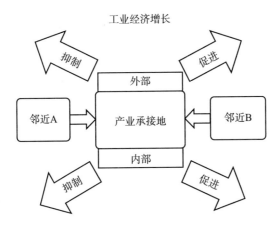

图 6 − 2　产业承接地绿色协同发展的经济增长效应作用机理

二、理论模型

空间计量经济学可分为三个发展阶段。一是 20 世纪 70 年代至 20 世纪 80 年代的筹备阶段。主要参与者为地理学者和城市区域经济学者，如贝瑞（Berry）、柯里（Curry）、佩林克（Paelinck）等。研究主要集中在空间自相关关系方面，从克里夫和奥德（Cliff and Ord）的《空间自相关》（Spatial Autocorrelation）到《空间过程：模型和应用》（Spatial Processes：Models and Applications），随后在 20 世纪 80 年代出现了一大批学者展开空间计量的研究。二是 20 世纪 90 年代的飞速发展阶段。学者们主要侧重于空间计量模型的设定，如安瑟琳（Anselin）于 1996年提出了稳健拉格朗日乘子检验（robust lagrange multiplier test），福瑟林厄姆（Fotheringham）于 1997 年建立了地理加权回归（geographically weighted regression，GWR）模型等。三是 2000 年以后的成熟阶段。大量空间计量经济学论文、软件、模型、教科书等不断涌现，其中最显著的发展是空间面板数据模型在实证中的出现。

（一）空间效应定义

针对空间效应的定义是空间计量经济学的基础，也是厘清关系的基础，为此有必要单独解释。空间计量经济学的研究核心是空间依赖性和空间异质性。根据地理学第一定律：一切事物都是相关的，相近的事物更紧密联系在一起。因此，空间依赖性指的是不同区域之间观测值的统计相关性，其可以分为空间交互效应和空间溢出效应，这一过程可以用简单的公式表示如下：

$$p_i = f(p_1, p_2, \cdots, p_n)$$

空间单元 i 生成的值通过 f 函数关系作用于整个空间的其他单元。

空间异质性指的是不同区域具备不同的空间表现形式。实际生活中的资源富集区域和贫瘠区域、自然地理条件的差异、土地肥沃程度的不同等都可以被视作空间异质性。

（二）空间权重矩阵

空间权重矩阵是进行空间计量分析的前提和基础，是一种量化空间单位位置、结构特征和相互关系的方法。一般来说，空间权重矩阵主要分为以下三类：（1）基于地理邻近的 0—1 空间权重矩阵；（2）基于空间距离的空间权重矩阵，主要有欧几里得距离、地理距离等；（3）基于社会或经济结构的空间权重矩阵。关于不同空间权重矩阵的设定，以地理邻近为原则的 0—1 矩阵相比之下更加简洁，其具有外生性且运用较为广泛，但是可能存在未充分考虑各区域内部距离或经济发展的差异的问题；以地理距离为原则的空间权重矩阵符合实际地理情况而且也具有外生性，但有些学者认为其缺乏经济相互作用；以社会经济为原则的经济空间权重矩阵虽然符合经济现实情况，但往往存在强烈的内生性，从而会使模型变得复杂。此外，各个空间权重矩阵的选取目前尚无统一标准，主要取决于研究目的的需要①。

（1）基于地理邻近的0—1空间权重矩阵②。其主要包括车（Rook）和后（Queen）规则两种形式，二者的区别主要在于Rook规则下规定存在共同边界（上下左右四个方向）视为相邻，而Queen规则下则增加了斜线四个方向（共八个方向），规定存在共同边界或共同交点视为相邻，但是二者本质上没有太大区别，因此可以用同一个式子表示：

$$W_{ij} = \begin{cases} 1, & \text{区域 i 与区域 j 相邻} \\ 0, & \text{区域 i 与区域 j 不相邻} \end{cases}$$

通常研究认为当 i = j（即区域与区域本身的情况）时，$W_{ij} = 0$。

（2）基于地理距离的空间权重矩阵。其一般呈现出以下的形式：

$$W_{ij} = \begin{cases} \dfrac{1}{d_{ij}^k}, & i = j \\ 0, & i \neq j \end{cases}$$

其中，d_{ij} 是区域间的地理距离，一般通过经纬度进行距离的计算，k 的取值常见的有1和2，分别称为反距离权重矩阵和反距离平方权重矩阵。

（3）基于经济距离的空间权重矩阵。一般来说，区域间人均国内生产总值的差异被用作经济空间权重，具体形式如下：

$$W_{ij} = \begin{cases} \dfrac{1}{|\overline{Y_i} - \overline{Y_j}|}, & i = j \\ 0, & i \neq j \end{cases}$$

$$\overline{Y_t} = \frac{1}{t_1 - t_0 + 1} \sum_t Y_{it}$$

---

① 对于中国问题的实证，一般建议采用二值邻近的空间权重矩阵，而不是地理距离的。
② 实证分析中往往还需要对空间权重矩阵进行标准化，以消除部分空间单元影响的干扰。

（三）空间自相关检验

空间自相关就是用来检验变量观察值是否在空间上存在依赖性的一种重要统计量，空间依赖性是数据的内在特征，而空间自相关是判断这种依赖性的标准，同时也是一种定量描述。与传统的相关性检验不同，如皮尔逊（Pearson）相关系数，空间自相关检验复杂得多。

（1）全局空间自相关。全局空间自相关基于空间所有单位进行检测，应用最为广泛的是莫兰（Moran，1950）[①] 提出的莫兰（Moran's I）指数。

$$\text{Moran's I} = \frac{n \sum\limits_{i} \sum\limits_{j} w_{ij}(x_i - \bar{x})(x_j - \bar{x})}{S \sum\limits_{i} (x_i - \bar{x})^2} \text{[②]}$$

一般利用 Z 统计量对 n 个空间区域进行空间自相关检验，Z 统计量的计算公式为：

$$Z = \frac{I - E(I)}{\sqrt{\text{Var}(I)}},$$

$$E(I) = \frac{-1}{n-1}, \quad \text{Var}(I) = \frac{A - B}{C} - \left(\frac{-1}{n-1}\right)^2$$

此外还有一种全局空间自相关指数：吉里 C（Geary's C）指数，但由于实际运用不算广泛，不予展开，有兴趣的学者可以自行查阅。

（2）局部空间自相关。可以通过分解莫兰指数来发现空间异质性。这一指数也称为丽萨（local indicators of spatial association，LISA）指数

---

① Moran P. A.. Notes on Continuous Stochastic Phenomena [J]. Biometrika, 1950, 37 (1/2): 17-23.

② n 代表空间样本单元数；w_{ij} 是空间权重矩阵的元素；x_i 和 x_j 是空间样本单元 i 和 j 的观测值；为样本观测值的均值。Moran's I 的取值范围在 [-1, 1] 之间，正值表示正向的空间相关性，负值表示负向的空间相关性。Moran's I = -1 表示空间完全分散；Moran's I = 0 表示空间随机分布；Moran's I = 1 表示空间完全集聚。

（Anselin，1995）[①]，具体公式如下[②]：

$$Local\ Moran's\ I_i = \frac{y_i - \bar{y}}{S_i^2} \sum w_{ij}(y_i - \bar{y})$$

$$S_i^2 = \frac{\sum w_{ij}}{n-1} - \bar{y}^2$$

其中，通常在进行局部空间自相关检验时引入莫兰散点图的方法，在二维坐标平面上反映观测值及空间滞后项的关系，一般分为四个象限：第一象限高高聚集（HH），即高值区域单元被高值区域单元包围；第二象限低高聚集（LH），即低值区域单元被高值区域单元包围；第三象限低低聚集（LL），即低值区域单元被低值区域单元包围；第四象限高低聚集（HL），即高值区域单元被低值区域单元包围。

（四）空间计量模型

空间计量模型有许多种，这里只介绍几种实证分析中常见的模型。一是空间滞后模型[③]，将空间相关性体现在相邻区域被解释变量中；二是空间误差模型（spatial error model，SEM），衡量模型误差项的空间相关性；三是空间杜宾模型（spatial durbin model，SDM），不仅考虑被解释变量的空间相关性，还考虑解释变量的空间相关性，在一定条件下可以化为空间滞后模型或空间误差模型。三种模型的关系[④]可以用图 6-3 简单描述：

（1）空间滞后模型[⑤]。

$$y_{it} = \rho \sum_j w_{ij} y_{it} + X_{it}\beta + \mu_i + \varepsilon_{it}$$

①　Anselin L . Localindicators of Spatial Association——LISA ［J］. Geographical Analysis，1995，27（2）：93 - 115.

②　n 代表空间单元数；y_i 和 y_j 是研究变量的观测值；$\bar{y}$ 为 y 的均值；w_{ij} 为空间矩阵元素。

③　空间滞后模型（spatial lag model，SLM），也称空间自回归模型（spatial autoregressive model，SAR）。

④　姜磊. 应用空间计量经济学 ［M］. 北京：中国人民大学出版社，2020.

⑤　y 代表被解释变量；X 代表解释变量；β 为自变量待估参数；ρ 为空间自回归系数；w_{ij} 为空间权重矩阵的元素；μ 表征固定效应或随机效应；ε 为误差项。

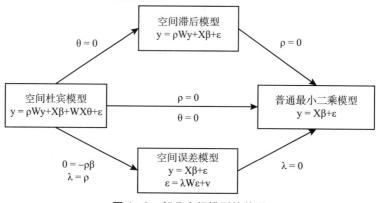

图 6-3 部分空间模型的关系

（2）空间误差模型①。

$$y_{it} = X_{it}\beta + \mu_i + \varepsilon_{it}$$

$$\varepsilon_{it} = \lambda W\varepsilon_{it} + v_{it}$$

（3）空间杜宾模型②。

$$y_{it} = \rho Wy_{it} + X_{it}\beta + WX_{it}\theta + \varepsilon_{it}$$

（五）空间效应分解

如果采用空间滞后项来描述空间交互效应，可能会得出错误的结论，因此回归系数（包含空间权重矩阵）的空间溢出效应不能直接用于所解释的变量。勒萨热和佩斯（LeSage and Pace，2009）③认为，总体效应需要分为直接效应和间接效应，其中，直接效应是某一区域的解释性变量对该区域声明变量的影响，间接效应表示相邻区域被解释变量对本区域被解释变量的影响。具体的偏微分方法如下：

---

① y 代表被解释变量；X 代表解释变量；β 为自变量待估参数；μ 表征固定效应或随机效应；ε 为误差项；λ 为空间自相关系数；W 为空间权重矩阵，v 为特质成分。

② y 代表被解释变量；X 代表解释变量；ρ 表示空间自相关系数；W 为空间权重矩阵；Wy 和 WX 分别为被解释变量和解释变量的空间滞后项；β 和 θ 为回归参数；ε 为误差项。

③ LeSage J. , Pace R. K. . Introduction to Spatial Econometrics [M]. New York：CRC Press，2009.

$$y = \rho Wy + X\beta + WX\theta + \varepsilon$$

$$(I - \rho W)y = (X\beta + WX\theta) + \varepsilon$$

$$y = (I - \rho W)^{-1}(X\beta + WX\theta) + (I - \rho W)^{-1}\varepsilon$$

$$\left[\frac{\partial y}{\partial x_{1k}}, \cdots, \frac{\partial y}{\partial x_{nk}}\right] = \begin{bmatrix} \dfrac{\partial y_1}{\partial x_{1k}} & \cdots & \dfrac{\partial y_1}{\partial x_{nk}} \\ \vdots & \cdots & \vdots \\ \dfrac{\partial y_n}{\partial x_{1k}} & \cdots & \dfrac{\partial y_n}{\partial x_{nk}} \end{bmatrix}$$

$$= (I - \rho W)^{-1} \begin{bmatrix} \beta_k & w_{12}\theta_k & \cdots & w_{1n}\theta_k \\ w_{21}\theta_k & \beta_k & \cdots & w_{2n}\theta_k \\ \vdots & \vdots & \cdots & \vdots \\ w_{n1}\theta_k & w_{n2}\theta_k & \cdots & \beta_k \end{bmatrix}$$

其中，直接效应为等式右边矩阵对角线元素均值，间接效应为除对角元素以外其他所有元素的均值。

（六）面板门槛模型

参照汉森（Hansen，1999）[1] 的做法，采取自助抽样方法（bootstrap），以单一门槛为例，建立以下模型：

$$y_{it} = \beta_0 + \beta_1 x_{it} I(q_{it} \leqslant \theta) + \beta_2 x_{it} I(q_{it} > \theta) + \beta_3 Control + \varepsilon_{it}$$

其中，i 代表省份；t 代表年份；β 为回归系数；q 为门槛变量；θ 为待估门槛值；I（·）为示性函数，括号内条件成立时取值为 1，否则取值为 0；Control 为控制变量；ε 为误差项。

将每一观测值减去组内平均值消除个体效应得到参数的估计值，运用最小二乘法计算使得残差平方和最小，进而得到门槛估计值 θ，然后重点对门槛效应和门槛估计值进行显著性检验，由汉森提出的"自助抽样法"构造 p 值，并且计算相应的似然比检验统计量。此外，若模型存在两个及以上门槛值的情况，需要依次进行重复门槛检验，直

---

① Hansen B. E. . Threshold Effects in Non – dynamic Panels：Estimation，Testing and Inference [J]. Journal of Econometrics，1999，93（2）：345 – 368.

至检验不通过，最终确定模型的门槛数。

三、实证分析

对产业承接地企业—园区绿色协同发展的经济增长效应的作用机理进行阐述并提出理论模型之后，需要根据数据进行实证分析。首先，对部分的实证流程做简略介绍；其次，部分借鉴前人经验并根据实际情况进行变量选取、模型构建以及数据来源的说明；最后，采用空间计量模型和面板门槛模型进行实证结果分析和相应的稳健性检验。大致的实证流程如图 6 - 4 所示，这里不再展开。

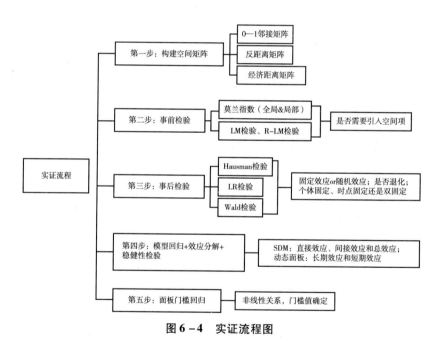

图 6 - 4　实证流程图

（一）模型构建与变量选取

1. 模型构建

由理论基础小节的内容可以指定最常用的空间面板计量模型，包括空间滞后模型（SAR）、空间误差模型（SEM）和空间杜宾模型（SDM）。空间滞后模型加入被解释变量的空间滞后项，空间误差模型加入随机扰动项的空间滞后项，空间杜宾模型同时考虑了被解释变量和解释变量的空间相关性。此外，依据本书的分析目的，构建产业承接地绿色协同发展对经济增长的相关空间计量模型：

（1）空间滞后模型。

$$\ln PIDV_{it} = \rho W \ln PIDV_{jt} + \alpha l_n + \beta_1 \ln D_{it} + \beta_2 \ln INV_{it} + \beta_3 \ln GOV_{it} + \beta_4 RD_{it} + \beta_5 \ln HUM_{it} + \beta_6 FDI_{it} + \beta_7 \ln TRAF_{it} + \varepsilon_{it}$$

（2）空间误差模型。

$$\ln PIDV_{it} = \alpha l_n + \beta_1 \ln D_{it} + \beta_2 \ln INV_{it} + \beta_3 \ln GOV_{it} + \beta_4 RD_{it} + \beta_5 \ln HUM_{it} + \beta_6 FDI_{it} + \beta_7 \ln TRAF_{it} + \lambda W u_{jt} + \varepsilon_{jt}$$

（3）空间杜宾模型。

$$\ln PIDV_{it} = \rho W \ln PIDV_{jt} + \alpha l_n + \beta_1 \ln D_{it} + \beta_2 \ln INV_{it} + \beta_3 \ln GOV_{it} + \beta_4 RD_{it} + \beta_5 \ln HUM_{it} + \beta_6 FDI_{it} + \beta_7 \ln TRAF_{it} + \theta_1 W \ln D_{it} + \theta_2 W \ln INV_{it} + \theta_3 W \ln GOV_{it} + \theta_4 W RD_{it} + \theta_5 W \ln HUM_{it} + \theta_6 W FDI_{it} + \theta_7 W \ln TRAF_{it} + \varepsilon_{it}$$

上面的式子中，$W \ln PIDV_{jt}$ 为包含被解释变量的空间滞后项，$W u_{jt}$ 为空间单元存在的干扰效应，ρ 为空间自回归系数，λ 为空间自相关系数，W 为空间权重矩阵，αl_n 为空间单位向量。为消除可能存在的异方差，对部分变量进行对数处理。

2. 变量选取

本章主要研究产业承接地绿色协同发展对经济增长的效应，因此以工业经济增长（PIDV）作为被解释变量，以产业承接地绿色协同发展指数（D）作为核心解释变量，同时考虑到工业经济增长受到多方面因素影响，选取投资、政府、创新、人力、开放、基础设施等多个角度，并在已有文献基础上，加入多个控制变量（Control）。

（1）被解释变量。

工业经济增长（PIDV）。与大部分研究采用的经济增长变量不同，本章采用人均工业增加值表征工业经济增长。首先，由于本研究的目的及研究对象大部分框定在工业领域，如若采用人均 GDP 这样的指标可能存在一定的偏差；其次，相比于工业总量形式的指标，使用人均工业增加值更能如实地反映地区工业经济增长的程度。

（2）核心解释变量。

产业承接地绿色协同发展指数（D）。该变量选取自第五章产业承接地企业—园区绿色协同发展评价测算的结果。

（3）控制变量。

①投资水平（INV）。选取人均第二产业固定资产投资额作为投资水平的代理变量。程时雄等（2016）[①] 使用固定资产净值构造物质资本存量序列作为资本存量的代理变量。刘家旗和茹少峰（2019）[②] 采用永续盘存法测度物质资本存量，研究西部地区经济增长。

②政府干预（GOV）。选取地方一般政府财政预算支出占实际 GDP 的比重作为政府干预的代理变量。郭卫军和黄繁华（2020）[③] 采用各地区财政支出占 GDP 比重来控制政府支出规模对经济增长质量的影响。张治栋和廖常文（2019）[④] 用政府支出（不包含教育支出）衡量政府干预程度并对经济高质量发展开展研究。一般而言，该指标数值越大意味着政府对经济干预的程度越强。

③创新水平（RD）。选取规模以上工业企业 R&D 经费内部支出占工业增加值的比重作为创新水平的代理变量。傅亚平和彭政钦（2020）[⑤] 使用地区 R&D 研发资金的内部支出与地区 GDP 的比例反映科技与经济发展的关系。何飞和蓝定香（2020）[⑥] 采用统计年鉴中的 R&D 强度指标衡量地区对科技创造及创新能力的资金支持力度。

④人力资本（HUM）。选取每万人高校在校大学生数量作为人力资

① 程时雄，柳剑平，龚兆鋆. 中国工业行业节能减排经济增长效应的测度及影响因素分析 ［J］. 世界经济，2016，39（3）：166－192.

② 刘家旗，茹少峰. 西部地区经济增长影响因素分析及其高质量发展的路径选择 ［J］. 经济问题探索，2019（9）：82－90.

③ 郭卫军，黄繁华. 高技术产业与生产性服务业协同集聚如何影响经济增长质量？［J］. 产业经济研究，2020（6）：128－142.

④ 张治栋，廖常文. 全要素生产率与经济高质量发展——基于政府干预视角 ［J］. 软科学，2019，33（12）：29－35.

⑤ 傅亚平，彭政钦. 绿色金融发展、研发投入与区域经济增长——基于省级面板门槛模型的实证 ［J］. 统计与决策，2020，36（21）：120－124.

⑥ 何飞，蓝定香. R&D 强度、就业结构与经济增长 ［J］. 经济体制改革，2020（4）：72－77.

本的代理变量。王智勇和李瑞（2021）[①] 采用每万人在校大学生数量表示人力资本，研究人力资本与地区经济增长的关系。

　　潘苏楠和李北伟（2020）[②] 按照受教育程度将人力资本分为 5 种类型[③]。汪发元和郑军（2019）[④] 用 6 岁及以上人口平均受教育年限表示人力资本水平。

　　⑤对外开放（FDI）。选取各省份当年实际利用外资额占 GDP 的比重作为对外开放的代理变量。刘传哲和任懿（2020）[⑤] 采用构建指标体系的方法计算了出区域对外开放指数衡量对外开放度。文荣光和王江波（2020）[⑥] 以各省份对外贸易量与 GDP 的比率衡量开放程度。沈国云（2017）[⑦] 采用每年各省份进出口总值占 GDP 的比重来衡量对外开放度，使用年平均汇率转换（人民币下的）进出口总值。

　　⑥基础设施（TRAF）。选取各省市公路网密度作为基础设施的代理变量。石风光（2017）[⑧] 用每平方公里的公路、铁路全长来表示基础设施的水平。王炜和张豪（2018）[⑨] 通过区域人均邮政通信业务量表示基础设施水平。

　　① 王智勇，李瑞．人力资本、技术创新与地区经济增长 ［J］．上海经济研究，2021（7）：55 - 68.

　　② 潘苏楠，李北伟．人力资本结构高级化、产业升级与中国经济可持续发展 ［J］．工业技术经济，2020，39（10）：100 - 106.

　　③ 文盲或半文盲、小学、初中、高中（含中专）、高等教育（专科、本科、研究生）。

　　④ 汪发元，郑军．科技创新、金融发展与实体经济增长——基于长江经济带的动态空间模型分析 ［J］．经济经纬，2019，36（4）：157 - 164.

　　⑤ 刘传哲，任懿．对外开放与绿色经济发展的非线性关系研究 ［J］．工业技术经济，2020，39（4）：96 - 104.

　　⑥ 文荣光，王江波．人力资本、产业结构与经济增长——基于中国省级面板数据的实证 ［J］．经济问题，2020（7）：76 - 81.

　　⑦ 沈国云．外商直接投资、对外开放与经济增长质量——基于中国汽车产业的经验实证 ［J］．经济问题探索，2017（10）：113 - 122.

　　⑧ 石风光．中国省区经济增长源泉及其影响因素——基于线性和非线性面板数据模型的分析 ［J］．财贸研究，2017，28（2）：9 - 20 + 110.

　　⑨ 王炜，张豪．信息基础设施与区域经济增长——来自中国 252 个地市级的经验证据 ［J］．华东经济管理，2018，32（7）：75 - 80.

（二）数据来源及变量描述

本节实证分析采用的样本为中西部共 17 个省份①，其中中部地区 6 个省份，西部地区 11 个省份，所用数据均选取自 2011～2020 年各省市统计年鉴、统计公报、发展年鉴，以及历年《中国统计年鉴》《中国科技统计年鉴》《中国交通运输统计年鉴》《中国工业年鉴》。部分缺失指标数据采用线性插值法进行预测补齐，GDP、固定资产投资等与价格有关的变量以 2010 年为基期采用平减法进行折算，实际利用外资额使用当年平均汇率进行换算。具体变量描述见表 6－4。

表 6－4 各变量描述性统计

变量	平均值	标准差	最小值	最大值	观测数
lnPIDV	9.475	0.345	8.380	10.210	170
lnD	4.141	0.082	3.986	4.403	170
RD	2.236	0.954	0.675	5.100	170
FDI	1.519	1.289	0.011	7.544	170
lnHUM	5.167	0.263	4.442	5.674	170
lnINV	9.431	0.503	8.048	10.360	170
lnGOV	3.316	0.340	2.693	4.322	170
lnTRAF	3.799	0.398	3.095	4.926	170

（三）实证分析与结果

1. 工业经济增长的空间分布格局

2010～2019 年中西部地区人均工业增加值整体呈上升趋势，中部

---

① 依据国家发改委、国家统计局 2011 年的划分标准对中部、西部地区进行划分。中部地区包括：山西、安徽、江西、河南、湖北和湖南。西部地区包括：内蒙古、广西、重庆、四川、贵州、云南、西藏、陕西、甘肃、青海、宁夏和新疆。由于西藏数据缺失严重，故本研究涉及的中西部地区各省份并不包括西藏。

地区工业经济增长水平较高，西部地区工业经济增长水平则相对较低。随着时间推移，中部地区工业经济增长水平基本保持稳定发展的态势，偶尔几个省份有所波动，西部地区总体经历了先下降后上升的发展趋势。同时，工业经济增长较低的省份由 2010 年的贵州、青海、云南、广西、甘肃①变为 2019 年的甘肃、广西、云南、贵州、青海。可以看到，工业经济增长处于较低水平的省份几乎没有变化，仍以西部地区省份为主。可能的原因是这些省份第一产业发展较为发达，而工业发展基础较为薄弱，自然资源优势也未能有效转化为工业生产动力。工业经济增长处于较高水平的省份由 2010 年的山西、河南、湖北、山西、内蒙古②变为 2019 年的湖北、陕西、内蒙古、重庆、江西。可以看到，工业经济增长处于较高水平的省份以中部地区省份为主，可能的原因是这些省份具有较强的工业发展基础，充分利用铁矿、煤炭等自然资源，配备较为先进的制造业装备技术。

2. 全局空间自相关检验

出于简洁性考虑，先采用 Rook 邻接型空间权重矩阵③，对中西部地区工业经济增长和绿色协同发展指数进行全局空间自相关检验④，结果如表 6-5 所示。

从检验结果可以看出，2010~2019 年中西部地区工业经济增长的莫兰（Moran's I）指数在 0.316~0.438 之间，绿色协同发展指数的莫兰指数在 0.358~0.432 之间，两者均在 1% 的显著性水平上通过检验，说明中西部地区工业经济增长和绿色协同发展指数都存在明显的空间正相关，反映出显著的空间依赖性。这意味着，至少在空间上，中西部地区的工业经济增长与绿色协同发展存在一定的空间效应。此外，从时间变化来看（见图 6-5），工业经济增长的莫兰指数整体呈现较为

---

① 总体排名后五位，由低到高。

② 总体排名前五位，由高到低。

③ 拟采用邻接矩阵进行分析，分别使用地理距离和经济距离矩阵进行后续检验。

④ 作者也对本节所涉及的其他变量进行了全局莫兰指数检验，结果均为显著，欢迎向作者索要。

表 6－5　　　　　　2010～2019 年工业经济增长和绿色协同度的
全局 Moran's I 指数

年份	工业经济增长 PIDV				绿色协同发展指数 D			
	Moran's I	sd（I）	z	P 值	Moran's I	sd（I）	z	P 值
2010	0.416	0.140	3.430	0.001	0.383	0.139	3.209	0.001
2011	0.361	0.140	3.029	0.002	0.375	0.137	3.203	0.001
2012	0.438	0.140	3.569	0.000	0.432	0.139	3.571	0.000
2013	0.390	0.139	3.255	0.001	0.358	0.135	3.117	0.002
2014	0.383	0.139	3.211	0.001	0.364	0.133	3.199	0.001
2015	0.339	0.140	2.874	0.004	0.376	0.135	3.258	0.001
2016	0.316	0.139	2.714	0.007	0.395	0.135	3.398	0.001
2017	0.333	0.138	2.859	0.004	0.359	0.134	3.157	0.002
2018	0.371	0.138	3.143	0.002	0.372	0.135	3.214	0.001
2019	0.362	0.137	3.088	0.002	0.370	0.135	3.205	0.001

注：以上 Moran's I 是双尾检验（2 – tail test）。

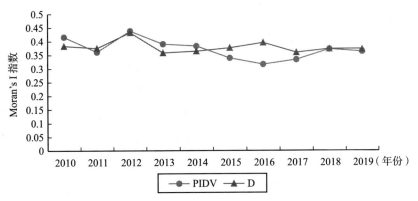

图 6－5　2010～2019 年工业经济增长和绿色协同发展指数 Moran's I 趋势图

平稳的趋势，绿色协同发展指数的莫兰指数整体为先波动后平稳的趋势，值得注意的是，二者莫兰指数最高的时间都发生在 2012 年。可能的原因是党的十八大提出了大力推进生态文明建设，环境监测开始进入全面深入治理阶段，在经济不断增长的同时，绿色发展理念也开始得到贯彻。

3. 局部空间自相关检验

为进一步探究中西部地区工业经济增长的局部空间特征，我们使用 Stata 16 软件绘制出了 2010 年、2015 年和 2019 年的莫兰散点图，见图 6−6。可以看出，"高高"类型的省份以中部省份居多，"低低"类型的省份全部属于西部地区。其中，常年保持"高高"类型不变的省份主要包括河南、安徽、湖北、江西、陕西，这些省份自身工业经济发展较为稳定，与周边省份联系也较为紧密，形成了高工业经济增长的圈子。常年保持"低低"类型不变的省份主要包括青海、宁夏、内蒙古、甘肃、广西，这些省份自身工业发展基础较为薄弱，加上地形限制，周边省份也属于连片的工业欠发达地区。"低高"类型的省份主要是山西和贵州，说明两省与周边省份在工业经济增长上差距较大。"高低"类型的省份主要是四川，表明四川常年被工业经济增长水平较低的省份包围，这与实际情况也较为相符。变化较为明显的省份主要有：山西由 2010 年的"高高"类型变为 2015 年和 2019 年的"低高"

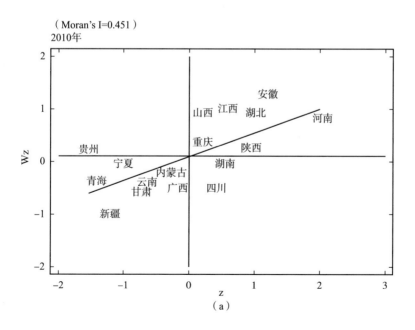

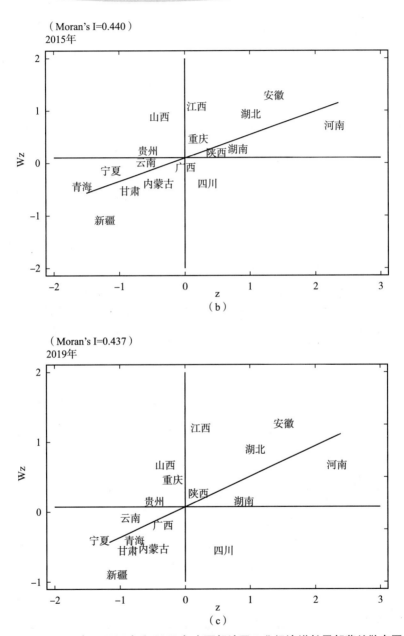

图6-6 2010年、2015年和2019年中西部地区工业经济增长局部莫兰散点图

类型；重庆由 2010 年和 2015 年的"高高"类型变为 2019 年的"低高类型"。山西前期以煤炭资源开发为主，高耗能、高排放产业的企业居多，环境治理难度不断加大，后期随着环境规制力度加大，大量限制型企业纷纷关闭，最终导致其工业经济增长趋缓。2010 年，重庆规划上的工业产品还有高能耗的原煤、水泥、钢材甚至冰醋酸，大量传统产业的发展带来了工业经济迅速发展，而 2019 年则主要大力发展第三产业，提倡工业智能化升级，这也侧面导致了工业经济增长趋缓。

4. 空间计量模型检验与识别

进行空间自相关检验后，可以得知中西部地区工业经济增长确实存在一定的空间依赖性，因此需要进行空间计量模型的实证求验，但由于空间计量模型不同于一般的计量模型，还需要对空间计量模型进行一定的事前检验、事后检验与模型识别，以便更准确地使用空间计量模型。具体检验结果[①]见表 6 - 6。

表 6 - 6　　　　　　　　　　LM 检验结果

检验	统计量	P 值
莫兰指数	3.689	0.000
空间误差模型：		
拉格朗日乘子法	9.370	0.002
稳健拉格朗日乘子法	21.415	0.000
空间滞后模型：		
拉格朗日乘子法	3.186	0.074
稳健拉格朗日乘子法	15.231	0.000

估计空间计量模型的第一步是估计普通最小二乘（ordinary least

---

① 使用 Stata 16 软件完成，下文中相同情况不再一一说明。

square，OLS）模型，克里夫和奥德（Cliff and Ord，1972）[1] 推荐使用莫兰统计量检验普通最小二乘模型回归后残差项是否存在显著空间自相关，在残差项存在显著空间依赖性的情况下，普通最小二乘模型应该被放弃，进一步考虑空间计量模型。从检验结果可以看出，莫兰统计量为3.689，在1%显著性水平上通过检验，说明残差存在显著的空间相关性，则考虑中西部产业承接地绿色协同发展对工业经济增长的效应时应当考虑空间因素。但是莫兰检验无法指定具体合适的空间计量模型，因此拉格朗日乘子（Lagrange multiplier，LM）检验法成为判断空间滞后模型和空间误差模型最为广泛的方法。具体的，LM检验构造出两个检验量，LM – lag 和 LM – error。如果 LM – lag 显著则选择空间滞后模型；如果 LM – error 显著则选择空间误差模型；如果二者均显著，则依据安瑟琳等（Anselin et al.，1996）[2] 提出的稳健性 LM 检验（robust LM）进行分析。具体的，稳健性 LM 检验提出两个统计量：稳健性 LM – lag 和 LM – error。如果稳健性 LM – lag 显著则选择空间滞后模型（SAR）；如果稳健性 LM – error 显著则选择空间误差模型（SEM）[3]。从检验结果可以看出，LM – lag 和 Robust LM – lag 统计量分别为3.186 和15.231，且分别通过10%和1%显著性水平上的检验；LM – error 和 Robust LM – error 统计量分别为9.370 和21.415，且均通过了1%显著性水平上的检验。LM 检验和 Robust LM 检验均通过显著性检验，因此初步认定选用空间杜宾模型（SDM）进行分析。

通过 LM 检验确认空间相关性和模型后，需要确定 SDM 使用固定效应还是随机效应，为此进行豪斯曼（Hausman）检验，还需要判断 SDM 是否能退化为 SAR 和 SEM，进行瓦尔德（Wald）检验以及似然比（likelihood ratio，LR）检验。具体检验结果见表6–7。可以看出，豪斯曼统计量为220.71，P 值为 0.0000 < 0.01，通过 1% 的显著性检验，

---

① Cliff A.，Ord K.. Testing for Spatial Autocorrelation among Regression Residuals [J]. Geographical Analysis，1972，4（3）：267 – 284.

② Anselin L. et al. Simple Diagnostic Tests for Spatial Dependence [J]. Regional Science and Urban Economics，1996，26（1）：77 – 104.

③ 满足以下关系：LM – lag + Robust LM – error = LM – error + Robust LM – lag.

因此拒绝原假设，选择固定效应模型。瓦尔德检验统计量、SAR 和 SEM 的似然比检验统计量均通过 1% 的显著性检验，因此拒绝原假设，说明 SDM 不能退化为 SAR 和 SEM。

表 6 – 7　　　　　　豪斯曼检验、似然比检验和瓦尔德检验

项目	统计量	P 值
豪斯曼检验	220. 71	0. 0000
似然比检验 – SAR	22. 50	0. 0021
似然比检验 – SEM	22. 66	0. 0020
瓦尔德检验	56. 10	0. 0000

5. 空间计量模型实证分析

在确定使用固定效应模型以后，选取 SDM 的时间固定效应、个体固定效应和双固定效应进行估计。从表 6 – 8 可以看出，三种模型中，时间固定效应模型、个体固定效应模型和双固定效应模型的对数似然函数值分别为 137. 4562、215. 2049 和 225. 5151，考虑到双固定效应模型既包含时间固定效应又包含个体固定效应，且对数似然函数值较其他两种模型要好，选择双固定效应空间杜宾模型进行后续分析。空间溢出效应系数为 0. 2554，在 5% 的显著性水平上通过检验，表明中西部地区工业经济增长存在显著正相关关系，某一省份的工业经济增长在一定程度上依赖于周边相似特征省份的工业经济增长。绿色协同发展指数在双固定效应模型下系数为正，通过 1% 的显著性检验，因而整体而言，中西部地区产业承接地绿色协同发展与工业经济增长之间存在一定的促进作用。

表 6 – 8　　产业承接地绿色协同发展经济增长效应的空间计量回归

变量	时间固定	个体固定	双固定
lnD	− 0. 1888 (− 0. 79)	1. 7681 *** (5. 61)	1. 8077 *** (5. 91)

续表

变量	时间固定	个体固定	双固定
lnINV	0.1880 *** (6.45)	0.1331 *** (4.31)	0.0928 *** (2.62)
lnGOV	−0.5240 *** (−7.99)	−0.1719 ** (−2.17)	−0.2041 ** (−2.41)
RD	−0.0373 ** (−2.42)	−0.1079 *** (−6.78)	−0.0996 *** (−5.52)
lnHUM	0.4037 *** (6.67)	−0.0386 (−0.47)	0.0001 (0.00)
FDI	0.0059 (0.58)	−0.0164 * (−1.76)	−0.0167 * (−1.79)
lnTRAF	0.2062 *** (4.47)	0.6153 *** (4.53)	0.7023 *** (4.82)
$W \times lnD$	3.7918 *** (5.15)	0.9980 (1.40)	1.8668 ** (2.38)
$W \times lnINV$	−0.3829 *** (−5.52)	−0.0773 * (−1.81)	−0.1756 ** (−2.41)
$W \times lnGOV$	0.2925 (1.49)	0.5944 *** (4.34)	0.4178 ** (2.24)
$W \times RD$	0.0452 (1.15)	0.0198 (0.56)	0.0663 (1.55)
$W \times lnHUM$	0.7968 *** (5.23)	0.1676 (1.22)	0.2490 (1.57)
$W \times FDI$	−0.0447 (−1.52)	−0.0678 *** (−2.76)	−0.0764 *** (−3.00)
$W \times lnTRAF$	0.5788 *** (4.49)	−0.1598 (−0.58)	0.6313 (1.33)
Spatial rho	−0.0494 (−0.46)	0.3950 *** (4.51)	0.2554 ** (2.46)
Sigma2_e	0.0116 *** (9.22)	0.0045 *** (9.06)	0.0041 *** (9.14)
$Within - R^2$	0.7255	0.8824	0.8326
$Log - likelihood$	137.4562	215.2049	225.5151

注：*** 、** 、* 分别表示在1%、5%、10%水平上显著，括号内为 z 统计量。

依据理论基础部分的相关内容，需要对双固定效应空间杜宾模型进行偏微分效应分解，计算双固定效应空间杜宾模型的直接效应和间接效应[①]（见表6-9）。

表6-9 空间效应分解

变量	直接效应	间接效应	总效应
lnD	1.9693 *** (0.3121)	2.9288 *** (0.8981)	4.8981 *** (0.9690)
lnINV	0.0810 ** (0.0365)	-0.1894 ** (0.0966)	-0.1084 (0.1178)
lnGOV	-0.1708 * (0.0872)	0.4886 * (0.2505)	0.3179 (0.3033)
RD	-0.0966 *** (0.0191)	0.0521 (0.0547)	-0.0444 (0.0665)
lnHUM	0.0188 (0.0805)	0.3327 (0.2159)	0.3515 (0.2368)
FDI	-0.0220 ** (0.0101)	-0.1046 *** (0.0379)	-0.1265 *** (0.0445)
lnTRAF	0.7662 *** (0.1728)	1.0610 (0.6967)	1.8273 ** (0.8095)

注：***、**、*分别表示在1%、5%、10%水平上显著，括号内为统计标准误。

核心解释变量上，产业承接地绿色协同发展对经济增长的直接效应和间接效应均为正值，且在1%的显著性水平上通过检验，表明产业承接地绿色协同发展不仅与本地区的工业经济增长存在正相关关系，而且还能够带动相邻地区的工业经济增长。当前，中西部各省份产业

[①] 前者反映产业承接地绿色协同发展对本地区工业经济增长的直接作用，即解释变量对本地区被解释变量的影响；后者反映影响工业经济增长的变量是否存在空间溢出效应，即解释变量对其他地区产生的影响。

承接地追求绿色协同发展有助于当地工业经济增长的提升，从而能够达到本地区工业发展的基本要求，还能够通过技术交流、资源共享等手段促进周边省份的工业经济增长，从而响应国家对区域协调发展的政策号召。

就控制变量而言，投资水平对中西部工业经济增长的直接效应为正，在5%的显著性水平上通过检验，表明针对第二产业的固定资产投资一定程度上能够转化为本地区工业经济增长的动力；间接效应为负，在5%的显著性水平上通过检验，表明当前中西部第二产业固定资产投资对工业经济增长在区域间具有一定的抑制作用，投资水平未能很好地转化为对周边省份工业经济增长的动力。政府干预对中西部工业经济增长的直接效应为负，在10%的显著性水平上通过检验，表明当前中西部政府干预规模的扩大在一定程度上降低了资源配置效率，不利于本地区工业经济增长；间接效应为正，在10%的显著性水平上通过检验，表明本地区政府干预具有一定的溢出效应，各工业企业在寻求宽松的政策环境的过程中容易形成对周边省份工业经济增长的推动作用。创新水平对中西部工业经济增长的直接作用为负，在1%的显著性水平上通过检验，表明创新驱动本地区工业经济增长的过程中仍然存在创新质量不够高、创新力度不够深、创新规模不够大等问题，创新带来的新动能难以转化为实质性的工业经济增长；间接效应为正，未能通过显著性检验，表明中西部各省份之间通过工业科技投入拉动工业经济增长的效应还不够显著。人力资本对中西部工业经济增长的直接效应和间接效应均为正，但未能通过显著性检验，表明中西部地区在将人力资本转化为工业经济增长的过程中仍存在一定的动力不足问题。对外开放对中西部工业经济增长的直接效应和间接效应均为负，分别在5%和1%的显著性水平上通过检验，表明中西部外企和对外资的利用一定程度上会对本地区企业造成挤压，各地区之间也很少通过外企进行技术和经验的交流。基础设施对中西部工业经济增长的直接效应和间接效应均为正，前者在1%的显著性水平上通过检验，后者未能通过显著性检验，表明中西部便利、密集的交通设施能够通过提升资源运输效率等途径促进本地区工业经济增长，但各地区之间可能由于我国幅员辽阔，工业经济交流较少。

如理论基础部分的内容所述，为保证回归结果的稳健性，本部分分析还通过替换空间权重矩阵进行稳健性检验。由于上面分析过程中使用的是 Rook 邻接矩阵，因此稳健性检验中分别采用地理距离平方倒数矩阵①和经济距离权重矩阵②进行替换，经过前文相应的检验识别等流程同样确定为双固定效应的空间杜宾模型，具体结果见表 6 - 10。相比于使用邻接矩阵，无论是地理距离平方倒数矩阵还是经济距离权重矩阵，变量回归系数的值确实存在一定的差异，但变量系数的符号和显著性保持高度一致，表明通过空间权重矩阵稳健性检验结果可以确保分析具有较高的可信度。

表 6 - 10　　　　　　　　　　　稳健性检验结果

变量	地理距离平方倒数矩阵			经济距离权重矩阵		
	直接效应	间接效应	总效应	直接效应	间接效应	总效应
lnD	2.2335 ***	3.9208 ***	6.1543 ***	2.1763 ***	-0.6940	1.4822 **
	(0.3239)	(1.0829)	(1.1722)	(0.3552)	(0.6470)	(0.6762)
lnINV	0.1191 ***	-0.0729	0.0462	0.1121 ***	-0.0891	0.0230
	(0.0384)	(0.0921)	(0.1124)	(0.0341)	(0.0585)	(0.0508)
lnGOV	-0.2514 ***	0.2675	0.0161	-0.3079 ***	-0.3425 **	-0.6504 ***
	(0.0850)	(0.2906)	(0.3292)	(0.0829)	(0.1743)	(0.1756)
RD	-0.1100 ***	-0.0543	-0.1643 **	-0.1095 ***	-0.0225	-0.1320 ***
	(0.0182)	(0.0572)	(0.0672)	(0.0157)	(0.0252)	(0.0239)
lnHUM	-0.0182	0.2897	0.2715	-0.0235	0.0001	-0.0234
	(0.0832)	(0.2931)	(0.3094)	(0.0965)	(0.1478)	(0.1602)
FDI	-0.0114	-0.0813 ***	-0.0926 ***	-0.0181 *	0.0586 ***	0.0405 *
	(0.0097)	(0.0309)	(0.0348)	(0.0094)	(0.0225)	(0.0218)
lnTRAF	0.5089 ***	-0.7101	-0.2012	0.4464 ***	-0.0116	0.4347
	(0.1656)	(0.7074)	(0.8104)	(0.1616)	(0.3989)	(0.4465)

注：*** 、** 、* 分别表示在 1%、5%、10% 水平上显著，括号内为统计标准误。

---

① 不失一般性，以中西部各省份政府驻地间地理距离的平方倒数计算。

② 采用中西部各省份以 2010 年为基期平减后的人均 GDP 进行相应计算。

6. 产业承接地绿色协同发展影响经济增长的门槛效应

依据理论基础部分的相关内容，鉴于缺乏成熟、公认的空间计量模型与门限回归模型结合的方法，采用普通面板门限回归模型进行分析。根据上述分析结果，可以得知中西部产业承接地绿色协同发展对工业经济增长确实有促进作用，但这一关系应该是非线性的，理由如下：首先，产业承接地绿色协同发展对工业经济增长的作用过程本身是一个复杂的系统，作用传导机制可能受到多方面因素的制约；其次，根据经验可知，产业承接地绿色协同发展不是一蹴而就的，而是不断累积的结果，因此当协同发展水平达到一定的程度时才有可能对工业经济增长产生影响；最后，研究产业承接地协同发展对工业经济增长的门限值有助于我们认识当前中西部各省份的发展状况以及各省份的差异。

依据前文理论公式和理论基础，设定面板门槛回归模型为：

$$\ln PIDV_{it} = \beta_0 + \beta_1 \ln D_{it} I(q_{it} \leq \theta) + \beta_2 \ln D_{it} I(q_{it} > \theta) + \beta_n Control + \varepsilon_{it}$$

其中，PIDV 为被解释变量工业经济增长；Control 为控制变量，包括投资水平（INV）、政府干预（GOV）、创新水平（RD）、人力资本（HUM）、对外开放（FDI）、基础设施（TRAF）；门槛变量 q 为产业承接地绿色协同发展指数 D。

以产业承接地绿色协同发展指数（D）作为门槛变量进行检验，结果如表 6 - 11 所示。结果显示，自助抽样 500 次得出单一门槛值为 4.1391，在 1% 的显著性水平上通过检验，双重门槛和三重门槛均未能通过显著性检验。结果说明以 D 为门槛变量拒绝线性关系的假设，存在单一门槛，产业承接地绿色协同发展和工业经济增长确实是一种非线性关系。

接着建立单一门槛模型进行实证检验，得出的门槛效应回归结果如表 6 - 12 所示。然后绘制出门槛似然比函数图（见图 6 - 7），LR 曲线与水平零值相交的最低点即为门槛值，水平虚线代表 95% 水平下的 LR 临界值。

表 6 – 11　　　　　　　　　门槛效应检验

模型检验	门槛估计值	F 值	P 值	BS 次数	临界值			95% 置信区间
					10%	5%	1%	
单一门槛	4. 1391	42. 90	0. 000	500	16. 7553	21. 2746	29. 4382	[4. 1384，4. 1398]
双重门槛	4. 0386	10. 56	0. 392	500	18. 2670	21. 0496	28. 6698	[4. 0326，4. 0396]
三重门槛	4. 1813	6. 94	0. 830	500	21. 5654	25. 3491	36. 4781	[4. 1800，4. 1816]

表 6 – 12　　　　　　　　　门槛效应回归结果

门槛变量	估计系数	T 统计量	P 值
$lnD \leqslant 4. 1391$	2. 2482 ***	6. 07	0. 000
$lnD > 4. 1391$	2. 2938 ***	6. 23	0. 000
F 值	107. 46		
R^2	0. 8557		

注：***、**、*分别表示在1%、5%、10%水平上显著。

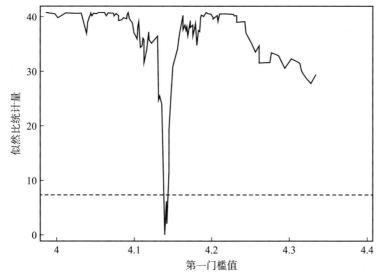

图 6 – 7　门槛似然比函数图

由门槛效应回归结果可以看出 R^2 为 0.8557，拟合效果较好。将产业承接地绿色协同发展指数的单一门槛值 4.1391 转化为自然数可得产业承接地绿色协同发展指数为 62.7463。当产业承接地绿色协同发展指数小于或等于 62.7463 时，影响系数为 2.2482，在 1% 的显著性水平上通过检验，说明产业承接地绿色协同发展此时与工业经济增长之间存在促进作用；当产业承接地绿色协同发展指数大于 62.7463 时，影响系数为 2.2938，也在 1% 的显著性水平上通过检验，说明产业承接地绿色协同发展与工业经济增长之间仍存在促进作用。但是可以明显看出，当产业承接地绿色协同发展指数跨过 62.7463 这一门槛值后，对工业经济增长的促进作用有显著的增强，这表明当产业承接地绿色协同发展达到一定程度后，能够进一步促进工业经济增长。此外，我们列出了中西部各省份在产业承接地绿色协同发展指数上达到门槛值和未达到门槛值的名单①，以便更加直观地了解中西部各省份发展状况及存在的差异。可以看出，中部地区各省份基本已达到门槛值，而未达到门槛值的省份均来自西部地区。

第三节　产业承接地企业—园区绿色协同 发展的环境改善效应

本节将继续沿用空间计量方法，探究产业承接地绿色协同发展的生态环境质量改善效应。具体思路为：第一，分析并阐述产业承接地绿色协同发展生态环境质量改善效应的作用机理；第二，构建相应的空间计量模型；第三，进行实证分析，并出于对产业承接地绿色协同发展的生态环境改善效应可能存在非线性影响的考量而选取面板门槛模型分析。

---

① 全年份均达到门槛值的省份有安徽、江西、河南、湖北、陕西等；全年份均未达到门槛值的省份有内蒙古、贵州、云南、甘肃、青海、宁夏等。

一、作用机理

为了更好地理解产业承接地绿色协同发展带来的生态环境改善效应，绘制出相应的作用机理图，如图 6-8 所示。从内部角度看，本地区产业承接地绿色协同发展具有两面性，一方面可能通过提升生产效率和生产技术，减少生产过程中的刚性污染，对本地区生态环境改善起到促进作用；另一方面，如果当前产业承接地绿色协同发展的程度还处于较低水平，往往会因为过多谋求经济增长而忽视生态环境，也可能受限于本地区较低的技术水平或者资本要素，最终导致对本地区生态环境起抑制作用。从外部角度看，如果本地区的绿色协同发展程度较高，可以通过要素流动、人员流动、技术交流、资本流动等因素与周边邻近的区域进行交流协作，先进的生产工艺水平和完整配套的承接设施往往能够吸引周边优质资源的流入，并将部分优质资源带出，最终形成对周边省份生态环境改善的促进作用；但是当产业承接地绿色协同发展未能达到一定水平时，其外部效应可能对生态环境改善起到抑制作用，原因可能有：产业结构存在不合理因素，导致资源消耗、污染排放等问题，不利于生态环境改善；各区域之间共享经济和技术成果的程度还不够深入，真正实现能源集约和环境治理的手段不够丰

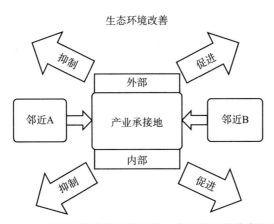

图 6-8 产业承接地绿色协同发展的生态环境改善效应作用机理

富；各区域承接的产业可能存在生产和资源利用效率差异，或者很少引进绿色低碳的产业。可以看出，产业承接地绿色协同发展水平的高低对生态环境改善具有直接的影响作用，可以称之为"阈值"。紧接着，本区域生态环境受到本区域产业承接地绿色协同发展影响的不同呈现出促进或者抑制的作用，邻近区域生态环境受本区域产业承接地绿色协同发展影响的不同也呈现出促进或者抑制的作用，这一过程可以称为"反馈"。最终，一种关于产业承接地绿色协同发展与生态环境改善之间的"相互作用"机制形成。

二、理论模型

由于理论模型部分已经对空间效应定义、空间权重矩阵、空间自相关、空间计量模型、面板门槛回归等相关概念做出了详细的解释，而且无论是内容上还是符号设定上都具备一定的普适性，因此本节针对产业承接地企业—园区绿色协同发展的生态环境改善效应研究的理论模型部分完全与理论模型部分内容一致，故而不再赘述。

三、实证分析

（一）模型构建与变量选取

1. 模型构建

由理论基础部分的内容设定空间面板计量模型，包括空间滞后模型（SAR）、空间误差模型（SEM）和空间杜宾模型（SDM）。空间滞后模型加入被解释变量的空间滞后项，空间误差模型加入随机扰动项的空间滞后项，空间杜宾模型同时考虑了被解释变量和解释变量的空间相关性。此外，依据本研究分析目的，我们构建了产业承接地绿色协同发展对生态环境改善的相关空间计量模型：

（1）空间滞后模型。

$$ENV_{it} = \rho W \cdot ENV_{jt} + \alpha l_n + \beta_1 \ln D_{it} + \beta_2 \ln INV_{it} + \beta_3 \ln GOV_{it} +$$
$$\beta_4 RD_{it} + \beta_5 \ln HUMS_{it} + \beta_6 FDI_{it} + \beta_7 ER_{it} + \varepsilon_{it}$$

（2）空间误差模型。

$$ENV_{it} = \alpha l_n + \beta_1 lnD_{it} + \beta_2 lnINV_{it} + \beta_3 lnGOV_{it} + \beta_4 RD_{it} +$$
$$\beta_5 lnHUMS_{it} + \beta_6 FDI_{it} + \beta_7 ER_{it} + \lambda Wu_{jt} + \varepsilon_{jt}$$

（3）空间杜宾模型。

$$ENV_{it} = \rho W \cdot ENV_{jt} + \alpha l_n + \beta_1 lnD_{it} + \beta_2 lnINV_{it} + \beta_3 lnGOV_{it} +$$
$$\beta_4 RD_{it} + \beta_5 lnHUMS_{it} + \beta_6 FDI_{it} + \beta_7 ER_{it} + \theta_1 WlnD_{it} +$$
$$\theta_2 WlnINV_{it} + \theta_3 WlnGOV_{it} + \theta_4 WRD_{it} + \theta_5 WlnHUMS_{it} +$$
$$\theta_6 WFDI_{it} + \theta_7 WER_{it} + \varepsilon_{it}$$

$$ENV_{it} = \rho W \cdot ENV_{jt} + \alpha l_n + \beta_1 lnD_{it} + \beta_2 lnINV_{it} + \beta_3 lnGOV_{it} +$$
$$\beta_4 RD_{it} + \beta_5 lnHUMS_{it} + \beta_6 FDI_{it} + \beta_7 ER_{it} + \theta_1 WlnD_{it} +$$
$$\theta_2 WlnINV_{it} + \theta_3 WlnGOV_{it} + \theta_4 WRD_{it} + \theta_5 WlnHUMS_{it} +$$
$$\theta_6 WFDI_{it} + \theta_7 WER_{it} + \varepsilon_{it}$$

其中，$WENV_{jt}$ 为包含被解释变量的空间滞后项，Wu_{jt} 为空间单元存在的干扰效应，ρ 为空间自回归系数，λ 为空间自相关系数，W 为空间权重矩阵，αl_n 为空间单位向量。为消除可能存在的异方差，对部分变量进行对数处理。

2. 变量选取

本节主要研究产业承接地绿色协同发展对生态环境改善的效应，因此以生态环境改善（ENV）作为被解释变量，以产业承接地绿色协同发展指数（D）作为核心解释变量，同时考虑到生态环境改善受到多方面因素影响，选取投资、政府、创新、人力、开放、环境管制等多个角度，并在已有文献基础上，加入多个控制变量（Control）。

（1）被解释变量。

生态环境改善（ENV）。中西部产业承接地最主要的污染是工业污染，因此在环境污染指标的选取上应考虑工业固废、工业烟粉尘、工业废水、工业氮氧化物、工业二氧化硫等污染物，但受限于数据的可获取性，且本课题组经过实地调研发现产业承接地企业—园区针对水污染和固废污染的治理已经有所成效，因此考虑以单位工业二氧化硫排放效率作为生态环境污染的代理变量，单位工业二氧化硫排放越高说明排放效率越低，生态环境质量越差，反之则相反，以此衡量地区生态环境改善程度。陈凡和周民良（2019）[①]、金春雨和吴安兵（2017）[②]选取工业二氧化硫排放量衡量环境污染。

（2）核心解释变量。

产业承接地绿色协同发展指数（D）。该变量选取自第五章产业承接地企业—园区绿色协同发展评价测算的结果。

（3）控制变量。

①投资水平（INV）。选取人均第二产业固定资产投资额作为投资水平的代理变量。杨桐彬和朱英明（2021）[③] 采用固定资产投资占GDP 的比重衡量投资水平，作为可持续发展的控制变量。

②政府干预（GOV）。选取地方一般政府财政预算支出占实际 GDP 的比重作为政府干预的代理变量。一般而言，该指标数值越大意味着政府对经济干预的程度越强。

③创新水平（RD）。选取规模以上工业企业 R&D 经费内部支出占工业增加值的比重作为创新水平的代理变量。陈瑶（2018）[④] 以各区域R&D 投入经费作为创新要素投入强度，分析工业绿色发展效率影响因素。张旭和王宇（2017）[⑤] 使用企业研发经费支出研究研发投入对绿色技术创新的影响。

④人力资本（HUMS）。选取第二产业从业人员数量作为人力资本

① 陈凡，周民良. 国家级承接产业转移示范区是否加剧了地区环境污染 [J]. 山西财经大学学报，2019，41（10）：42 – 54.

② 金春雨，吴安兵. 工业经济结构、经济增长对环境污染的非线性影响 [J]. 中国人口·资源与环境，2017，27（10）：64 – 73.

③ 杨桐彬，朱英明. 产业协同集聚对资源型城市可持续发展的影响 [J]. 北京理工大学学报（社会科学版），2021，23（4）：60 – 71.

④ 陈瑶. 中国区域工业绿色发展效率评估——基于 R&D 投入视角 [J]. 经济问题，2018（12）：77 – 83.

⑤ 张旭，王宇. 环境规制与研发投入对绿色技术创新的影响效应 [J]. 科技进步与对策，2017，34（17）：111 – 119.

的代理变量。顾剑华和王亚倩（2021）① 以各地普通高校学生数与总人口的比值衡量该地区人力资本水平，研究区域高质量绿色发展。杨小东等（2020）② 采用高等学校在校人数与城市总人数之比测度人力资本，研究城市创新与环境污染的关系。

⑤对外开放（FDI）。选取各省份当年实际利用外资额占 GDP 的比重作为对外开放的代理变量。韩颖和齐小源（2019）③ 将实际利用外资投资折算为人民币并计算其占 GDP 比重用来代表贸易开放度。

⑥环境规制（ER）。选取工业污染治理投资额占实际 GDP 的比重作为环境规制的代理变量。刘满凤等（2021）④ 选择工业废水排放达标率、工业烟粉尘去除率与固体废物综合利用率 3 个指标的加权平均值衡量环境规制强度。杨冕等（2020）⑤ 采用"工业污染治理投资完成额"来度量环境规制强度，探究环境规制对中国工业污染治理效率的影响。李国祥和张伟（2019）⑥ 以各省份环境污染治理投资额占 GDP 比重衡量环境规制强度。

（二）数据来源及变量描述

本节实证分析采用的样本为中西部共 17 个省份，其中中部地区 6 个省份，西部地区 11 个省份，所用数据均选取自 2011～2020 年各省份统计年鉴、统计公报、发展年鉴以及历年《中国统计年鉴》《中国科技

---

① 顾剑华，王亚倩. 产业结构变迁对区域高质量绿色发展的影响及其空间溢出效应——基于我国省域面板数据的实证研究 [J]. 西南大学学报（自然科学版），2021，43（8）：116 - 128.

② 杨小东，冉启英，张晋宁. 城市创新行为、财政分权与环境污染 [J]. 产业经济研究，2020（3）：1 - 16.

③ 韩颖，齐小源. 经济政策不确定性、金融发展与雾霾污染——基于西部地区协同减排研究 [J]. 工业技术经济，2019，38（12）：3 - 10.

④ 刘满凤，陈华脉，徐野. 环境规制对工业污染空间溢出的效应研究——来自全国 285 个城市的经验证据 [J]. 经济地理，2021，41（2）：194 - 202.

⑤ 杨冕，晏兴红，李强谊. 环境规制对中国工业污染治理效率的影响研究 [J]. 中国人口·资源与环境，2020，30（9）：54 - 61.

⑥ 李国祥，张伟. 环境分权、环境规制与工业污染治理效率 [J]. 当代经济科学，2019，41（3）：26 - 38.

统计年鉴》《中国环境统计年鉴》《中国工业年鉴》。部分缺失指标数据采用线性插值法进行预测补齐，GDP、固定资产投资等与价格有关的变量以 2010 年为基期采用平减法进行折算，实际利用外资额使用当年平均汇率进行换算。具体变量描述见表 6 – 13。

表 6 – 13　　　　　　　　各变量描述性统计

变量	平均值	标准差	最小值	最大值	观测数
ENV	0.0155	0.0107	0.00278	0.0489	170
lnD	4.141	0.0819	3.986	4.403	170
lnINV	9.431	0.503	8.048	10.36	170
lnGOV	3.316	0.340	2.693	4.322	170
RD	2.236	0.954	0.675	5.100	170
lnHUMS	6.032	0.935	3.985	7.652	170
FDI	1.519	1.289	0.0109	7.544	170
ER	0.148	0.140	0.014	1.086	170

（三）实证分析与结果

1. 生态环境改善的空间分布格局

2010～2019 年中西部地区工业二氧化硫排放效率整体呈上升趋势，中部地区工业二氧化硫排放效率较高，西部地区工业二氧化硫排放效率则相对较低，且中部地区随着时间推移一直保持着较高水平的工业二氧化硫排放效率，而西部地区除与中部地区接壤的省份外，工业二氧化硫排放效率均属于较低水平。同时，工业二氧化硫排放效率较低的省份由 2010 年的内蒙古、宁夏、贵州①变为 2019 年的宁夏、内蒙古、甘肃；工业二氧化硫排放效率较高的省份由 2010 年的湖北、安徽、河南②变为 2019 年的湖北、安徽、四川，大部分工业二氧化硫排

---

① 总体排名后三位，由低到高。
② 总体排名前三位，由高到低。

放效率较高的省份来自中部地区，其中四川近年来工业二氧化硫排放效率呈现不断上升的趋势。

2. 全局空间自相关检验

出于简洁性考虑，先采用 Rook 邻接型空间权重矩阵，对中西部地区工业二氧化硫排放效率进行全局空间自相关检验，结果如表 6 – 14 所示。

表 6 – 14　　　　2010～2019 年工业二氧化硫排放效率的全局 Moran's I 指数

年份	工业二氧化硫排放效率 ENV			
	Moran's I	sd（I）	z	P 值
2010	0.240	0.140	2.158	0.031
2011	0.168	0.137	1.676	0.094
2012	0.219	0.138	2.046	0.041
2013	0.268	0.139	2.383	0.017
2014	0.334	0.138	2.864	0.004
2015	0.398	0.138	3.328	0.001
2016	0.416	0.140	3.422	0.001
2017	0.449	0.141	3.631	0.000
2018	0.422	0.141	3.451	0.001
2019	0.440	0.141	3.567	0.000

注：以上 Moran's I 是双尾检验（2 – tail test）。

从检验结果可以看出，2010～2019 年中西部地区工业二氧化硫排放效率的莫兰指数在 0.168～0.449 之间，在 1% 和 5% 的显著性水平上通过检验，说明中西部地区工业二氧化硫排放效率存在明显的空间正相关，反映出显著的空间依赖性。此外，从时间变化来看（见图 6 – 9），除 2011 年有所下降以外，中西部工业二氧化硫排放效率的莫兰指数整体呈现出不断上升的趋势，最近几年保持稳定状态。可以看出，随着环境政策的不断深入实施，中西部产业承接地通过采取企业节能减排、提高生产效率等手段提升了工业二氧化硫排放效率。

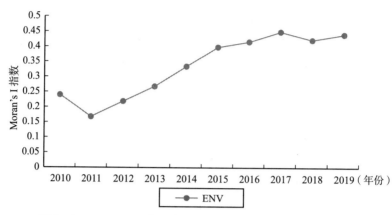

图 6 – 9　2010 ~ 2019 年工业二氧化硫排放效率莫兰指数趋势图

3. 局部空间自相关检验

为进一步探究中西部地区工业二氧化硫排放效率①的局部空间特征，我们使用 Stata 16 软件绘制出了 2010 年、2015 年和 2019 年的莫兰散点图，见图 6 – 10。可以看出，工业二氧化硫排放处于"高高"类型的省份以西部地区为主，对应着工业二氧化硫排放效率较低，生态环境改善效果较差；处于"低低"类型的省份以中部地区为主，对应着工业二氧化硫排放效率较高，生态环境改善效果较好。其中，常年保持"高高"类型的省份主要有宁夏、内蒙古、甘肃，常年保持"低低"类型的省份主要有湖北、安徽、江西。"低高"类型的省份主要有四川、陕西，说明两省被周围较高的工业二氧化硫排放省份包围；"高低"类型的省份主要有贵州，说明贵州常年被周边工业二氧化硫排放较低的省份包围，自身工业二氧化硫排放较高。变化较为明显的省份主要包括：云南由 2010 年的"低高"类型变为 2015 年的"低低"类

---

　　①　需要说明的是，由于局部莫兰图中展示的是单位二氧化硫排放的绝对值，而该值越大则意味着工业二氧化硫排放效率越低下，因此所谓的"高高"聚集区域应当是单位二氧化硫排放高、工业二氧化硫排放效率较低的地区。

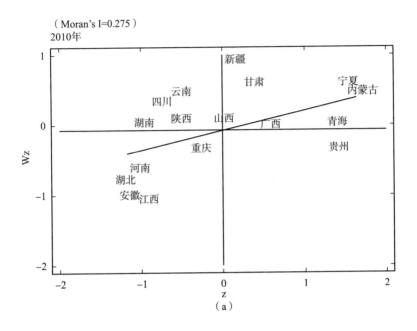

（a）

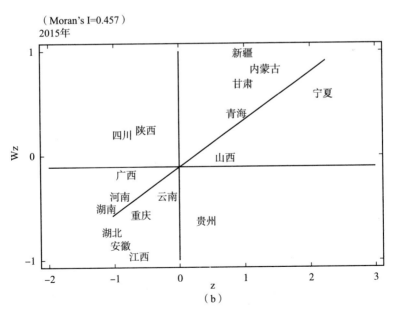

（b）

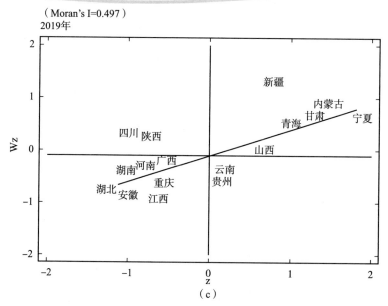

图 6-10　2010 年、2015 年和 2019 年中西部地区工业二氧化硫排放
效率局部莫兰散点图

型，再到 2019 年的"高低"类型，说明云南生态环境改善呈现出一种
波动较大的状态；广西由 2010 年的"高高"类型变为 2015 年和 2019
年的"低低"类型，说明广西 10 年来工业二氧化硫排放效率在不断提
升，生态环境质量有所改善。

4. 空间计量模型检验与识别

进行空间自相关检验后，可以得知中西部地区生态环境改善确实
存在一定的空间依赖性，因此需要进行空间计量模型的实证求验，但
由于空间计量模型不同于一般的计量模型，还需要对空间计量模型进
行一定的事前检验、事后检验与模型识别，以便更准确地使用空间计
量模型。具体检验使用 Stata 16 软件完成，结果见表 6-15。

从检验结果可以看出，莫兰统计量为 6.739，在 1% 显著性水平上
通过检验，说明残差存在显著的空间相关性，则考虑中西部产业承接
地绿色协同发展对生态环境改善的效应时应当考虑空间因素。从检验
结果还可以看出，LM-lag 和 Robust LM-lag 统计量分别为 2.717 和

11.817，且分别在 10% 和 1% 显著性水平上通过检验；LM – error 和 Robust LM – error 统计量分别为 35.309 和 44.409，且均通过了 1% 显著性水平上的检验。LM 检验和 Robust LM 检验均通过显著性检验，因此初步认定选用空间杜宾模型（SDM）进行分析。

表 6 – 15　　　　　　　　　　LM 检验结果

检验	统计量	P 值
莫兰指数	6.739	0.000
空间误差模型：		
拉格朗日乘子法	35.309	0.000
稳健拉格朗日乘子法	44.409	0.000
空间滞后模型：		
拉格朗日乘子法	2.717	0.099
稳健拉格朗日乘子法	11.817	0.001

进行豪斯曼检验，判断 SDM 是否能退化为 SAR 和 SEM，此时需要进行瓦尔德检验以及似然比（LR）检验。具体检验结果见表 6 – 16。可以看出，豪斯曼统计量为 250.82，P 值为 0.0000 < 0.01，通过 1% 的显著性检验，因此拒绝原假设，选择固定效应模型。瓦尔德检验统计量、SAR 和 SEM 的 LR 检验统计量均通过 1% 的显著性检验，因此拒绝原假设，说明 SDM 不能退化为 SAR 和 SEM。

表 6 – 16　　　　豪斯曼检验、似然比检验和瓦尔德检验

项目	统计量	P 值
豪斯曼检验	250.82	0.0000
似然比 – SAR	19.53	0.0067
似然比 – SEM	19.66	0.0064
瓦尔德检验	70.68	0.0000

5. 空间计量模型实证分析

在确定使用固定效应模型以后，选取 SDM 的时间固定效应、个体固定效应和双固定效应进行估计。从表 6 - 17 可以看出，三种模型中，时间固定效应模型、个体固定效应模型和双固定效应模型的对数似然函数值分别为 683. 6614、756. 5942 和 774. 0405，但是个体固定效应的拟合程度更优，因此应当选择个体固定效应空间杜宾模型进行后续分析。空间溢出效应系数为 0. 2837，在 1% 的显著性水平上通过检验，表明中西部地区生态环境改善存在显著正相关关系，某一省份的生态环境改善在一定程度上依赖于周边相似特征省份的生态环境改善。绿色协同发展指数在双固定效应模型下系数为负，但没有通过显著性检验，因此整体而言，中西部地区产业承接地绿色协同发展能够降低工业二氧化硫排放，提高工业二氧化硫排放效率，进而改善区域生态环境质量。

表 6 - 17   产业承接地绿色协同发展对生态环境改善效应的空间计量回归

变量	时间固定	个体固定	双固定
lnD	- 0. 0224 * (- 1. 84)	- 0. 0111 (- 0. 83)	- 0. 0075 (- 0. 59)
lnINV	- 0. 0025 * (- 1. 90)	- 0. 0035 *** (- 2. 69)	- 0. 0018 (- 1. 22)
lnGOV	0. 0085 *** (3. 47)	0. 0041 (1. 27)	0. 0118 *** (3. 51)
RD	0. 0012 * (1. 83)	0. 0029 *** (4. 55)	0. 0027 *** (4. 13)
lnHUMS	- 0. 0040 *** (- 3. 16)	- 0. 0102 *** (- 4. 03)	- 0. 0091 *** (- 3. 65)
FDI	- 0. 0003 (- 0. 79)	0. 0007 * (1. 83)	0. 0002 (0. 51)
ER	0. 0103 *** (2. 70)	0. 0012 (0. 45)	0. 0024 (0. 96)

续表

变量	时间固定	个体固定	双固定
$W \times \ln D$	0.0474 (1.32)	0.0057 (0.23)	0.0294 (1.01)
$W \times \ln INV$	−0.0037 (−1.35)	0.0020 (0.97)	0.0055** (1.97)
$W \times \ln GOV$	−0.0114** (−2.06)	−0.0216*** (−4.02)	0.0061 (0.81)
$W \times RD$	0.0010 (0.66)	−0.0040*** (−3.08)	−0.0022 (−1.32)
$W \times \ln HUMS$	−0.0089*** (−2.98)	0.0084 (1.50)	0.0053 (0.81)
$W \times FDI$	−0.0002 (−0.13)	0.0042*** (4.39)	0.0019* (1.87)
$W \times ER$	0.0370*** (3.91)	0.0052 (0.92)	0.0019 (0.28)
Spatial rho	−0.1938 (−1.59)	0.2837*** (2.98)	−0.1071 (−0.87)
Sigma2_e	0.0000*** (9.12)	0.0000*** (9.14)	0.0000*** (9.21)
Within − R^2	0.2901	0.6836	0.0072
Log − likelihood	683.6614	756.5942	774.0405

注：***、**、*分别表示在1%、5%、10%水平上显著，括号内为z统计量。

依据理论基础部分的相关内容，需要对个体固定效应空间杜宾模型进行偏微分效应分解，计算直接效应和间接效应（见表6－18）。前者反映产业承接地绿色协同发展对本地区工业二氧化硫排放的直接作用；后者反映影响工业二氧化硫排放的变量是否存在空间溢出效应。

表6－18　　　　　　　　空间效应分解

变量	直接效应	间接效应	总效应
lnD	−0.0103 (0.0135)	0.0025 (0.0322)	−0.0078 (0.0336)

变量	直接效应	间接效应	总效应
lnINV	-0.0035 *** (0.0013)	0.0016 (0.0027)	-0.0019 (0.0030)
lnGOV	0.0029 (0.0031)	-0.0269 *** (0.0071)	-0.0240 *** (0.0081)
RD	0.0026 *** (0.0007)	-0.0043 ** (0.0018)	-0.0017 (0.0021)
lnHUMS	-0.0097 *** (0.0026)	0.0078 (0.0083)	-0.0019 (0.0099)
FDI	0.0010 *** (0.0004)	0.0057 *** (0.0012)	0.0067 *** (0.0014)
ER	0.0016 (0.0027)	0.0075 (0.0076)	0.0091 (0.0085)

注：*** 、** 、* 分别表示在1%、5%、10%水平上显著，括号内为统计标准误。

核心解释变量上，产业承接地绿色协同发展对工业二氧化硫排放的直接效应为负，间接效应为正，但均未能通过显著性检验，表明本地区产业承接地绿色协同发展与工业二氧化硫排放具有一定负相关关系，产业承接地绿色协同发展程度越高，工业二氧化硫排放越低，排放效率越高，生态环境改善就越明显。但是由于当前产业承接地绿色协同发展方面可能还存在不到位的地方，因此这种促进生态环境改善的作用并不明显。而各省份之间的交流或多或少带来一些工业二氧化硫排放水平的上升，容易造成一定的区域污染现象，不利于区域间生态环境改善，这也说明了当前中西部产业承接地绿色协同发展尚不具备大规模区域间的流动，针对工业污染排放的程度还不够深入，最好先进行内部的技术革新和生产工序效率的提高。

就控制变量而言，投资水平对中西部工业二氧化硫排放的直接作用为负，即对生态环境改善作用为正，在1%的显著性水平上通过检验，表明对本地区的第二产业固定资产投资有助于设备更新、技术投入，从而降低工业二氧化硫排放，提升区域生态环境质量；间接效应为正，但数值很小且未能通过显著性检验，表明中西部第二产业固定资产投资带来的区域间工业二氧化硫排放不算多,进行区域间投资是可行的选择。政府干预对中西部工业二氧化硫排放的直接作用为正,但未能通过显著性检验,表明本地区的政府干预在一定程度上使得工业二氧化硫排放增加,不利于生态环境改善,可能的原因是产业承接地工业企业生产与政府干预之间存在一定隔阂;间接效应为负,在1%的显著性水平上通过检验,表明政府干预的溢出效应能够降低周边省份工业二氧化硫排放,提升生态环境质量,因此中西部应当理顺当地企业与政府的关系,为周边省份做出"生态样板"的示范作用。创新水平对中西部工业二氧化硫排放的直接作用为正,在1%的显著性水平上通过检验,表明当前中西部产业承接地创新投入仍存在投入多、产出少,投入方向没有精准对接产业需求等问题;间接效应为负,在5%的显著性水平上通过检验,表明某一区域的创新投入如果能够有效地转化为减少工业二氧化硫排放的动力,则容易通过区域间技术交流的形式扩散到周边省份,进而提升生态环境质量。人力资本对工业二氧化硫排放的直接作用为负,在1%的显著性水平上通过检验,表明中西部地区对人力资本的充分利用有助于减少工业二氧化硫排放,提升本地区生态环境质量;间接效应为正,但未能通过显著性检验,表明当前中西部地区人力资本的流动性还不够强,人力资本利用基本集中在产业承接地内部。对外开放对中西部工业二氧化硫排放的直接作用和间接效应均为正,且都在1%的显著性水平上通过检验,表明本地区引进大量的外资企业和利用外资可能导致区域内竞争加剧,造成更严重的工业污染,当前中西部地区并不依赖于利用外资进行大规模交流。环境规制对中西部工业二氧化硫排放的直接效应和间接效应均为正,但都未能通过显著性检验,表明本地区环境规制如果对产业承接地企业过于紧逼,可能会适得其反,出现偷排漏排、弄虚作假等情况,不利于生态环境改善,而各区域之间的环境规制可能形成一种"高压"的生产氛围,加上部分地区生产效率还不够高,容易导致区域间工业二氧化硫排放水平上升,不利于生态环境改善。

分别采用地理距离平方倒数矩阵和经济距离权重矩阵进行替换空间权重矩阵进行稳健性检验。经过前文相应的检验识别等流程同样确定为个体固定效应的空间杜宾模型，具体空间效应分解结果见表6–19。变量回归系数的值确实存在一定的差异，但变量系数的符号和显著性保持高度一致，表明通过空间权重矩阵稳健性检验结果可以确保分析具有较高的可信度。

表6–19   稳健性检验结果

变量	地理距离平方倒数矩阵			经济距离权重矩阵		
	直接效应	间接效应	总效应	直接效应	间接效应	总效应
lnD	0.0039 (0.0131)	− 0.0244 (0.0422)	− 0.0205 (0.0431)	− 0.0069 (0.0151)	− 0.0365 (0.0306)	− 0.0434 (0.0364)
lnINV	− 0.0030 ** (0.0013)	− 0.0008 (0.0027)	− 0.0039 (0.0027)	− 0.0040 *** (0.0013)	− 0.0017 (0.0023)	− 0.0057 ** (0.0023)
lnGOV	0.0060 * (0.0031)	− 0.0365 *** (0.0097)	− 0.0305 *** (0.0103)	0.0073 ** (0.0032)	− 0.0168 ** (0.0073)	− 0.0095 (0.0081)
RD	0.0031 *** (0.0006)	− 0.0018 (0.0022)	0.0013 (0.0024)	0.0034 *** (0.0007)	− 0.0027 * (0.0016)	0.0007 (0.0019)
lnHUMS	− 0.0094 *** (0.0023)	0.0055 (0.0106)	− 0.0039 (0.0111)	− 0.0116 *** (0.0025)	− 0.0029 (0.0078)	− 0.0145 * (0.0087)
FDI	0.0005 (0.0004)	0.0083 *** (0.0017)	0.0088 *** (0.0018)	0.0008 * (0.0004)	0.0028 ** (0.0013)	0.0036 ** (0.0015)
ER	0.0025 (0.0026)	0.0083 (0.0074)	0.0108 (0.0071)	0.0055 ** (0.0028)	0.0083 (0.0070)	0.0138 * (0.0077)

注：***、**、*分别表示在1%、5%、10%水平上显著，括号内为统计标准误。

6. 产业承接地绿色协同发展影响生态环境改善的门槛效应

根据前面的分析结果，可以得知中西部产业承接地绿色协同发展对生态环境改善确实有促进作用，但这一关系应该是非线性的，理由如下：首先，产业承接地绿色协同发展对生态环境改善的作用过程本身是一个复杂的系统，作用传导机制可能受到多方面因素的制约；其次，研究产业承接地协同发展对生态环境改善的门限值有助于我们认识当前中西部各省份的发展状况以及各省份的差异。

依据前文理论公式和理论基础，设定面板门槛回归模型为：

$$ENV_{it} = \beta_0 + \beta_1 lnD_{it} I(q_{it} \leq \theta) + \beta_2 lnD_{it} I(q_{it} > \theta) + \beta_n Control + \varepsilon_{it}$$

其中，ENV 为被解释变量工业二氧化硫排放；Control 为控制变量，包括投资水平（INV）、政府干预（GOV）、创新水平（RD）、人力资本（HUMS）、对外开放（FDI）、环境规制（ER）；门槛变量 q 为协同度（lnD）。

以协同度（lnD）作为门槛变量依次进行检验，结果如表 6 - 20 所示。结果显示，自助抽样 500 次得出单一门槛值为 4.0930，在 1% 的显著性水平上通过检验，双重门槛和三重门槛均未能通过显著性检验。结果说明以 lnD 为门槛变量拒绝线性关系的假设，存在单一门槛，产业承接地绿色协同发展和生态环境改善之间确实存在一种非线性关系。

表 6 - 20　　　　　　　　　　门槛效应检验

模型检验	门槛估计值	F 值	P 值	BS 次数	临界值			95% 置信区间
					10%	5%	1%	
单一门槛	4.0930	39.31	0.002	500	22.2695	26.7656	33.2326	[4.0924，4.0954]
双重门槛	4.0447	21.11	0.580	500	17.9942	21.9961	28.5215	[4.0425，4.0450]
三重门槛	4.1126	17.31	0.673	500	92.5959	46.3305	60.1594	[4.1114，4.1141]

接着建立单一门槛模型进行实证检验，得出的门槛效应回归结果如表 6 - 21 所示。为更好地理解门槛值估计并对置信区间真实性进行

表 6 - 21　　　　　　　　　　门槛效应回归结果

门槛变量	估计系数	T 统计量	P 值
lnD ≤ 4.0930	- 0.0673 ***	- 4.83	0.000
lnD > 4.0930	- 0.0689 ***	- 4.97	0.000
F 值	20.98		
R²	0.6841		

注：***、**、* 分别表示在 1%、5%、10% 水平上显著。

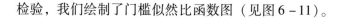
检验，我们绘制了门槛似然比函数图（见图 6 – 11）。

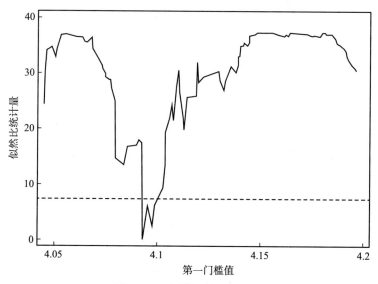

图 6 – 11　门槛似然比函数图

由门槛效应回归结果可以看出 R^2 为 0.6841，拟合效果较好。将协同度的单一门槛值 4.0930 转化为自然数可得协同度为 59.919。当协同度小于或等于 59.919 时，影响系数为 – 0.0673，在 1% 的显著性水平上通过检验，说明此时协同度对工业二氧化硫排放起到一定抑制作用；当协同度大于 59.919 时，影响系数为 – 0.0689，在 1% 的显著性水平上通过检验，说明此时协同度对工业二氧化硫排放起到抑制作用，且比协同度较低时的抑制效果更大，此时产业承接地绿色协同发展才能真正发挥出生态环境改善的作用。此外，在中西部所有省份中，协同度常年未达到门槛值的省份主要来自西部地区，如贵州、云南、甘肃、青海、宁夏等，表明当前中西部产业承接地在发展过程中需要不断提升绿色发展协同度，形成更高级的企业—园区协同集聚发展现状，提供更先进的生产工艺技术，提升生产效率，减少工业二氧化硫排放，进而在一定程度上提升生态环境质量。

第四节　产业承接地企业—园区绿色协同发展的结构升级效应

本节将继续沿用空间计量方法，探究产业承接地绿色协同发展的产业结构升级效应。具体思路与上一节相似。

一、作用机理

为了更好地理解产业承接地绿色协同发展带来的产业结构升级效应，绘制出相应的作用机理图，如图 6 - 12 所示。产业结构升级是由低附加值产业升级为高附加值产业的过程，本质上是要素报酬的不断提升。在微观层面上体现为企业技术升级与产品转型、管理模式升级等；在宏观层面上体现为产业发展模式的重大变化、低级要素向高级要素的转变。从内部角度看，当产业承接地市场需求增大时，随着产生专业化的生产者，提升产业生产效率，不断强化规模效应，此时聚集的人力资本、投资资本等要素进一步促进产业结构升级；但是，如果产业承接地一直保持低水平和初级要素产品的生产，并且不在生产工序上投入，很有可能会形成产业结构固化，靠资源吃资源，对产业结构升级起到抑制作用。从外部角度看，产业承接地形成的产业一般存在价值链的表现，也即产业承接地可能存在上中下游产业合作分工，如果某地区产业承接地产业分工合理，生产产品具有竞争力，那么很可能促进产业结构升级，同时带动周边地区的产业升级。当然，产业结构升级还与创新密切相关，产业之间的知识相互交流形成产业创新的基础，同时知识具有外溢性，又容易形成周边产业承接地的紧密合作，不断吸引外部创新要素的流入，逐渐提高企业创新能力，形成整个行业结构的升级。但是，如果产业承接地不重视区域间的技术、资金、人才交流，很有可能会与整个产业链脱节，生产的产品也不具备竞争力，最主要的是，这样的发展模式很有可能会形成"困境"，即产业投入较高的成本但产业模式较为单调，不能很好地适应政策的要求，或者产业结构升级的成本较高，一旦进行产业结构升级，很可能出现大量工人失业、吸纳投资减少等一系列问题。此时，产业承接地绿色协同发展根本不可能形成，即使达到程度也不够深，对产业结构升级的影响可能是抑制性的。

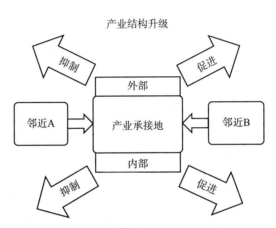

图6-12　产业承接地绿色协同发展的产业结构升级效应作用机理

二、理论模型

由于理论模型部分已经对空间效应定义、空间权重矩阵、空间自相关、空间计量模型、面板门槛回归等相关概念做出了详细的解释，而且无论是内容上还是符号设定上都具备一定的普适性，因此本节针对产业承接地企业—园区绿色协同发展的产业结构升级效应研究的理论模型部分完全与理论模型部分内容一致，故而不再赘述。

三、实证分析

（一）模型构建与变量选取

1. 模型构建

依据研究目的，构建产业承接地绿色协同发展对产业结构升级的

相关空间计量模型:

（1）空间滞后模型。

$$IND_{it} = \rho W \cdot IND_{jt} + \alpha l_n + \beta_1 lnD_{it} + \beta_2 lnINV_{it} + \beta_3 lnGOV_{it} + \beta_4 RD_{it} + \beta_5 lnHUM_{it} + \beta_6 FDI_{it} + \beta_7 lnTRAF_{it} + \varepsilon_{it}$$

（2）空间误差模型。

$$IND_{it} = \alpha l_n + \beta_1 lnD_{it} + \beta_2 lnINV_{it} + \beta_3 lnGOV_{it} + \beta_4 RD_{it} + \beta_5 lnHUM_{it} + \beta_6 FDI_{it} + \beta_7 lnTRAF_{it} + \lambda Wu_{jt} + \varepsilon_{jt}$$

（3）空间杜宾模型。

$$IND_{it} = \rho W \cdot IND_{jt} + \alpha l_n + \beta_1 lnD_{it} + \beta_2 lnINV_{it} + \beta_3 lnGOV_{it} + \beta_4 RD_{it} + \beta_5 lnHUM_{it} + \beta_6 FDI_{it} + \beta_7 lnTRAF_{it} + \theta_1 WlnD_{it} + \theta_2 WlnINV_{it} + \theta_3 WlnGOV_{it} + \theta_4 WRD_{it} + \theta_5 WlnHUM_{it} + \theta_6 WFDI_{it} + \theta_7 WlnTRAF_{it} + \varepsilon_{it}$$

其中，$W \cdot IND_{jt}$ 为包含被解释变量的空间滞后项，Wu_{jt} 为空间单元干扰，ρ 为空间自回归系数，λ 为空间自相关系数，W 为空间权重矩阵，αl_n 为空间单位向量。

2. 变量选取

本节主要研究产业承接地绿色协同发展对产业结构升级的效应，因此以产业结构升级（IND）作为被解释变量，以产业承接地绿色协同发展指数（D）作为核心解释变量，同时考虑到生态环境改善受到多方面因素影响，选取投资、政府、创新、人力、开放、基础设施等多个角度，并在已有文献基础上，加入多个控制变量（Control）。

（1）被解释变量。

产业结构升级（IND）。当前针对产业结构升级指标的构建有多种形式，常见的有以第三产业产值比上第一产业产值与第二产业产值之和的形式（许家云和张巍，2020）[①]，工业和建筑业增加值占 GDP 比重

---

① 许家云，张巍. 房价、要素市场扭曲与工业结构升级［J］. 财贸研究，2020，31（11）：10 – 26.

的形式（范庆泉等，2020）①，还有以第三产业增加值比第二产业增加值的形式（郑晓舟等，2021）②，但是这些形式的指标都不能通过莫兰检验，因此并不适用于空间方面的运用。使用较为广泛的还有产业结构高级化（或称产业结构层次系数），主要是以 $IS = 1 \times W1 + 2 \times W2 + 3 \times W3$（其中 W 为三次产业占 GDP 比重）形式衡量（陈晓东和杨晓霞，2021）③，但是此方法权重的主观性较强。于是有学者提出使用工业内部结构升级指数的形式（王树强和韩秀梅，2021）④，即从多个方面构建指标体系，人为或者使用熵值法等进行权重确定，但此方法可能存在数据收集较难的问题。鉴于产业结构升级应当是低附加值到高附加值的过程，产业结构理论上应当是制造业支付中间服务业的比重，因此借鉴柯善咨和赵曜（2014）⑤ 的做法，采用生产性服务业⑥与制造业的相对就业规模作为产业结构升级的代理变量。

（2）核心解释变量。

产业承接地绿色协同发展指数（D）。该变量选取自第五章产业承接地企业—园区绿色协同发展评价测算的结果。

（3）控制变量。

①投资水平（INV）。选取人均第二产业固定资产投资额作为投资水平的代理变量。宋雯彦和韩卫辉（2021）⑦ 用各地区固定资产投资减

① 范庆泉，储成君，刘净然，张铭毅．环境规制、产业升级与雾霾治理［J］．经济学报，2020，7（4）：189 – 213.

② 郑晓舟，郭晗，卢山冰．环境规制协同、技术创新与城市群产业结构升级——基于中国十大城市群的实证分析［J］．广东财经大学学报，2021，36（3）：46 – 60.

③ 陈晓东，杨晓霞．数字经济发展对产业结构升级的影响——基于灰关联熵与耗散结构理论的研究［J］．改革，2021：26 – 39.

④ 王树强，韩秀梅．环境规制对产业转型升级的影响研究——以京津冀及周边地区为例［J］．科技促进发展，2021，17（5）：951 – 962.

⑤ 柯善咨，赵曜．产业结构、城市规模与中国城市生产率［J］．经济研究，2014，49（4）：76 – 88 + 115.

⑥ 包括交通运输、仓储和邮政业，金融业，水利、环境和公共设施管理业，科学研究、技术服务与地质勘查业，租赁和商务服务业，信息传输、计算机服务和软件业，批发与零售业。

⑦ 宋雯彦，韩卫辉．环境规制、对外直接投资和产业结构升级——兼论异质性环境规制的门槛效应［J］．当代经济科学，2021，43（2）：109 – 122.

去实际利用外资金额来衡量国内投资水平。贾仓仓和陈绍友（2018）[①]取全社会固定资产投资的自然对数衡量固定资产投资水平。

②政府干预（GOV）。选取地方一般政府财政预算支出占实际 GDP 的比重作为政府干预的代理变量。周国富等（2020）[②] 用各省份财政支出占比衡量政府干预程度。梁丰和程均丽（2018）[③] 用财政支出占比衡量政府对经济的干预规模。

③创新水平（RD）。选取规模以上工业企业 R&D 经费内部支出占工业增加值的比重作为创新水平的代理变量。王钊和王良虎（2019）[④]将经费内部投入占 GDP 比重作为 R&D 投入的衡量标准，研究 R&D 投入与产业结构升级之间的关系。邓晓兰和孙长鹏（2019）[⑤] 使用规模以上工业企业 R&D 人员全时当量作为企业创新的代理变量，研究企业创新与产业升级的作用机制。

④人力资本（HUM）。选取每万人高校在校大学生数量作为人力资本的代理变量。骆莙函（2021）[⑥] 以地级市高校数量来衡量人力资本累积，作为人力资本结构对服务业结构升级的控制变量。白婧和冯晓阳（2020）[⑦] 用平均受教育年限来表示人力资本，探究产业结构高级化发展。符建华和张世颖（2019）[⑧] 用从业者平均受教育年限衡量地区人力

① 贾仓仓，陈绍友. 新常态下技术创新对产业结构转型升级的影响——基于 2011～2015 年省际面板数据的实证检验 [J]. 科技管理研究，2018，38（15）：26–31.

② 周国富，柴宏蕊，方云龙. 金融发展、技术进步与产业结构升级 [J]. 云南财经大学学报，2020，36（10）：76–87.

③ 梁丰，程均丽. 地方政府行为、金融发展与产业结构升级——基于省际动态面板数据的实证分析 [J]. 华东经济管理，2018，32（11）：68–75.

④ 王钊，王良虎. R&D 投入、产业结构升级与碳排放关系研究 [J]. 工业技术经济，2019，38（5）：62–70.

⑤ 邓晓兰，孙长鹏. 企业创新、产业升级与政府引导基金的作用机制 [J]. 山西财经大学学报，2019，41（5）：54–67.

⑥ 骆莙函. 人力资本结构高级化对服务业结构升级的影响研究——基于中国城市面板数据 [J]. 广东财经大学学报，2021，36（2）：39–53.

⑦ 白婧，冯晓阳. 人力资本对产业结构高级化发展的实证检验 [J]. 统计与决策，2020，36（4）：67–71.

⑧ 符建华，张世颖. 人力资本、市场化对产业结构升级影响的实证分析 [J]. 统计与决策，2019，35（21）：105–107.

资本水平。

⑤对外开放（FDI）。选取各省份当年实际利用外资额占 GDP 的比重作为对外开放的代理变量。殷功利（2018）[①] 使用进出口总额、外国直接投资（FDI）额、对外直接投资额三者之和占 GDP 比重作为对外开放度，研究对产业结构升级的影响。李晓英（2018）[②] 采用各省份实际利用外资额来表示对外开放水平，研究 FDI 与产业结构优化的关系。

⑥基础设施（TRAF）。选取各省份公路网密度作为基础设施的代理变量。杨孟禹和张可云（2015）[③] 采用人均道路面积来衡量交通基础设施，作为产业结构升级外部效应的控制变量。

（二）数据来源及变量描述

本节实证分析采用的样本为中西部共 17 个省份，其中中部地区 6 个省份，西部地区 11 个省份，所用数据均选取自 2011～2020 年各省份统计年鉴，以及历年《中国统计年鉴》《中国科技统计年鉴》《中国交通运输统计年鉴》《中国工业年鉴》。部分缺失指标数据采用线性插值法补齐，GDP、固定资产投资等与价格有关的变量以 2010 年为基期采用平减法进行折算，实际利用外资额使用当年平均汇率进行换算。具体变量描述见表 6 – 22。

表 6 – 22　　　　　　　　各变量描述性统计

变量	平均值	标准差	最小值	最大值	观测数
IND	1. 366	0. 977	0. 388	5. 725	170
lnD	4. 141	0. 0819	3. 986	4. 403	170
lnINV	9. 431	0. 503	8. 048	10. 36	170

① 殷功利. 中国对外开放、要素禀赋结构优化与产业结构升级 [J]. 江西社会科学，2018，38（10）：110 – 114.

② 李晓英. FDI、环境规制与产业结构优化——基于空间计量模型的实证 [J]. 当代经济科学，2018，40（2）：104 – 113 + 128.

③ 杨孟禹，张可云. 城市基础设施建设与产业结构升级的外部效应 [J]. 现代财经（天津财经大学学报），2015，35（3）：3 – 13.

续表

变量	平均值	标准差	最小值	最大值	观测数
lnGOV	3.316	0.340	2.693	4.322	170
RD	2.236	0.954	0.675	5.100	170
lnHUM	5.167	0.263	4.442	5.674	170
FDI	1.519	1.289	0.0109	7.544	170
lnTRAF	3.799	0.398	3.095	4.926	170

（三）实证分析与结果

1. 产业结构升级的空间分布格局

2010～2019 年中西部地区产业结构升级整体呈固定分布状态，中部地区产业结构升级程度不如西部地区，虽然中部地区从事制造业的人数远远大于西部地区，但西部地区从事生产性服务业的人数远大于西部地区从事制造业的人数，加之中部地区进行产业结构升级的成本更大，导致中部地区仍以制造业为主，产业结构升级进展缓慢。随着时间的推移，新疆、青海、内蒙古、云南、贵州等西部省份产业结构升级程度均保持着较高水平，而中部地区省份则保持着较低水平。

2. 全局空间自相关检验

对中西部地区产业结构升级进行全局空间自相关检验，结果如表 6－23 所示。

表 6－23　　　　2010～2019 年产业结构升级的全局莫兰指数

年份	产业结构升级 IND			
	Moran's I	sd（I）	z	P 值
2010	0.146	0.096	2.161	0.031
2011	0.166	0.092	2.478	0.013
2012	0.202	0.097	2.742	0.006

续表

年份	产业结构升级 IND			
	Moran's I	sd（I）	z	P 值
2013	0.150	0.090	2.376	0.017
2014	0.147	0.089	2.354	0.019
2015	0.151	0.088	2.414	0.016
2016	0.144	0.085	2.433	0.015
2017	0.218	0.106	2.630	0.009
2018	0.207	0.118	2.283	0.022
2019	0.215	0.119	2.328	0.020

注：以上 Moran's I 是双尾检验（2 – tail test）。

从检验结果可以看出，2010～2019 年中西部地区产业结构升级的莫兰指数在 0.146～0.218 之间，在 1% 和 5% 的显著性水平上通过检验，说明中西部地区产业结构升级存在明显的空间正相关，反映出显著的空间依赖性。此外，从时间变化来看（见图 6 – 13），产业结构升级的莫兰指数整体保持较为稳定的状态，最近几年有所上升。

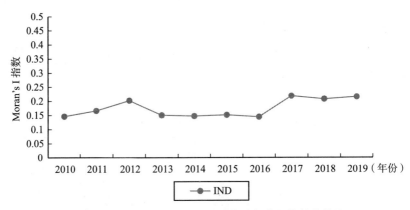

图 6 – 13　2010～2019 年产业结构升级莫兰指数趋势图

3. 局部空间自相关检验

为进一步探究中西部地区产业结构升级的局部空间特征，我们使用 Stata 16 软件绘制出了 2010 年、2015 年和 2019 年的莫兰散点图，见图 6-14。可以看出，产业结构升级处于"高高"类型的省份以西部地区为主，且省份数量不多，对应着产业结构升级效果较好；处于"低低"类型的省份以中部地区为主，对应着产业结构升级效果较差。其中，常年保持"高高"类型的省份主要集中在西部，常年保持"低低"类型的省份主要在中部。"低高"类型的省份主要有四川、广西，说明两省份被周围产业结构升级效果较好的省份包围，"高低"类型的省份有内蒙古、贵州，说明两省份常年被产业结构升级效果较差的省份包围。变化较为明显的省份主要有：云南由 2010 年的"高高"类型变为 2015 年和 2019 年的"高低"类型；内蒙古由 2010 年的"高低"类型变为 2015 年和 2019 年的"高高"类型，说明内蒙古在产业结构升级方面提升较快。

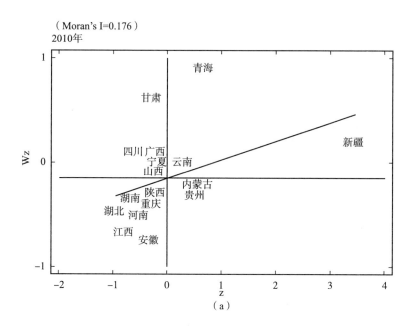

（a）

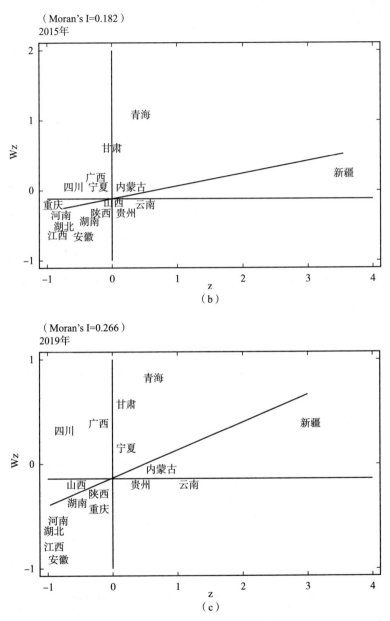

图 6-14 2010 年、2015 年和 2019 年中西部地区产业结构升级局部莫兰散点图

4. 空间计量模型检验与识别

进行空间自相关检验后，可以得知中西部地区产业结构升级确实存在一定的空间依赖性，因此需要进行空间计量模型的实证求验，但由于空间计量模型不同于一般的计量模型，还需要对空间计量模型进行一定的事前检验、事后检验与模型识别，以便更准确地使用空间计量模型。具体检验使用 Stata 16 软件完成，结果见表 6 – 24。

表 6 – 24　　　　　　　　拉格朗日乘子法检验结果

检验	统计量	P 值
莫兰指数检验	13.409	0.000
空间误差模型：		
拉格朗日乘子法	46.910	0.000
稳健拉格朗日乘子法	21.746	0.000
空间滞后模型：		
拉格朗日乘子法	29.857	0.099
稳健拉格朗日乘子法	4.693	0.001

从检验结果可以看出，莫兰统计量为 13.409，在 1% 显著性水平上通过检验，说明残差存在显著的空间相关性，则考虑中西部产业承接地绿色协同发展对产业结构升级的效应时应当考虑空间因素。从检验结果还可以看出，LM – lag 和 Robust LM – lag 统计量分别为 29.857 和 4.693，且分别在 10% 和 1% 显著性水平上通过检验；LM – error 和 Robust LM – error 统计量分别为 46.910 和 21.746，且均通过了 1% 显著性水平上的检验。LM 检验和 Robust LM 检验均通过显著性检验，因此初步认定选用空间杜宾模型（SDM）进行分析。

接着进行豪斯曼检验，并且还要判断 SDM 是否能退化为 SAR 和 SEM，此时需要进行瓦尔德检验以及似然比（LR）检验，具体检验结果见表 6 – 25。可以看出，豪斯曼统计量为 27.74，P 值为 0.0233 <

0.05，通过 5% 的显著性检验，因此拒绝原假设，选择固定效应模型。瓦尔德检验统计量、SAR 和 SEM 的 LR 检验统计量均通过 1% 的显著性检验，因此拒绝原假设，说明 SDM 不能退化为 SAR 和 SEM。

表 6 – 25　　　　豪斯曼检验、似然比检验和瓦尔德检验

	统计量	P 值
豪斯曼检验	27. 74	0. 0233
似然比 – SAR	41. 73	0. 0000
似然比 – SEM	49. 48	0. 0000
瓦尔德检验	57. 13	0. 0000

5. 空间计量模型实证分析

在确定使用固定效应模型以后，选取 SDM 的时间固定效应、个体固定效应和双固定效应进行估计，并对结果进行分析。从表 6 – 26 可以看出，三种模型中，对数似然函数值分别为 43. 3982、43. 9698 和 73. 1181，选择双固定效应空间杜宾模型进行后续分析。此外，空间溢出效应系数为 – 0. 4799，在 1% 的显著性水平上通过检验，表明中西部地区产业结构升级存在显著负相关，当前中西部产业结构升级的外溢效应是负向的，一旦扩散到周边省份可能延缓其他省份产业结构升级的进程。这恰恰印证了中西部产业结构升级仍发生在本地区内部，各地区产业结构升级具备本区域独特的属性，不可将适合本区域实际情况的经验强加于其他区域。绿色协同发展指数在双固定效应模型下系数为正，在 1% 的显著性水平上通过检验，表明当前中西部产业承接地绿色协同发展不适配于产业结构升级，具备一定的抑制作用。

表 6 – 26　　　　产业承接地绿色协同发展对产业结构升级效应的
空间计量回归

变量	时间固定	个体固定	双固定
lnD	– 3. 3740 *** （ – 3. 46）	– 3. 3128 *** （ – 3. 76）	– 4. 5947 *** （ – 6. 16）

续表

变量	时间固定	个体固定	双固定
lnINV	0. 2944 ** (2. 48)	0. 0066 (0. 08)	0. 3627 *** (4. 20)
lnGOV	− 0. 7562 *** (− 2. 83)	− 0. 2556 (− 1. 19)	− 0. 0710 (− 0. 35)
RD	− 0. 3477 *** (− 5. 53)	− 0. 0107 (− 0. 24)	− 0. 1598 *** (− 3. 61)
lnHUM	− 0. 3286 (− 1. 37)	0. 5654 ** (2. 46)	0. 4932 ** (2. 49)
FDI	− 0. 0152 (− 0. 36)	0. 0360 (1. 40)	0. 0061 (0. 27)
lnTRAF	0. 5246 *** (2. 79)	0. 5791 (1. 54)	0. 4072 (1. 16)
W × lnD	5. 0408 * (1. 65)	− 1. 3869 (− 0. 81)	− 8. 6951 *** (− 4. 87)
W × lnINV	1. 1425 *** (4. 26)	− 0. 1853 (− 1. 55)	0. 9179 *** (5. 21)
W × lnGOV	1. 6858 ** (2. 11)	0. 1492 (0. 40)	0. 4441 (0. 99)
W × RD	− 0. 5084 *** (− 3. 28)	− 0. 0526 (− 0. 59)	− 0. 4838 *** (− 4. 92)
W × lnHUM	− 1. 7963 *** (− 3. 16)	1. 2358 *** (3. 09)	0. 3935 (1. 01)
W × FDI	− 0. 2417 ** (− 2. 04)	− 0. 0838 (− 1. 23)	− 0. 1045 * (− 1. 71)
W × lnTRAF	0. 2305 (0. 43)	1. 7107 ** (2. 14)	− 0. 0648 (− 0. 06)
Spatial rho	− 0. 6701 *** (− 5. 29)	− 0. 0313 (− 0. 27)	− 0. 4799 *** (− 3. 92)
sigma2_e	0. 1902 *** (9. 19)	0. 0349 *** (9. 22)	0. 0235 *** (8. 97)
Within − R^2	0. 0306	0. 4805	0. 5151
Log − likelihood	43. 3982	43. 9698	73. 1181

注：***、**、*分别表示在1%、5%、10%水平上显著，括号内为 z 统计量。

计算双固定效应空间杜宾模型的直接效应和间接效应（见表6–27），前者反映绿色协同发展对本地区产业结构升级的直接作用，后者反映影响产业结构升级的变量是否存在空间溢出效应。

表6–27   空间效应分解

变量	直接效应	间接效应	总效应
lnD	– 3. 8671 *** （0. 8613）	– 5. 1038 *** （1. 4164）	– 8. 9709 *** （1. 1768）
lnINV	0. 2776 *** （0. 0852）	0. 5932 *** （0. 1327）	0. 8707 *** （0. 1406）
lnGOV	– 0. 1061 （0. 1986）	0. 3919 （0. 3314）	0. 2858 （0. 3524）
RD	– 0. 1155 *** （0. 0431）	– 0. 3210 *** （0. 0747）	– 0. 4365 *** （0. 0805）
lnHUM	0. 4785 ** （0. 2163）	0. 1354 （0. 3373）	0. 6140 ** （0. 2781）
FDI	0. 0184 （0. 0217）	– 0. 0866 * （0. 0497）	– 0. 0683 （0. 0511）
lnTRAF	0. 4465 （0. 3653）	– 0. 1945 （0. 8865）	0. 2520 （0. 9151）

注：*** 、** 、* 分别表示在1%、5%、10%水平上显著，括号内为统计标准误。

核心解释变量上，产业承接地绿色协同发展对产业结构升级的直接效应和间接效应均为负，且在1%的显著性水平上通过检验，表明本地区产业承接地绿色协同发展与产业结构升级具有一定负相关关系，当前中西部产业承接地绿色协同发展不利于本地区产业结构升级。原因可能在于当前中西部产业承接地承接的产业大部分仍属于传统型的低附加值和低生产要素类型，绿色协同发展程度还远达不到产业结构升级的要求，或者发展的方向更注重于产业本身而不适配于产业结构升级，各区域之间针对产业结构升级的交流不多，大多数情况下某一地区的产业发展仍将关注点放在本区域，产业承接地绿色协同发展对周边省份产业结构升级起不到很好的促进作用。这意味着，中西部产业承接地应当从两个方面入手解决这一问题：其一，落实产业承接地绿色协同发展，提升协同发展水平，这样才能对产业结构升级起到基础性作用；其二，从产业结构升级入手，既要找准本地区承接产业的类型结构是否适配于原有产业（链），也可以在适当情况下关注重点产业发展，形成有优势、有实力的产业集群，不一定要进行产业结构升级。总之，中西部产业承接地在面对产业结构升级问题时，不应该一味地追求产业结构升级，应当找准、找好产业承接，并尽最大努力形成产业优势。

就控制变量而言，投资水平对中西部产业结构升级的直接效应和间接效应均为正，在1%的显著性水平上通过检验，表明针对第二产业的固定资产投资在一定程度上能够转化为本地区产业结构升级的动力，区域间固定资产的投资有助于产业结构升级效应进一步扩散。政府干预对中西部产业结构升级的直接效应为负，但未能通过显著性检验，表明本地区政府干预对产业结构升级还未完全形成抑制作用，政府应当协调承接地企业的发展；间接效应为正，但未能通过显著性检验，表明区域间一省份的政府大力干预，有助于让周边省份效仿和警示，倒逼产业结构升级。创新水平对中西部产业结构升级的直接作用和间接作用均为负，且在1%的显著性水平上通过检验，表明当前本地区工业方面的产业创新投入并不能有效转化为产业结构升级的动力，区域间技术的交流可能存在一定的"壁垒"效应。人力资本对中西部产业结构升级的直接效应和间接效应均为正，前者在5%的显著性水平上通过检验，后者未能通过显著性检验，表明当前本地区的人力资本能够有效促进产业结构升级，大量高校人才可以补充产业结构升级的缺口需要，但地区之间的人力资本交流未能形成规模性的局面，因而其对周边省份的产业结构升级具有一定的促进作用，但是效果不显著。对外开放对中西部产业结构升级的直接效应为正，但未能通过显著性检验，表明本地区外资企业和利用外资在一定程度上有助于产业结构升级，这可能与外资企业本身具备一定服务性产业的性质有关；间接效应为负，在10%的显著性水平上通过检验，表明区域间外商投资利用不充分，资金利用存在不到位的问题。基础设施对中西部产业结构升级的直接效应为正，但未能通过显著性检验，表明当前中西部基础设施对产业结构升级可以起到一定促进作用；间接效应为负，未能通过显著性检验，表明各区域之间仍存在一定的交通不便的情况，不利于相关资源自由输送，对产业结构升级起不到很好的促进作用。

通过替换空间权重矩阵进行稳健性检验。经过前文相应的检验识别等流程同样确定为双固定效应的空间杜宾模型，具体空间效应分解结果见表6-28。可以看出相比于使用邻接权重矩阵，变量回归系数的值确实存在一定的差异，但变量系数的符号和显著性保持高度一致，表明通过空间权重矩阵稳健性检验结果可以确保分析具有较高的可信度。

表 6 - 28 稳健性检验结果

变量	地理距离平方倒数矩阵			经济距离权重矩阵		
	直接效应	间接效应	总效应	直接效应	间接效应	总效应
lnD	- 4.0328 *** (0.8695)	- 6.0432 (3.7202)	- 10.0760 *** (3.8219)	- 4.1027 *** (0.8992)	- 4.9144 * (2.5310)	- 9.0171 *** (3.0199)
lnINV	0.2748 *** (0.1027)	0.5029 (0.3414)	0.7776 ** (0.3796)	0.1145 (0.0753)	0.5740 *** (0.2043)	0.6885 ** (0.2230)
lnGOV	- 0.1797 (0.2255)	1.7425 * (0.9589)	1.5628 (1.0157)	0.0145 (0.2040)	1.3723 ** (0.6122)	1.3868 * (0.7118)
RD	- 0.0765 (0.0495)	- 0.5164 ** (0.2223)	- 0.5928 ** (0.2468)	- 0.0666 * (0.0371)	- 0.3950 *** (0.0902)	- 0.4616 *** (0.1041)
lnHUM	0.3674 (0.2284)	1.9570 * (1.0839)	2.3245 ** (1.0807)	0.4638 * (0.2403)	0.8188 (0.5260)	1.2826 * (0.6575)
FDI	0.0352 (0.0249)	- 0.1210 (0.1209)	- 0.0858 (0.1264)	0.0453 ** (0.0229)	0.2158 *** (0.0801)	0.2611 *** (0.0908)
lnTRAF	- 0.1519 (0.4161)	- 0.5237 (2.1765)	- 0.6756 (2.3834)	- 0.1752 (0.4779)	- 0.5214 (1.5557)	- 0.6966 (1.9103)

注：***、**、*分别表示在1%、5%、10%水平上显著，括号内为统计标准误。

6. 产业承接地绿色协同发展影响产业结构升级的门槛效应

根据前面的分析结果可以得知，中西部产业承接地绿色协同发展对产业结构升级确实起一定的抑制作用，但这一关系应该是非线性的，理由如下：首先，产业承接地绿色协同发展对产业结构升级的作用过程本身是一个复杂的系统，作用传导机制可能受到多方面因素的制约；其次，规模以上工业企业发展对产业结构升级具有重要影响，因此当某地区规模以上工业企业数量达到一定程度时，可能产生正向的促进产业结构升级的作用，也可能产生一定的抑制产业结构升级的作用；最后，研究产业承接地协同发展对产业结构升级的门限值有助于我们认识当前中西部各省份的发展状况以及各省份的差异。

依据前文理论公式和理论基础，设定面板门槛回归模型为：

$$IND_{it} = \beta_0 + \beta_1 \ln D_{it} I(q_{it} \leq \theta) + \beta_2 \ln D_{it} I(q_{it} > \theta) + \beta_n Control + \varepsilon_{it}$$

其中，IND 为被解释变量产业结构升级；Control 为控制变量，包括投资水平（INV）、政府干预（GOV）、创新水平（RD）、对外开放（FDI）、基础设施（TRAF）；门槛变量 q 为第二产业从业人员数（HUMS）[①]。

以第二产业从业人数（HUMS）作为门槛变量依次进行检验，结果如表 6 – 29 所示。自助抽样 500 次得出单一门槛值为 5.0608，在 1% 的显著性水平上通过检验，双重门槛和三重门槛均未能通过显著性检验。结果说明以 lnHUMS 为门槛变量拒绝线性关系的假设，存在单一门槛效应，产业承接地绿色协同发展和产业结构升级之间确实存在一种非线性关系。

接着建立单一门槛模型进行实证检验，得出门槛效应回归结果如表 6 – 30 所示。为更好地理解门槛值估计并对置信区间真实性进行检验，我们绘制出了门槛似然比函数图（见图 6 – 15）。

---

① 第二产业从业人员数（万人），来源于《中国社会统计年鉴》、各省份统计年鉴。

表 6 – 29 门槛效应检验

模型检验	门槛估计值	F 值	P 值	BS 次数	临界值			95% 置信区间
					10%	5%	1%	
单一门槛	5.0608	54.69	0.000	500	21.2563	25.3267	39.8341	[4.8885, 5.1862]
双重门槛	6.3722	15.75	0.170	500	17.3816	22.4611	28.9832	[5.9251, 6.6866]
三重门槛	5.4236	10.92	0.730	500	33.0933	37.8534	46.447	[5.4157, 5.4395]

表 6 – 30 门槛效应回归结果

门槛变量	估计系数	T 统计量	P 值
lnHUMS ≤ 5.0608	−0.7342 ***	−0.78	0.003
lnHUMS > 5.0608	−0.4668 ***	−0.50	0.000
F 值	77.58		
R²	0.3964		

注：*** 、** 、* 分别表示在1%、5%、10%水平上显著。

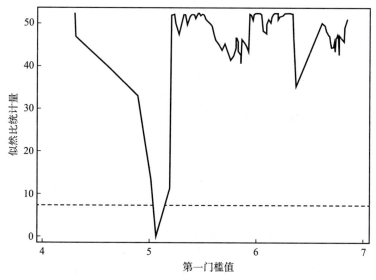

图 6 – 15 门槛似然比函数图

　　由门槛效应回归结果可以看出 R^2 为 0.3964，拟合效果较好。将第二产业从业人数的单一门槛值 5.0608 转化为自然数可得第二产业从业人数为 157.72 万人。当第二产业从业人数小于或等于 157.72 万人时，影响系数为 -0.7342，在 1% 的显著性水平上通过检验，说明此时产业承接地绿色协同发展对产业结构升级起一定抑制作用；当第二产业从业人数大于 157.72 万人时，影响系数为 -0.4668，在 1% 的显著性水平上通过检验，可以看出此时抑制作用有所降低，说明当第二产业从业人数不断增加的同时，中西部产业承接地绿色协同发展对产业结构升级的抑制作用在不断减弱。全部年份均未达到第二产业从业人数门限值的省份全部来自西部地区，主要是青海和宁夏。

本 章 小 结

　　由理论和实证得知中西部产业承接地企业—园区绿色协同发展存在一定的辐射效应。首先构建河南单核驱动模式，探讨以河南一省为核心绿色协同发展的辐射范围，得出辐射半径约为 148.7731 公里，辐射范围较为有限；其次构建中部地区"豫皖鄂协同"的驱动模式，以豫皖鄂三省作为一个整体区域，其辐射半径为 265.5286 公里，辐射范围要比河南单核模式下的范围大出 78.48%；最后构建"中西部双核"的驱动模式，进一步研究中西部地区双核背景下绿色协同发展的辐射范围，以豫皖鄂为一核心，以四川为另一核心，其辐射半径分别为 389.6894 公里和 367.5961 公里，加总的辐射范围几乎是豫皖鄂协同驱动模式下的 2 倍。可以得出建立以中西部双核心为支撑的区域产业承接绿色协同发展模式影响力最大的结论。

　　中西部地区工业经济增长和绿色协同发展指数都存在明显的空间正相关，反映出显著的空间依赖性。"高高"类型的省份以中部省份居多，"低低"类型的省份全部属于西部地区。产业承接地绿色协同发展对工业经济增长的直接效应和间接效应均为正值，表明产业承接地绿色协同发展不仅与本地区的工业经济增长具有正相关关系，而且还能够带动相邻地区的工业经济增长。当产业承接地绿色协同发展指数小于或等于 62.7463 时，产业承接地绿色协同发展此时与工业经济增长之间存在促进作用；当产业承接地绿色协同发展指数大于 62.7463 时，产业承接地绿色协同发展与工业经济增长之间仍存在促进作用。但是，当产业承接地绿色协同发展指数跨过 62.7463 这一门槛值后，对工业经济增长的促进作用有显著的增强，这表明当产业承接地绿色协同发展达到一定程度后，能够进一步促进工业经济增长。全年份均达到门槛值的省份主要有安徽、江西、河南、湖北、陕西；全年份均未达到门槛值的省份集中在西部。可以看出中部地区各省份基本已达到门槛值，而未达到门槛值的省份均来自西部地区。

中西部地区工业二氧化硫排放效率存在明显的空间正相关，反映出显著的空间依赖性。工业二氧化硫排放效率的莫兰指数整体呈现出不断上升的趋势，最近几年保持稳定状态。工业二氧化硫排放处于"高高"类型的省份以西部地区为主，对应着工业二氧化硫排放效率较低，生态环境改善效果较差；处于"低低"类型的省份以中部地区为主，对应着工业二氧化硫排放效率较高，生态环境改善效果较好。本地区产业承接地绿色协同发展程度越高，工业二氧化硫排放就越低，生态环境改善就越明显，但是由于当前产业承接地绿色协同发展方面可能还存在不到位的地方，因此这种促进生态环境改善的作用并不明显。当协同度小于或等于 59.919 时，协同度对工业二氧化硫排放起一定抑制作用；当协同度大于 59.919 时，协同度对工业二氧化硫排放同样起抑制作用，且抑制效果更大。在中西部所有省份中，协同度常年未达到门槛值的省份主要来自西部地区，如贵州、云南、甘肃、青海、宁夏等，当前中西部产业承接地在发展过程中仍需要不断提升绿色发展协同度。

中西部地区产业结构升级存在明显的空间正相关，反映出显著的空间依赖性。产业结构升级的莫兰指数整体保持较为稳定的状态，最近几年有所上升。处于"高高"类型的省份以西部地区为主，省份数量不多，产业结构升级效果较好；处于"低低"类型的省份以中部地区为主，产业结构升级效果较差。产业承接地绿色协同发展对产业结构升级的直接效应和间接效应均为负，且在 1% 的显著性水平上通过检验，表明本地绿色协同发展与产业结构升级具有一定负相关关系。当前中西部产业承接地绿色协同发展程度不高，原因可能是中西部产业承接地承接的产业大部分仍属于传统型的低附加值和低生产要素类型，绿色协同发展程度还远达不到产业结构升级的要求，或者发展的方向更注重于产业本身而没有很好适配产业结构升级，各区域之间针对产业结构升级的交流不多，产业承接地绿色协同发展对周边省份产业结构的升级起不到很好的促进作用。当第二产业从业人数小于或等于157.72 万人时，产业承接地绿色协同发展对产业结构升级起一定抑制作用；当第二产业从业人数大于 157.72 万人时，抑制作用有所降低，说明在第二产业从业人数不断增加的同时，中西部产业承接地绿色协同发展对产业结构升级的抑制作用在不断减弱。全部年份均未达到门限值的省份全部来自西部地区，主要是青海和宁夏。

产业承接地企业—园区绿色协同
发展治理的政府作用

目前，环境问题已经成为全人类面临的共同难题。人类是大自然中的一分子，环境是人类赖以生存的前提，环境的好坏直接关系到人类能否可持续发展。全球环境问题的持续恶化，使得全人类现在必须要充分重视这个问题，代表各国民众利益的各国政府自然也走到了环境治理的前沿，环境保护成为政府的一项重要职能（齐晔，2014）①。政府在履行其环境保护职能时，必须把公众的整体利益和长远利益放在首位，肩负起向社会公众提供优良环境的责任。随着我国市场经济和全球化脚步的加快，环境问题也变得日益严重，尤其是作为产业转移承接地的中西部地区，近些年来环境问题变得日益突出，工业园区企业造成的环境污染问题层出不穷。而地方政府往往从经济发展的角度出发，对中央政府的环境保护政策经常采取阳奉阴违的态度，从而使当地甚至是区域环境问题不能得到有效解决，频频发生环境污染事件。在企业—园区绿色协同发展的过程中，政府一定要发挥好主导作用，尊重市场规律，充分调动社会公众的积极性，共同推动经济社会的可持续发展，其三者之间的关系如图 7 - 1 所示。

---

① 齐晔. 环境保护从监管到治理的转变 [J]. 环境保护，2014，42（13）：15 - 17.

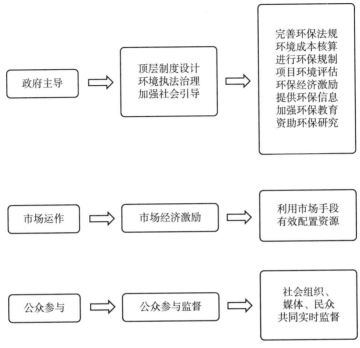

图7-1 企业—园区绿色协同发展的治理关系图

第一节 产业承接地企业—园区绿色协同
治理中政府的角色

一、政府在经济社会绿色协同发展中的基本职能

在不同的历史发展阶段、社会制度、文化传统、意识形态、资源禀赋等条件下,政府的职能被赋予的内容也各不相同。随着经济社会的发展,人类分别经历了原始经济社会、农业经济社会、工业经济社会和后工业化经济社会,政府在经济社会发展中的作用和角色也不断地发生着变化,从无到有,由弱变强,也越来越受到人们的重视。当前,世界上绝大部分国家实行的都是政府调控下的市场经济制度,虽然市场经济的模式有所差别,政府的作用也有大有小,但是基本都是

由市场在资源配置中起基础性作用，政府按照市场经济规律来维护市场经济秩序、弥补市场经济不足。美国著名经济学家保罗·萨缪尔森（Paul Samuelson）认为，在一个现代的混合经济中，政府的经济职能主要包括四个方面：一是建立经济运行的法律体制；二是制定和实施宏观经济稳定政策；三是影响资源配置以提高经济运行效率；四是制定影响分配收入的方案。政府的这四个职能就是要解决人们通常所说的秩序、稳定、效率和平等问题。

工业革命以来，人类的科学技术迅猛发展，这极大地提高了人类改造自然的能力。但是，人与自然的关系却随之急剧恶化，环境问题成为影响人类可持续发展的突出问题。随着人们对环境问题的日益重视，环境保护成为人类寻求解决各种环境问题、维持生态平衡、促使人与自然和谐发展的一项系统工程。在此背景下，政府如何发挥其在经济社会绿色协同发展中的作用，提高环境生态的经济效益，保持环境与经济社会的协同发展，有着重要的现实和历史意义。政府在经济社会绿色协同发展中的基本职能主要表现为以下几方面。

一是制定和完善促进经济社会绿色协同发展的市场制度，保证经济社会与自然环境绿色协同发展。政府通过制定公共政策、法律、规则等让各经济活动主体明确市场行为准则和市场竞争规则，以保证市场中各经济活动主体在不影响人类社会可持续发展的前提下拥有公开、公平、公正的竞争环境。此时，政府的主要职能包括：能够界定清楚并保护好产权，减少因此带来的外部效应，保证市场经济有效运行；发挥好对市场活动主体的监督作用，提供好充分、便捷的沟通和信息服务，维护好市场经济秩序；消除市场垄断行为，为各经济主体公平、公正地参与市场竞争创造有利的外部条件（张雷，2012）[①]。

二是积极努力地稳定好宏观经济环境，为经济社会绿色协同发展提供良好的基础条件。政府应该积极有为，根据现实的宏观经济状况利用好宏观经济政策工具，如政府支出、税收、法定存款准备金、再贴现率和公开市场业务操作等，以防止物价水平、利率水

---

① 张雷. 政府环境责任问题研究［M］. 北京：知识产权出版社，2012.

平、货币总量、工资水平、经济增长率、汇率水平及国际收支等一系列重要经济变量的过分波动，避免大量失业、快速通货膨胀和严重国际收支失衡的出现，为各市场经济活动主体提供有利的发展环境（傅颖，2012）[1]。

三是积极提供充足的公共物品，为经济社会绿色协同发展提供良好的外部保障。提供公共物品是现代市场经济中政府的一项基本职能。在消费中，由于公共物品具有非排他性和非竞争性特点，以价格机制为核心的市场经济并不能使其的供给达到最优，如果政府不能提供充足的公共物品，进而由私人企业补充提供，势必会造成资源配置的无效率，也就无法保证经济社会的绿色协同发展。特别是在交通、能源、通信等一些非纯公共物品领域，如果政府不进行统一的规划和调度，仅仅依靠市场自由竞争去解决，肯定会带来一些不必要的资源浪费和本可以避免的自然环境破坏。

四是积极发展外向型经济，利用好国内外"两个市场、两种资源"，为经济社会绿色协同发展提供有力保障。长期来看，经济全球化和国际化大生产仍是历史潮流，因此我们要坚持深化改革开放，进一步融入国际分工协作，与世界各国互利共赢，增强环境对经济发展的承载力，以实现更加强劲可持续的发展。同时，政府要为本国企业争取一个公平、公正的国际竞争环境，积极抵制不公平贸易，抵制国外商品倾销，及时为企业提供有关国际经济贸易信息；进一步完善有关涉外经济的法律法规，规范和改善投资环境。

五是加大对教育和科研的投入力度，为经济社会绿色协同发展积累充足的人力资本和技术支撑。教育是国之大计，也是关乎一个国家未来的最重要的人力资本和科技投资，其对经济社会的发展有较大的溢出效应和正的外部性。因此，政府必须在国民教育和基础科研中发挥主导作用，保证教育经费投入并建立健全人才市场，增加对人力资本的投资，为可持续发展提供人才支撑；大力发展科学技术，为提高环境对经济发展承载力提供技术支撑。人力资本和科学技术的

---

① 傅颖. 地方政府环境责任研究 [D]. 杭州：浙江大学，2012.

发展状况对一国经济社会绿色协同发展有举足轻重的影响（杨朝霞，2014）①。

六是加大政府转移支付的力度，为经济社会绿色协同发展进行必要的社会收入再分配。由于地理位置、功能布局、发展阶段、竞争起点等因素的不同，功能区划限制和市场经济竞争扩大了各地区、各社会阶层之间的收入差距，从而导致了各地区、各社会阶层收入分配上的不平等，引起了部分群体对现实收入分配的不满，这就要求政府对社会财富进行重新分配。现代市场经济制度下，各国政府都力图通过转移支付政策来进行收入再分配，缩小地区间和社会各阶层间的收入差别，努力解决好社会公平问题。因此，政府必须扮演好经济协调人的角色，调节好各地区、各社会阶层的收入分配，确保大家共享经济社会绿色协同发展的成果（杜艳敏，2010）②。

七是加大环境保护力度，为经济社会绿色协同发展保驾护航。从经济学角度分析，环境污染问题的厂商成本和社会成本是不一致的，存在着负的外部性，因此在这个问题上市场本身是存在失灵的，必须由政府承担起保护环境的责任，对自然资源进行合理开发和利用，提高其利用效率，保护生态环境，保持生态平衡，实现经济社会绿色协同的可持续发展（张永庆，2013）③。

二、绿色协同治理中的市场失灵问题

市场失灵是指由于市场机制无法充分发挥其配置资源的作用，而导致资源配置无效率或资源配置失当的情况发生。导致市场失灵的因素有很多，主要包括垄断、外部性、公共物品和信息不对称等。在环境污染问题中，市场失灵主要是环境的公共物品属性、信息不对称以及企业排污的负外部性等因素造成的。

---

① 杨朝霞. 生态文明建设的内涵新解 [J]. 环境保护，2014，42（4）：50 - 52.
② 杜艳敏. 深度探讨环境行政管理中的相关问题 [J]. 科技资讯，2010（11）：169.
③ 张永庆. 探析新形势下环境保护工作中政府环境责任的发展趋势 [J]. 广东科技，2013，22（8）：224 - 225.

（一）环境产品的公共物品属性

环境一方面包括诸如土地资源、矿产资源、水资源、植物资源、动物资源、气候等环境要素以及由这些环境要素组合而成的价值状态；另一方面还包括其容纳由于人类经济社会活动而产生的污染物的能力，即环境净化能力。前者指的是环境的经济价值，后者指的是环境的生态价值。随着人类经济社会活动的拓展，尤其是工业革命以来，环境问题逐渐成为世界各国共同面临的一大难题。环境问题作为人类共同面临的挑战也越来越受到政府和公众的关注，其生态价值日益凸显。环境作为容纳人类经济社会活动排放污染物的载体，无法对影响它的个体进行分割，从而导致环境资源具备了明显的公共物品属性。首先，环境作为人类赖以生存发展的基础，其具备一定的共享性，单个个体对其的消费和享用并不能阻止其他人同时对环境资源消费，所以在环境资源消费上，它具备非排他性的特性。其次，环境资源在消费上具备一定的非竞争性的特性，即每增加一个单位的环境资源的供给或者说每增加一个单位环境资源的消费，其边际成本为零。同时，公共物品在确定其个体产权时，具有高昂的交易成本，从而无法通过市场机制实现其最优配置，市场失灵问题也就随之产生。作为公共物品的环境资源具备以下特征：

一是在环境保护过程中，追求自身利益最大化的生产者、消费者有可能存在"搭便车"和隐瞒其对生态环境真实偏好信息的现象，从而导致公共物品无法直接由私人企业提供，也无法通过市场来实现其最优配置，也就产生了市场失灵的问题，此时就需要政府部门的介入和干预。

二是在政府部门提供环境产品时，面临着如何将个人偏好汇总为公共偏好的问题。一般情况下，个体会通过投票来表达自己的偏好，但是投票机制也存在着各种问题，比如说，其很难准确地表达消费者的偏好状况。而其他手段则有可能对信息产生扭曲，也很难高效地提供环境产品，这也是产生政府失灵的原因之一。

三是由于对环境产品消费和收益的非排他性，私人部门将不能实现排他性的收益，从而也不会产生积极主动地改善环境的行为。因为市场失灵的存在，必须有新的制度设计或安排。英国著名经济学家庇古（Pigou）提出了由政府介入解决环境问题的方案，即政府通过强制的行政手段或财政手段对环境问题进行治理或补偿等。美国芝加哥大学经济学教授科斯（Coase）也从产权的角度提出通过明确环境资源的产权，进而通过产权交易使环境产品的边际收益和边际成本相等来解决环境问题。当然，引入的新的制度安排到底是选择庇古模式还是科斯模式，这就要看我们所面临的环境问题的具体情形和前提条件，有时还需要结合使用多种制度形式，以求达到优化配置。

（二）环境问题中的非对称性问题

一是由于技术进步的非对称性所带来的环境保护问题。一般情况下，技术的进步是有利于环境保护的，它一方面可以提高资源的利用效率，另一方面可以产生新的替代产品，从而达到环境保护的目的。在现实中，市场机制运作过程中对环境资源稀缺性的补偿，也正是通过价格调节机制来促进企业技术进步和升级的。然而，并不是所有的技术发明都是这样的。从技术对环境保护的影响来看，技术进步或升级可以分为两种类型：一种是提高自然资源利用效率的技术，另一种是保持或恢复可以给人类带来满足感的自然现象的技术。前一种技术进步或升级能够产生更多更好的产品和服务或者是降低生产成本。所以，技术进步或升级往往发生在产品、服务和生产流程上；而在保持或恢复各种有益自然现象上，如自然奇景、气候现象、濒危动植物的保护等，由于其技术难度高，生产投入大，生产周期长，成功的概率就比较低，直接带来的经济效益也就较低，在市场条件下，以利益最大化为目标的企业、团体或个人基本不会涉足该领域的技术进步或升级。同时，在技术进步或升级中，环境保护和修复技术与资源开发和利用技术的发展也不对称。往往技术进步或升级都发生在资源开采和利用上，更多考虑的是如何降低开采成本、提高资源利用率，以增加收益并使以往无法开采或利用的资源可以有效地利用。此类技术进步或升级，基本上都是促进自然资源的开发和利用，并不能有效地提高环境保护水平。

二是市场的非对称性所带来的环境保护问题。在市场经济环境下，产生环境问题的另一个关键因素是市场本身存在的非对称性，也就是在产品或服务生产的过程中，其私人成本与社会成本之间存在差异，即厂商生产产品或服务的成本与其实际上给整个社会所带来的成本是不一致的。厂商只关注自身的生产成本，而对其产品或服务所造成的环境污染等社会成本却很少予以考虑，因为这部分成本对该厂商没有直接的影响。市场的非对称性源于市场机制本身，因为对于自然资源的开发利用及其产品分配，市场机制本身是有效率的，可以产生足够激励；但是对于污染物的处置或生态环境恢复，市场机制就失灵了，处于低效率甚至根本没有效率的状态。这是因为清洁的空气、干净的水源、茂密的森林等自然资源具有公共产品的属性，污染物的排放给公共资源造成了破坏，带来了负的外部性，而这种负外部性又发生在市场交易之外，市场力量无法约束，导致了整个社会付出的社会成本就高于厂商的私人成本，使得资源配置处于无效率状态。这种负外部性的存在，通常会使厂商或个人过度使用公共资源，如对森林资源的滥砍滥伐、对渔业资源的过度捕捞等，其结果就是造成一个又一个所谓"公地悲剧"式的环境问题。

三是非市场交易资源所带来的环境保护问题。所谓非市场交易资源是指那些对大自然的存续和人类可持续发展有益但没有市场经济价值的资源，如自然生态系统的自我净化功能、生物的多样性、未被人类开发利用的动物和植物等。这些资源既然没有市场经济价值也就不存在市场利用问题，它们只能伴随着人类其他经济活动而被随意处理。以生物多样性为例，自然界中各种动物、植物经过长时间的进化和大自然的选择，形成了如今能够维持生态环境平衡的、多样化的动植物群落，但是生物多样性本身对人类并无直接的经济价值，因此在现实的市场交易中其价格为零，从而市场经济主体根本不会愿意涉足这些领域进行投资，更不要说进行有利于生态环境的保护。

四是环境资源产权不清晰所带来的环境保护问题。由于环境资源具有公共产品属性，导致了私人对其的过度使用和破坏只会增加社会成本而不会增加私人成本。经济学家认为，在竞争性市场中，那些土地、矿产等可以分割的自然资源都会被市场进行有效的标价和配置。而人类进行生产生活所必需的空气、水等环境资源，却是无法分割的，这些无法分割的环境资源是一种对公众免费提供但是具有社会成本的资源，正是这种负外部性的存在，使得市场配置资源的方式出现了失灵。在这种外部性存在的情况下，环境资源有可能会被过度使用。在海洋渔业资源方面，正是海洋渔业资源不属于任何国家或任何个人，于是没有任何人对其负责，无人对其进行管理，每个人都抱着多捞一点是一点的心理去竭泽而渔，导致对海洋渔业资源的过度捕捞和海洋生态环境的破坏。环境产权是一种公共的资源权利，在目前产权法律法规体系中，环境产权是没有得到清晰界定的，属于事实上的"无主之物"。现在看来，环境资源是一种稀缺的资源，环境产权与一般资源的产权有很大的区别，最好把它作为一种特殊的产权形式，归公众共同拥有（马波，2015）①。但是，如果想对环境产权进行清晰的界定，无论是成本上还是技术上都存在着诸多障碍，这就对环境保护提出了更大挑战。

五是信息不对称所带来的环境保护问题。在经济学理论中，信息不对称是指在人类经济活动中，由于不同参与者之间所拥有的信息不对等，导致市场参与者之间的交易关系不平等或市场配置资源无效率的情况。在经济快速发展的今天，信息不对称问题已经成为现代信息经济学研究的核心问题之一。在环境保护的问题上，不同主体（政府、企业和公众）之间的利益诉求和掌握的信息都是不一致的，因此信息不对称问题在环境问题中是普遍存在的，再加上人类认识能力的局限性和自然环境变化的不确定性，想完全依靠自由竞争市场达到环境资源配置的帕累托最优是不现实的。而且，大部分环境资源的使用都具有不可逆性，一旦其遭到破坏，人为是很难恢复原始状态的，即便能够复原，其经济成本也会极其高昂。正是这些因素的存在，使得"看不见的手"无法发挥其作用，即使有政府的干预也可能事倍功半。

---

① 马波. 论政府环境保护责任实现的激励机制构建 [J]. 西部法学评论，2015（1）：9-17.

（三）环境问题中的外部性问题

外部性是指参与经济活动的交易主体的行为对其他人产生了影响，而其又没有对这种影响支付成本或获得收益，这里所说的影响并没有得到市场机制的反映。在外部性中，对他人有利的外部影响被称为正的外部性，对他人不利的外部影响被称为负的外部性。比如，蜂农养蜜蜂采蜜，蜜蜂在采蜜的过程中为果树传粉，有利于果农，但是果农并未为此向蜂农支付成本，因此蜂农养蜂就有了正的外部性；相反，如果果农为果树施有机肥，粪便的气味散发到空气中，给过路的人造成损害，但是果农并没有为这种损害支付成本，果农施肥就有了负的外部性。只要经济主体的活动有外部性存在，市场就无法有效配置资源，也就是说市场会失灵。环境保护者在对环境进行保护或环境修复者在对环境进行修复的过程中，并不能得到环境保护或环境修复的全部收益，这种收益会被全体公众所共享；相反，环境污染者在污染环境的过程中，并不需要为此支付成本，而环境污染的成本则需要全体公众共担；环境保护或修复和环境污染都具有外部性。环境问题的外部性所引发的市场失灵就是政府进行干预的前提。经济学的传统假设为经济活动参与主体都是相互独立的，但事实上经济活动参与主体的行为相互影响是普遍存在的。外部性的存在会导致经济活动参与主体的私人收益和社会收益或私人成本与社会成本不一致，然而市场经济活动参与主体是依据私人利益最大化或私人成本最小化原则进行决策的，外部收益或外部成本不在市场机制调节范围之内，因而不能达到资源配置有效率的均衡状态。环境问题是典型的外部性问题，一方面环境保护有正的外部性，另一方面环境污染有负的外部性。如果把各种环境保护、环境修复和污染治理等有利于环境的行为称为良好环境供给，而把各种对环境资源的开发利用、废弃物排放等不利于环境的行为称为对良好环境的需求，那么环境问题可以被称为对良好环境的需求大于供给，环境资源配置处于无效率状态。

三、绿色协同治理中的政府失灵风险

虽然在经济社会绿色协同发展过程中存在着诸多市场失灵的情况，需要政府的介入和干预，但是在绿色协同治理过程中也同样存在着政府失灵的风险，需要政府的警惕和防范。那么何为政府失灵？它是指政府不能有效地履行其职责或无法有效地纠正市场失灵，从而导致资源配置无效率的情况。绿色协同治理中的政府失灵风险主要体现在以下几个方面。

（一）绿色协同治理中的功能性失灵风险

所谓功能性失灵，是指不同阶层的政府对环境保护行为的不一致性，突出表现为中央政府和地方政府、上级政府和下级政府在环境保护理念和环境保护目标方面的不一致性。在我国，长期以来中央政府与地方政府在环境保护中承担的角色和责任并不一致，而且各有侧重，二者通过职能的转变、权力的分割以及各种治理手段的综合运用，共同形成了一个有效的绿色协同治理机制。其中，中央政府的主要职责是负责制定统一的环境保护和经济社会协调发展政策，实施全国范围的经济环境协同发展规划，实施跨流域、跨行政区域的环境治理和协同，建设全国性的环境保护基础设施等；地方政府则具体负责行政区划内的环境污染控制、经济社会发展、基础设施建设等。因此，中央政府制定的经济社会发展、环境保护的目标和政策都需要各级地方政府来落实，地方政府在发展本地经济的同时还需要付出一定的经济代价来落实中央政府制定的环境保护目标（刘志坚，2007）[1]。但是在实际情况中，存在地方政府为了片面追求本地经济的发展，而对中央政府制定的环境保护政策采取阳奉阴违的做法，使中央政府和地方政府在功能上无法保持一致。

---

① 刘志坚. 环境保护基本法中环境行政法律责任实现机制的构建 [J]. 兰州大学学报（社会科学版），2007（6）：112 – 116.

（二）政府在自身角色认知上的失灵风险

在市场经济中，政府的主要职责是提供社会服务和进行社会管理，维持社会稳定，确保政治、经济、文化等有序良性发展。但是这些职能的实现，需一支结构合理、人数庞大的公务员队伍。由于我国还是发展中国家，特别是中西部地区，政府财政还是比较紧张的。为了生存，有些地方政府与属地企业建立了非常紧密的联系，有的甚至直接开办企业解决财政问题。这在很多地方政府与乡镇企业的关系中表现得尤为明显。一方面，乡镇企业的发展离不开地方政府的支持，例如企业的创办、企业从银行贷款、企业征用土地等都必须经地方政府的审批；另一方面，地方政府也要通过属地企业实现其经济社会发展目标。属地企业的发展解决了当地劳动力的就业，增加了政府的财政收入，发展了地方经济，提高了政府官员政绩等。因此，地方政府的官员们有时对属地企业的环境污染问题采取睁一只眼闭一只眼的态度，有的甚至帮助企业应付上级单位检查，由此带来的政府角色错位，导致环境等涉及公众利益的问题无法得到当地政府的有力支持。

（三）政府在环境保护目标认知上的失灵风险

首先，政府在环境保护目标上的认知是模糊的。根据政府职能的要求，地方政府追求的目标应该是为公众提供有效的、高质量的公共服务，不断改善管理体系和管理方式、提高管理效率，为社会、经济、政治和文化的良性发展提供稳定的外部环境（包国宪和霍春龙，2011）[1]。但在现实生活中，由于各地经济发展所处的阶段不同，地方政府发展经济的紧迫性也各不相同。在经济欠发达地区，地方政府对发展经济有较强的需求，通常会过分关注经济发展目标，而社会发展目标和环境保护目标就居于次要地位，甚至被忽视。这种目标的转移和模糊化，使得地方政府的行为趋于企业化，追求的目标也

---

① 包国宪，霍春龙.中国政府治理研究的回顾与展望［J］.南京社会科学，2011（9）：62－68.

变成地方财政收益的最大化。从而，地方政府与属地企业就结成了利益同盟，政府成了属地企业的"保护伞"和"代言人"。最终导致的结果就是政府的环境保护职责被弱化甚至是缺失，环境保护的目标也就很难在经济增长、技术选择和投资方向上得以实现。其次，政府行为的失当。在经济欠发达地区，地方政府官员为了在任期内做出最大政绩，有时忽视甚至根本不考虑环境保护问题，不惜牺牲当地自然环境来换取眼前的经济利益。比如对环境污染企业监管不到位和惩处力度不够，这就等于是纵容污染企业的排污行为；对环境保护的法律法规执行不力，致使很多环保不达标的企业仍然违规生产；对外招商引资时不考虑环保因素，多以高耗能、高污染的产业为主，必然会带来严重的环境问题。此外，有些地方政府本身也在破坏自然环境。例如在一些沿海地区，地方政府为了增加经济建设用地而大量填海造地，给海洋生态环境造成了极大的破坏。以上的种种行为，都是当地政府在环境保护目标认知上的失灵造成的，这对当地的生态环境造成了极大的破坏。

（四）政府官员绩效考核制度上的失灵

以前，在我国各级地方政府官员的政绩考核中经济指标最为重要；现在，虽然环境指标也提到了重要位置，但是经济指标地位依然突出，尤其是在经济欠发达地区。这就使得各级政府官员都会尽最大可能在其任期之内以最快的速度发展当地经济，甚至不惜以牺牲环境为代价。这是官员绩效考核体系的失灵，没有从经济社会绿色协同发展的角度来考核政府官员的政绩。一个良好的绩效考核体系应该引导政府官员更多地关注其所辖地区经济增长质量和效益情况、社会进步和环境保护改善情况、老百姓生活条件改善情况、政府行政效能改善情况（张紧跟，2006）①。

---

① 张紧跟. 当代美国大都市区治理的争论与启示 ［J］. 华中师范大学学报（人文社会科学版），2006（4）：32 - 38.

第二节　产业承接地企业—园区绿色协同治理中政府的作用

一、绿色协同治理中的政府环境具体职责

政府履行其职能的基本边界是只对市场、企业、非政府组织和社区等不能解决或暂时不能解决的问题承担责任和义务，环境保护的问题也是如此。由于环境的公共产品属性和市场的自发调节机制，无法遏制企业或个人滥用资源、破坏环境的行为，也无法诱导企业或个人积极采取改善环境的行动，而社会公众又难以形成遏制负外部性行为的集体行动，因此就需要政府介入干预，开展环境保护类的管制。政府一方面要承担起保护和改善环境的职责；另一方面也要采取措施引导社会各成员积极主动地开展各种旨在保护和改善环境的集体行动，引导非政府组织和社区积极广泛地参与环境保护和管理工作，其中就包括引导具有一定压力团体性质的各种民间环保组织转变角色，从而使全体民众的环保意识从由忧虑到参与、由索取到付出的转换。在经济社会绿色协同发展治理中政府具体的环境职责可以分为以下几个方面。

（一）提供环境保护的相关信息

如果保护环境能够成为全社会共同努力的目标，那时信息不对称有可能成为一个突出的问题。因为消费者内心的环境保护意识会使其比较愿意选择相对环保的生产者生产的产品，要让消费者了解到商品背后所包含的环保信息就需要建立完善的信息披露和认证制度，比如政府可以通过为达到更高环保要求的生产者生产的产品发放统一的环保标签等手段来传递产品背后所包含的环保信息。一般情况下，也只有政府可以以较低的成本和较有公信力的方式改善信息不对称的问题，从而促进整个社会环境保护水平的提高。

（二）加强环境保护的大众教育

提高环境保护意识的另一个主要途径就是对大众进行环保教育。政府可以通过各种途径、各种方式教育处于不同学习阶段的学生和非学龄阶段的社会大众，使其深入理解人类一系列的生产、生活行为对自然环境的影响以及保护环境对人类可持续发展的重要意义，进一步树立大众的环境保护的意识和观念，这将对人类保护自身赖以生存的环境产生重大而又深远的影响。

（三）资助环境保护的相关研究

基础研究一般来说都具有正的外部性，如果没有政府资助或补贴，私人部门一般很少或者根本不进行相关研究。所以如果某项基础研究对社会来说有很大的正外部性，那么政府就应该对从事该项研究的部门进行资助或补贴，鼓励其研究，从而提高社会整体的福利水平。与保护环境有关的研究正是属于这种对全体人类社会有很高正外部性的基础研究。而且，相关研究带来的技术水平的提高可以进一步提高自然资源的利用效率，从而提高环境对人类社会经济发展的承载能力，为人类社会的可持续发展和生活水平的提高打下坚实的基础。

（四）进行环保规制和经济激励

为了人类社会的可持续发展，有时有必要牺牲一些当前的经济利益，因此政府有时必须采取必要的环保规制和经济激励措施，以引导私人部门做出相应的环保行为。一方面，政府可以通过相关环境保护的法律法规直接规定各参与经济活动的主体能够做什么和不能做什么；另一方面，政府也可以通过经济手段，对参与经济活动的各主体进行经济激励，经济激励既包括正向激励（资助、税收减免、奖励、补贴等），也包括反向激励（罚款、附加费用等）。这些激励措施将会改变经济活动参与主体的行为，引导其主动采取行动保护我们赖以生存的环境。

（五）完善环境保护的法律法规

完善的法律法规体系是保护私人和公共产权的有力保障，在保护环境方面发挥着举足轻重的作用。因为明确的法律法规能够让私人部门在面对环境问题时有法可依，让公共部门在面对环境问题时执法有据，这样可以极大地降低由于侵权行为所带来的相关环境诉讼案件的时间成本和经济成本（沈满洪，1997）[①]。

（六）将环境成本纳入经济核算

在公共部门或私人部门进行经济核算核算时，劳动投入、资本投入等的成本和产出能够得到较好的体现，而由此带来的环境代价却常常无法体现在经济核算体系中，这样的激励导向所产生的结果肯定是忽视环境问题，从而弱化环境保护。因此，如果公共部门将环境成本和收益引入经济核算体系，私人部门把环境成本纳入产品成本，那么经济效益和环境效益之间就会产生一个平衡，进而增强人们环境保护的意识和动力，保证人类的可持续发展。

（七）协调地方的环境保护政策

由于环境这一公共产品存在较大的外部性，公共部门必须承担起保护环境的使命和责任。在保护环境的过程中，中央政府和地方政府需要统一行动、相互配合。因为现代的经济系统是一个极其复杂的系统，单元之间相互联系并相互影响，只有各单元间协调一致，才能更好地贯彻执行环境保护政策，充分发挥环境保护政策的作用。

（八）投资项目环境评估和审批

人类活动对环境有着巨大的影响，现在这些影响已经严重威胁着人类自身的可持续发展。因此，现在已经有很多国家对人们的生产经营活动预先进行环境评估（特别是对环境有重大影响的投资项

[①]　沈满洪. 论环境经济手段［J］. 经济研究，1997（10）：54－61.

目），只有通过相关部门批准的项目才能予以实施。在投资项目的审批过程中，相关部门会对环境保护划定一系列红线，也就是设定一系列标准或准则，以保证这些投资项目不会对人类的可持续发展产生不利影响。

（九）加强工业园区数字化建设

传统工业园区的环境污染防治监督主要是通过"人防"来实现的，即通过工作人员的监督检查来完成。通常情况下，这种方式耗时费力、存在人为干扰且无法实现实时监督和综合监督，使得工业园区的污染防治工作存在一定漏洞。随着科学技术水平的提高，通过工业园区的数字化平台建设，采用一定的技术设备可以实现全天候24小时的实时监督，并可根据污染企业用水、用电、用气、排污等情况的综合分析实施综合监督，规范企业排污行为，保证企业随时随地做到达标排放，从而实现政府的环境污染治理目标。

（十）建设专业化园区管理队伍

通常情况下，工业园区企业的日常管理主要是由工业园区管委会来完成的，工业园区管委会是参公管理的事业单位，其工作人员大部分都是通过社会公开招聘而来的，专业背景各异。通过对工业园区的调研发现，特别是在化工园区，有相关专业背景的工作人员比较缺乏，管理队伍整体的专业化水平不高，导致园区管委会的工作效率和工作效果都不够理想。因此，政府应该加强园区管理队伍的专业化建设，根据工业园区的实际需要，定岗定编定职责，建设一支素质过硬的专业化队伍。

（十一）完善园区企业的退出机制

企业优胜劣汰是市场经济发展过程中的正常现象。一般而言，地方政府在招商引资过程中，会在税收、土地、贷款等方面给予入驻园区的企业优惠政策，而在生产经营过程中，一些企业由于无法在市场竞争中胜出而被淘汰，又没有及时得到资产重组，最终导致关门停业。

但是，园区的物理空间是有限的，这种旧的企业出不去、新的企业进不来的现象会导致园区资源的极大浪费。因此，政府应该建立和完善园区企业的退出机制，保证工业园区能够推陈出新健康发展。

二、绿色协同治理中的政府环境法律作用

在企业—园区绿色协同发展治理过程中，各级政府要建立健全环境保护的法律法规体系。环境保护立法是进行环境污染预防和环境管理的重要举措。在发达国家，环境保护部门大多是根据环境保护法规建立起来的，它们的职权也由相关的环境保护的法律法规所确定。此外，环保立法成为许多国家开展环境保护工作的第一要务（徐焕，2015）[①]。只有首先确立环境保护的标准，才能使私人部门有法可依、执法部门执法有据。从发达经济体的环境保护经验来看，绿色协同治理中的政府环境法律作用主要体现在以下三个方面。

（一）建立一套较为完善的环境保护的法律法规体系

我们中国走的是一条具有中国特色的社会主义市场经济道路，中国特色的社会主义市场经济也是市场经济，而市场经济是一种法制经济，因此这就要求我们加强法制化建设，环境保护领域也不例外。当然，建立起一套较为完善的环境保护法律法规体系需要一个过程和一定时间，这个过程需要人们环保意识的提高、需要经济发展方式的转变，需要一定的时间是因为环境保护法律法规包罗万象、种类繁多。其中，政府的作用可谓是举足轻重。比如，美国联邦政府通过20世纪70年代的环保立法，一共颁布了与环境保护有关的法律法规近120种，涉及水污染、大气污染、噪声污染、固体废物污染、自然环境保护、有毒化学物质处理、生活环境治理、损害赔偿与救济、环保组织等领域，逐步形成了一套比较完善的环境保护法律法规体系，为经济社会的绿色协同治理和发展提供了强有力的保障。

[①]　徐焕 . 当代资本主义生态理论与绿色发展战略 ［M］. 北京：中央编译出版社，2015.

（二）保证环境保护法律法规体系的开放性，为国际性合作和公众参与提供途径

环境问题有时不仅仅是一个国家的问题，也不仅仅是政府的责任，需要国际合作和公众的参与，这就需要在制定环境保护法律法规时，在制度上保留空间和渠道。因此，环境保护法律法规体系的开放性主要体现在两个方面：一是区域性的环境问题需要国际性合作，需要各国政府和民众共同努力、协调解决，比如说生物多样性问题、海洋污染问题、臭氧层破坏问题、全球变暖的问题等。二是环境保护和治理不能光靠政府，还需要公众的积极参与。因此，在制定法律法规时要保障公众参与环境保护和治理的权利和途径，确保法律法规的民主性和透明度。在制度上确立公众参与环境保护的立法、监督、处理等各个环节的权利，并鼓励公众积极参与。这样一方面可以降低政府进行环境保护的监督成本，另一方面可以促使环境保护逐步走上法治的轨道。

（三）保证环境保护法律法规体系的可操作性，为执法部门执法有据、私人部分有法可依、环境纠纷有章可循提供保障

一方面环境保护法律法规体系的可操作性要使相关环保执法部门有法可依、处罚有据，使公共参与环境保护有据、有途、有奖，使环境污染者有法制衡。另一方面环境保护法律法规体系的可操作性要保证解决环境保护问题的程序性。这里的程序性要求是指执法部门在执法时、公众在参与环境监督时、各方在履行环境保护义务和解决环境纠纷时所遵循的法律法规程序。环境影响评估、刑事和民事诉讼、行政处罚、排污许可申请等都要以一定的程序进行确定，要给相关各方列明清晰的步骤。例如，德国颁布的《排污许可证行政程序法》和《环境影响评价法》、日本颁布的《公害纠纷处理法》和《公用机场周围防止飞机噪声障碍法》等一系列程序法。

三、绿色协同治理中的政府环境行政作用

在环境、经济社会的绿色协同发展过程中，政府作为行政主体，

应充分利用其手中的行政手段，建立起环境保护的激励机制，大力推进环保产业的发展。

（一）利用行政手段建立环境保护的激励机制

政府在发展经济的过程中，为了避免由此带来的严重的环境污染问题，应该利用行政手段建立起一系列的环境保护措施，尤其是资源、环境的经济管理方法和经济调控措施。以各国的实践经验来看，激励措施主要包括以下几个方面。

一是征收排污费。征收排污费主要是为了减少污染物的排放。这种方法是世界各国比较常用的经济调控手段，体现了"谁污染、谁负担"的原则，应用的领域主要是废水、废气、固体废物和噪声污染等。

二是政府补贴。政府补贴主要是为了鼓励环境保护行为。它又可以分为直接补贴和间接补贴。直接补贴主要是通过财政拨款、贴息贷款等经济手段鼓励企业采取措施减少污染物的排放并参与环境治理；而间接补贴主要是通过税收优惠等手段鼓励企业多提供环境友好型的产品，从而达到环境保护、维持人类可持续发展的目的。

三是设立排污权交易市场。政府通常面临着发展经济和保护环境的两难选择。如何在保证人类可持续发展的前提下大力发展经济？排污权交易市场有时是一个不错的选择。在控制污染物排放总量的基础上，政府可以通过发放排污许可证并允许许可证在市场主体间根据市场价格进行交易，来鼓励企业通过革新技术、产品升级等手段减少污染物排放，从而保证经济社会的可持续发展。

四是收取押金。收取押金是实行企业产品回收的保障措施，即对有可能造成环境污染的产品提前收取一定的押金，等该企业将报废产品回收后再将押金退还的制度。押金制是一种相对简便易行的环境保护措施，它可以有效减少工业制成品类固体废物产生，促进循环经济的发展。

五是收取治污保证金。治污保证金是政府对潜在污染者在开始一项有可能会造成环境污染的经济活动之前，预先收取一定费用，等项目结束之后，如果潜在污染者采取了措施避免了污染发生则退还保证金，否则就没收保证金。治污保证金制度的目的主要是通过经济手段约束潜在污染者，使其遵守环境保护的法律法规，从而降低环境保护的行政成本。

六是建立环境责任保险制度。环境责任保险制度是指由保险公司向污染企业收取一定的保费，当投保企业由于意外发生污染事故时，保险公司在约定的责任范围内承担赔偿责任。这种制度一方面可以为污染治理和污染赔偿提供经济保障；另一方面也可以促进污染企业提高技术水平，减少污染排放，降低发生意外污染事故的概率。

（二）利用行政手段推进环保产业的快速发展

随着经济社会的发展和环境污染问题的日益突出，人们对环境保护也日益重视，环保产业也从 20 世纪 60 年代的开始应运而生并逐渐发展成为欣欣向荣的新兴产业。环保产业的发展一方面得益于政府制定的环境保护政策及配套的法律法规，另一方面环保产业的发展也带来了较为明显的环境、经济和社会效益。纵观各国大力发展环保产业的政策措施，主要包括如下几个方面。

一是政府要加强环境保护力度，确保社会对环保产业的旺盛需求。环保技术和环保产品的应用，虽然能够有效地提高环境质量，带来较高的社会效益，但是通常会使企业付出更高的经济成本，从而使其缺乏动力自觉去采用。因此就需要政府加强环境保护，利用手中的行政权力促使经济活动参与主体使用环保技术和环保产品，从而不断提高对环保技术和产品的有效需求，为环保产业更快更好地发展打下坚实的基础。

二是政府要加大财政倾斜力度，确保环保产业发展的资金需求。政府对环保产业的资金支持，主要可以从两个方面进行投入：一方面是政府本身对环境保护的资金投入，比如说政府直接主导的生态环境改善性工程；同时，政府也可以在政府采购、市政工程、基础设施建设等过程中积极采用环保技术和环保产品，这些投入的很大一部分将会变成环保产业的发展资金。另一方面是政府设立环境保护产业投资基金，直接为环保型创新创业企业提供资金。

三是政府要综合利用税收补贴政策，促进环保产业健康快速发展。一方面政府要对资源型产品和环境污染型产品征收生态税，激励企业提高资源利用效率并促进企业环保技术、环保产品的研发，从而促进环保产业的进步。另一方面政府可以将征收的生态税款投入环保领域，奖励企业的环保行为，减免环保型企业的税收甚至对其直接进行补贴，以鼓励其发展。

四是政府要强化环保科学的基础研究，推动企业环保技术的研发。环境保护的科学技术是环保产业发展的基础，也是环保企业参与市场竞争的根本保证。通常来说，基础科学研究投入大、耗时长，一般企业难以承受，那么基础科学的研究就需要政府投入，使其成为公共产品，为企业进一步研发应用型的环保技术和产品奠定坚实的基础。因此，政府要积极制定环保科技的发展战略规划，强化环境保护科学研究，促进环保技术和环保产品的迭代升级。

五是政府要鼓励环保产业的国际间合作，促进本国环保产业的迭代升级。发达国家的环保产业起步较早，环保技术、环保产品相对较为先进，并且其产业发展较为迅速，急需开拓海外市场。政府要努力抓住这一契机，鼓励环保企业"引进来，走出去"，通过环保产业的国际间合作，满足本国对环保技术、环保产品实际需求，同时加快本国环保企业迭代升级的步伐，使其早日具备参与国际竞争的能力。

六是地方政府要根据当地产业特点积极引进第三方环境污染治理企业，以市场化的原则引导排污企业接受第三方服务，形成规模经济，达到双赢局面。污染治理是一项专业性极强的工作，人才投入和资金投入较大。同时，它又是一个存在规模经济的行业，随着单个企业污染物处理量的增加，其污染治理成本会逐渐降低。通过对工业园区的调研发现，一些采用第三方污染治理企业服务的园区产生了良好的经济效益和环境效益，此方式值得进一步的推广和应用，当然其中地方政府的引导作用不可或缺。

四、绿色协同治理中的政府环境协调作用

在环境和经济社会绿色协同发展过程中，各参与主体的出发点和

利益诉求是不同的，政府在其中要扮演好协调员的角色，根据具体的环境和治理要求，充分发挥好协调作用，做好各参与主体之间的互补性协调、共建性协调、分配性协调和补偿性协调。政府要以建设环境友好型社会为目标，以经济社会绿色协同发展为主线，做到各参与主体的互利共赢，并在政府协调机制的运行过程中秉承公平公正的原则，落实责任主体、分清权和利，逐步建立起公平公正、责权清晰、参与广泛、互利共赢的政府综合治理协调机制，促进经济、社会、环境的绿色协同发展。

（一）政府的互补性协调作用

互补性协调是指政府通过在各参与主体之间进行利益交换而实现彼此利益的增加，即通过各参与主体之间的协作或者合作实现优势互补和互利共赢。当然，这种协作是建立在彼此都能受益的基础之上的，比如说园区政府积极发展循环经济，引进环保配套企业，集中处理园区其他企业的废弃物，将废弃物变废为宝。这样，一方面排污企业可以降低污染治理成本，有的甚至还能从废弃物中获取收益；另一方面环保企业也能获取污染治理收益或生产的原材料。政府的环境互补性协调的基础是参与各方都能在环境治理中获得好处，都能得到不同程度的利益，但是这种参与主体之间的协作或合作也面临着沟通、利益分配等问题，这就需要政府在其中充分发挥其协调作用，调节好各方利益，其博弈选择如表 7 - 1 所示。

表 7 - 1　　　　园区污染企业与环保配套企业的博弈选择

环保配套企业	园区污染企业	
	合作	不合作
合作	(4, 4)	(−6, −2)
不合作	(−6, 0)	(−6, 0)

（二）政府的共建性协调作用

共建性协调是指政府为了促进要素共享或争取政策资源而协调企

业之间采取合作的行为，这种类型的协调是园区企业在合作过程中通过彼此资源整合项目本身或者上级政府政策来获取利益，比如说园区企业共同合作建立研发中心、合资建立污染治理企业或联合争取上级政府政策支持、优惠政策等。当然，这种由规模经济所决定的共建性合作发展模式也面临着一些问题，比如说"囚徒困境"问题、"搭便车"现象等，其博弈选择如表 7−2 所示。在共建性合作过程中，一些企业个体的选择并不一定是企业的最佳选择，而共建性协作却往往会衍生出"囚徒困境"，致使绿色协同治理并不能按照整体利益的取向而发展；而另一种现象是"搭便车"，园区一些企业想不付成本而坐享其成也是难以避免的，因为合作是一个集体行为，个体的"搭便车"思想是很容易形成的，然而这只会带来合作格局的破裂。因此，政府在企业间的这种共建性合作中，也要积极发挥其协调作用，努力避免"囚徒困境""搭便车"情况的发生。

表 7−2　　　　　　　　园区企业共享性项目建设的博弈选择

园区企业乙		园区企业甲	
		协作	不协作
	协作	(6, 6)	(2, 4)
	不协作	(4, 2)	(0, 0)

（三）政府的分配性协调作用

分配性协调是指政府在企业面临利益、共有资源使用权分配和责任分担等问题时所起到的协调作用，这里涉及参与企业之间的责任归属和权力使用问题，如果处理得好，必然带来绿色协同治理机制的高效运转，绿色协同治理效果也会得到极大提升；相反，如果分配不均或不公，那么结果也只会是企业间的相互推诿和扯皮，甚至导致合作的破裂，最后必然会影响绿色协同治理的有效开展，其博弈选择如表 7−3 所示。分配性政府协调主要针对的是参与各方利益分配和责任分担的问题，那么在这些问题的处理过程中，如果各方只想获取更大收益而又不想承担相应责任,最后结果就只能是合作无法延续,绿色协同发展也无从实现。所以,政府要在各参与主体间充分发挥其统筹协调作用,促使协作机制的有效执行,做到参与各方责权利的统一,确保环境、经济社会的绿色协同发展有效推进。

表7-3　　　　园区企业权力、责任分配是否公平的博弈选择

园区企业乙		园区企业甲	
		公平	不公平
	公平	(3, 3)	(-1, 0)
	不公平	(0, -1)	(-1, -1)

(四) 政府的补偿性协调作用

补偿性协调是指政府协调所要解决的是外部性问题,即将企业生产过程中产生的外部性问题内部化,通过企业内部行为来改变其产生的外部效应。当然外部性有正有负,当企业的行为有正的外部性时,政府就应当利用协调机制给予相应补偿;当企业的行为有负的外部效性时,就需要通过政府协调机制来予以平衡。比如说,环境保护企业的生产经营对环境、经济社会绿色协同发展有正的外部性,而环境污染企业的生产经营对环境、经济社会绿色协同发展有负的外部性,那么政府可以通过补偿性协调机制从环境污染企业向环境保护企业输送经济利益,从而鼓励环境保护企业的生产、制约环境污染企业的生产,其博弈选择如表7-4所示。

表7-4　　　　政府是否补偿协调下的环境保护企业与
环境污染企业的博弈选择

环境污染企业的环境效益		环境保护企业的环境效益	
		协调	不协调
	协调	(5, 2)	(2, 2)
	不协调	(5, -3)	(2, -3)

第三节 产业承接地企业—园区绿色协同
治理中政府的治理方式

一、绿色协同治理中政府的治理方式

在经济环境绿色协同发展的过程中，政府对环境治理的方式主要可以分为两类：一类是命令式的治理方式，另一类是诱导式的治理方式。命令式治理方式带有强制性，事先为参与者制定与环境保护相关的法律法规并要求其强制执行，违反者将面临政府给予的严厉制裁。诱导式治理方式带有引导性，事先为参与者明确有利于环境保护的行为规范或行动方向，执行者将获得政府给予的丰厚奖励。在市场经济中，命令式治理和诱导式治理两者缺一不可、相辅相成，只有两者有机结合，才能更好地进行环境保护。一般来说，命令式治理是政府环境治理的底线和根本，同时又为诱导式治理指明了方向，如果没有命令式治理，那么诱导式治理也将无法发挥其应有的作用；而诱导式治理作为政府环境治理的重要补充，除了可以增加政府环境治理的弹性外，还可以大大降低政府的监管成本，如果没有诱导式治理，政府的环境治理也会显得呆板单一。此外，政府还应该加强环境保护的宣传教育，以此来增强社会大众的环境保护意识和责任感，为经济社会绿色协同发展奠定良好的思想基础。

（一）政府的命令式治理

命令式治理是世界各国普遍采用的环境治理方式，它依靠立法体系制定的与环境有关的法律法规和政府的行政权力，强制要求社会经济活动的参与者在自然资源利用和一系列生产经营活动中必须遵守规定的行为规范和准则，违反者将受到来自政府行政部门的行政处罚或司法部门的刑事处罚。一般来说，这些与环境相关的立法是基于预防环境污染的目的的，但在实践中，环境污染事件有可能是累积发生或意外发生的，那么处理这类环境污染问题就需要责任追溯制度和经济赔偿制度，因此责任追溯制度和经济赔偿制度也是政府进行环境治理的重要组成部分。同样，在环境治理过程中，行政调节也不可或缺，因为所有法律法规的执行，都离不开政府公权力的保驾护航。

命令式治理之所以成为各国普遍采用的环境治理方式是因为它主要具有如下优点：一是它具有权威性。命令式治理的基础是各国立法体系制定的法律法规，而这些法律法规是全社会形成的共识，是国家意志的体现，对经济活动的参与者有巨大的影响。二是它具有确定性。一般情况下，命令式治理所产生的最终结果是非常明确的，这对一些需要总量控制的污染排放物尤其重要。三是它具有稳定性。法律法规由立法体系制定颁布以后，在一段时间内不会发生改变，加之其公开透明、执行规范，有助于经济活动参与者对未来形成稳定的预期。四是它具有可操作性。法律法规中的条文清晰明确，政府行政部门对命令式治理方式也轻车熟路，其可操作性强。

（二）政府的诱导式治理

诱导式治理是各国政府进行环境治理的重要措施，它通过改变经济活动参与者的决策成本使其私人成本等于社会成本，从而影响其行为，达到资源优化配置的效果。它是充分利用市场经济"看不见的手"激发经济活动参与者自利的因素而实现利他的过程，是自利和利他完美的统一。它的实现途径包括对污染行为征收环境税费、对环保行为提供税收信贷优惠、明晰产权归属、设立排放权交易等，通过这些途径改变经济活动参与者将其产生的环境成本转嫁社会的做法，从而使其为自身的污染环境行为承担相应的经济后果，实现将环境成本纳入经济决策，让当事人自觉选择有利环境保护的行为方式，达到人与自然和谐发展的目的。此外，政府还可以设立专项的财政资金，专门用于环保技术、环保产品的研发和应用。

与命令式治理相比，诱导式治理方式也具有其无法替代的优点，具体如下：一是它具有灵活性。相比于命令式治理的确定性来说，诱导式治理给予政府和企业的选择项更多，更易因地制宜。二是它具有持续性。诱导式治理方式是从经济活动参与者自身利益出发，充分调动了当事人的积极性，因而它产生效果的持续时间更长。三是它的监督成本低。命令式治理方式通常来说需要政府的强力推行和监管，监管对象大多是非志愿性配合，所以监督成本较高，而诱导式治理方式则是激励监管对象自愿履行和配合，相比较而言监督成本可以大大降低。四是它具有双赢性。诱导式治理方式在考虑社会效益的同时也考虑了私人利益，充分发挥了"看不见的手"和"看得见的手"的作用，从而达到当事各方双赢的局面。

（三）政府环境治理方式的选择及变化趋势

目前，从命令式治理和诱导式治理所处的地位来看，它们应该是主从关系。经济活动的参与者之所以会采取的保护环境的行为，主要有两个方面的原因：一是内因，二是外因。对于私人来说，追求自身利益最大化是其内因，而外部的行政控制、经济刺激等是其外因，两者都发挥着极其重要的作用，不可或缺。通常来说，行政控制是政府环境治理的基础手段，使用较为普遍，而且随着经济社会的发展和科学技术水平的提升，行政控制性措施的执行力度和效果会进一步提升。经济刺激措施作为行政控制措施的重要补充，虽然具有一定的优势，但其适用范围的局限性同样也不可忽视，比如说重金属污染治理、有毒污染化学品治理领域，经济刺激措施就失去了用武之地，只能依靠行政控制措施；同时，部分经济刺激措施如税收优惠、财政补贴等只是在某种程度上降低了当事人在污染防治设备上的支出，缓和了直接行政控制措施所带来的强制性，其本身并没有使安装环保设备的企业产生经济效益，而且一旦失去行政控制措施的支持，即使采取了经济刺激措施，企业理性选择的结果恐怕也不会是进行环境保护。因此，命令式治理措施的基础性地位无法替代，诱导式治理措施只是通过缓和行政控制的强制性而有助于命令式治理措施的实施，是一种有前提条件的"自愿行为"，是对命令式治理措施的有效补充。

政府在选择环境治理方式进行环境污染治理时，一般需要结合实际情况考虑以下三个问题：一是治理效果问题，也就是说选择的治理措施在多大程度上能够实现既定的环境治理目标；二是治理效率问题，即采用该种治理措施时政府需要花费多大的成本才能完成既定的环境治理目标；三是接纳度问题，即政府采用某种治理措施时当事人的接纳程度。在环境治理实践中，政府在选择具体治理措施时还会受到两类因素的制约，即内部因素和外部因素。内部因素包括污染排放的时空性、替代品的可得性、环境污染的程度、技术升级的经济效果等；外部因素制约则指的是经济、社会、政治等因素对环境治理方式选择的重要影响。命令式的治理措施和诱导式的治理措施一直以来都是相辅相成的，它们是刚柔并济的制度设计。随着环境治理实践的进步，大家普遍认为诱导式的治理方式有助于增强环境治理的灵活性和接纳度，从而进一步降低环境污染和技术升级营造持续不断的压力，提高环境治理的效率并实现预防性环境治理目标。

诱导式治理方式的出现使命令式治理方式的重要性有所下降。通常情况下，即使是在经济发达的市场经济国家，在刚开始进行环境治理时，命令式治理措施都是占据绝对主导地位的。而这种情形在最近30多年发生了很大的改变，诱导式治理措施被越来越多地采用，重要性也有了大幅提升，特别是在废水、废气和固体废物的治理中，甚至有些欧盟国家已经开始了征收生态税的实践。这种变化从本质上说，就是要把环境治理从污染者被动接受的事情转变为污染者主动作为的事情。

二、绿色协同治理中政府治理环境的具体手段

(一) 命令式治理手段

命令式治理手段是对污染物排放数量、生产技术选择、生产地点选择等进行限制管理的手段，主要包括以下几种方式。

一是排放总量控制手段。通常情况下，环境保护的目标都是以污染物最大排放量或者是污染物排放消减量的形式表达的，自然而然也就产生了用来贯彻执行这些目标的手段，直接对某种污染物排放实施数量控制。这种手段要求环保等相关部门有一套标准，将总体目标具

体分配到各个排污企业，同时还要有一套行之有效的排污监测系统和足够严厉惩处机制。监测系统用来监督，使各个排污企业严格遵守排污数量限制；惩处机制则是为排污企业违规排放时环保部门对其进行处罚提供支持。这类总量控制手段对环境治理可以带来立竿见影的效果，但其也存在一定的局限性。因为它要求政府相关部门根据各个排污企业的具体情况来分配排放数量，这就需要数量分配者充分了解每个排放企业的减排成本函数，否则将会给排污企业带来巨大的影响，最终也不利于整体经济社会的健康稳定发展。

二是技术标准限制手段。技术标准限制手段是对排污企业的生产工艺或生产设备设定特别的要求，也就是对排污企业限定最低的技术标准。这种手段有各种各样具体的实施办法，但是都有对特定技术进行要求的共同特点，比如说，火力发电厂都要安装烟尘脱硫设备、纺织印染企业都要安装污水处理设备、陶瓷企业都要使用天然气等。有时也会要求企业必须在合理的成本范围内使用可得的最优生产工艺，当然这需要政府相关部门与企业进行一对一的协商，通常来说，这种生产技术能够大幅度降低污染物排放，特别是在这种技术还未被广泛应用的情况下，减排效果可能尤其突出。

三是选址区域限定手段。环境保护的最终目的实际上就是保障人类的生命健康和可持续发展。从环境治理目标的表述来看就是要减少人类接触污染物的机会，因此，可以将排污企业划定在远离人群的区域或将人群迁移到安全地带来实现环境治理目标，即采取对排污企业的生产区域进行限定的措施。当然，这种手段有其使用范围，它只适合于有较强空间差异性的非均匀混合污染物。以前，经常是通过划定专门的区域（如设立专门的工业园区）来实施，但现在这种重新规划选址做法的实施难度越来越大，大多情况下都是依据相关法律法规保持二者之间的距离或直接将污染企业迁出受其影响的居民聚集区。排污企业选址区域限定对控制有局部影响型的污染有非常重要的作用。

（二）诱导式治理手段

一是污染征税手段。征收污染税主要是通过调整产品的相对价格来产生影响的，价格变化引起需求变化，使得企业在新的均衡点上生产产品的私人成本和社会成本相等，从而达到最优的资源配置。它既可以对特定的投入品征税，也可以对污染排放征税。它最早由英国经济学家庇古提出，是大多数经济学家提倡用来实现环境治理目标的标准办法。根据经济学理论，当环境治理目标达到最优的污染排放水平时，最优污染排放水平所产生的边际环境损害的市场价值应该等于对单位污染排放所征收的税率。通过征收污染税使排污企业将环境污染带来的社会成本纳入私人成本的计算，这样企业达到利润最大化时的污染排放水平将会与整体社会达到帕累托最优的污染水平一致。

排污税的征收可以有多种形式，它可以按污染物排放量来征收，也可以按企业投入资源品数量或产品产量来征收，还可以按企业类型按差别税率来征收。政府究竟选择何种征收方式，主要是基于征税的监测成本、管理成本和可操作性考虑。通常情况下，数量大、计量简单的污染适用于按排放量征收，量小又分散的污染适用于按产品产量或投入资源品数量征收，而且排污税的征税应该和现行税制相结合，不能将其变为新的独立业务。同时，在开征污染税的过程中，要防止过分关注增加税收的倾向，要明确征收污染税的目的是环境治理，因此，应该设计一套将污染税用于降低污染水平和环境改善的机制，从而形成良性发展的环境治理轨道。

二是减排补贴手段。减排补贴和排污征税一样，是通过调整产品的相对价格来产生影响的。污染企业不愿意参与环境建设的根本原因是其私人收益小于社会收益，那么政府可以利用减排补贴使污染企业的私人收益等于社会收益，就可以将这部分市场失灵矫正过来。根据经济的外部性理论，降低污染物排放水平或减少负的外部性的行为都可以带来正的外部性，都应该是补贴的对象，并且对其进行补贴也是非常有必要的。比如说，节能减排设备和生产技术的研究、开发和应用，初期的成本一般都较高，如果没有政府给予的补贴，很难推广应用。当然，政府补贴也可以采取多种形式，如财政拨款、无息或低息贷款、价格补贴、税收优惠等。

减排补贴和排污征税的经济刺激作用的本质是一致的，追求的目标也是相同的，但是减排补贴和排污征税相比较而言，也有以下不同：第一，经济含义不同。减排补贴是给予，用来引导企业开展具有正的外部性的活动，并需要从财政收入中支出；而排污征税是获取，用来限制企业开展具有负外部性的活动，可以增加财政收入。第二，对企业竞争能力的影响不同。减排补贴是对企业的扶持，会增强其市场竞争能力，而排污征税是对企业的打压，会削弱其市场竞争能力。第三，对生产技术的影响不同。减排补贴在于降低清洁生产技术工艺进入市场的门槛，而排污征税则是增加落后生产技术工艺退出市场的压力。第四，各自的长期影响不同。从长期来看，减排补贴具有相对稳定性且有可能变成制度租金，而排污征税的影响则刚好相反。因此，政府需要关注随着市场环境的变化减排补贴变成制度租金的概率，充分发挥其有利于环境治理的作用。

三是排放许可证交易制度。排放许可证交易制度与减排补贴和排污征税不同，它是排污数量控制而不是影响产品价格，其数量控制的特点似乎与命令式治理方式相似，但实际上是不同的，因为这里的排放许可证是可以交易转让的，而这种可交易性又创造出了一个新的产权市场，通过市场这只"看不见的手"达到环境治理的最优资源配置。在排放许可证交易市场中，只要排放许可证发放给企业，经济学"理性人"的假设就会发挥作用，此时，不管是有足够排放许可证的企业还是没有足够排放许可证的企业都会考虑排放许可证给它们带来的边际收益，是将其用来生产产品还是在许可证交易市场上出售取决于企业减排的边际成本。当减排的边际成本大于排放许可证出售的边际收益时，就将其用来生产；如果相反，则将其在排放许可证交易市场出售。如此循环往复，许可证交易市场通过将排放许可证在企业之间进行再分配，最终就会形成一个均衡价格，使得所有企业减排的边际成本都相等，从而解决环境治理问题，即用最小的成本实现既定的目标。

当然，在进行排放权交易之前，首先要对排放权进行界定。排放权的界定包含两个方面：第一个方面是污染物排放总量的界定，要保持其稀缺性，否则就无交易可言；第二个方面是要以环境治理规则作为依据，将排放许可证发放给企业。排放许可证的初始分配方式主要有三种，即无偿分配、有偿分配和拍卖分配。无偿分配强调的是平等性，即所有企业享有平等的排放权利；有偿分配强调的是渐进式逐步优化，即每一次分配排放权时，根据企业需求调整分配价格，最终建立起一个排放权的市场价格；拍卖分配强调的是效率，即根据企业的支付意愿分配排放权。同时，排放许可证交易市场如果想有效的运作，还需要具备一定的条件：第一是有效的监督体系，即政府能够对相关履职的官员进行有效的督查；第二是完善的规则体系，即政府需要制定完善的规则来保障市场秩序的有效运行；第三是有效的监测体系，即政府能够对相应排污企业进行有效的监测。产权理论认为，产权的有效流动比产权的初始分配更加重要，污染排放权作为一种经济产权也不例外。因此，政府在进行环境污染治理时，不能仅仅考虑排放权分配是否合理的问题，还要进一步考虑如何引导排放权向有效率的企业流动。在市场环境下，通过交易来实现产权的流动，通过产权流动来提高其利用效率，所以，培育一个有效的排放权交易市场使企业通过竞争获取污染排放权是实现资源最优配置的根本途径，也是政府转变角色的重要体现。

通过以上分析可以发现，排放许可证交易制度相比于其他手段有如下优点：第一，可以利用市场规则提高环境治理的效率；第二，可以利用竞争机制降低政府的管理成本和监督成本；第三，可以方便政府进行污染排放总量控制来保护自然环境。在实施的过程中，政府可能会遇到由于信息不对称的问题而导致的污染控制总量目标过低的问题，政府也可以通过交易市场回购部分排放权，同样非政府的环境保护组织也可以通过交易市场购买排放权，从而达到改善环境的目的。

四是谈判调解手段。谈判调解手段主要用于解决环境污染的外部性问题，它通常在外部性的制造方和影响方之间进行，政府在其中扮演协调者的角色。科斯认为，在初始时，无论产权是如何分配的，只要交易成本可以忽略不计，那么交易双方通过谈判都能够达到有效率的结果，而产权的初始分配只会影响收益分配，不会影响资源的有效配置。但是，科斯定理的实现有一个前提条件，就是存在可交易的明确产权，不然谈判调解就很难达成有效率的交易结果。如果产权明确，那么当其遭受侵害时，法律就有权对侵害者实施制裁，但受害方也可以通过谈判与侵害方达成产权侵害的补偿协议。相反，如果产权不明确，那么当一方受到另一方行为的影响时，就无法主张自己的权利，法律也失去了实施制裁的依据。由此可见，清晰的产权和良好的法律体系是谈判调解的必要条件。

当然，谈判调解手段应用在环境问题治理上也有其局限性，因为除了明确的产权外，还有其他因素影响着谈判调解的可能性。第一，谈判各方参与者的数量。如果谈判参与方数量过大，交易成本则可能会急剧上升。第二，谈判参与各方的偏好显示问题。如果各方没有充分显示其偏好，也就不能识别所有影响者，从而无法进行组织，也就很难达成有效率的结果。在运用谈判调解手段解决环境治理问题时，还有些因素大大限制了其作用的有效发挥，其中最典型的代表就是环境的公共物品属性。环境是一种公共物品，对它影响就产生了公共外部性，此时"搭便车"现象就会使谈判调解手段无法达到有效率的结果。同时，还存在着不同时空之间交易谈判的可能性问题，因为大部分环境问题可能会影响几代人，当代人的行为可能会给子孙后代带来外部性影响，那么如何与尚未出生的人进行谈判这一问题就将其推到了无解的境地。这种情况下，政府的作用就凸显出来了。政府应该尽最大努力清晰地确定产权并建立起一套完善的交易制度体系。在这个体系下，政府还应负责识别环境污染的责任人及其影响者，以及提供高效廉价的司法协助，这样就能保证各方为自己的行为给他人造成的影响付出相应的经济代价，从而改进环境治理的效率。

五是法律调节手段。随着法制建设进程的推进，法律调节手段也越来越受到人们的重视。通常情况下，该手段就是通过各种方式将环境污染者和他们所造成的环境损害之间建立起法律责任关系。当然，为了使与环境相关的法律法规能够有更好的实施效果，政府还必须建立起一套合理的环境标准。这些环境标准是维持人与自然和谐、可持续发展的技术规范，带有强制性色彩，违反者必须依法承担相应的后果。同时，环境标准又可以分为主体标准和配套标准，主体标准包括环境质量标准和污染物排放标准，配套标准包括基础标准、方法标准和样品标准。其中，环境质量标准是基础，是制定环境政策目标和污染物排放标准的依据，也是判定环境有无受到污染的依据。而污染物排放标准又是环保等部门监测和检测企业排污行为有无违法的依据。如果企业排污涉嫌违法，配套标准又为环保等部门提供了采取处罚措施的依据。只有法律法规、政策标准之间相互配套，才能最大化发挥法律调节手段作用，使排污企业逃无可逃、避无可避。

六是明确产权手段。在经济有序运行的过程中，清晰的产权是非常重要的，尤其是在向市场经济转型的过程中和自然资源开发利用的过程中。在某个经济社会向市场经济转型的过程中，市场不是配置资源的唯一或主要手段，政治、历史、文化等因素可能也在资源配置过程中发挥着重要作用，这些因素的影响只会随着时间的推移和经济社会制度的改变而逐渐消退。而在自然资源开发利用的过程中，如果自然资源没有清晰的产权，就很容易被人们过度消耗。此时，政府如果能够切实可行划分产权，那么无疑会极大地提升市场有效配置资源的可能性。

七是宣传教育手段。宣传教育有时也是协助实现环境治理目标的重要手段。政府通过广泛、持续的教化使人们逐渐树立起环境保护的意识，激发起人们对自身经济行为给环境带来负面影响的思索，培育起有利于环境保护的经济氛围，引导人们积极投入环境保护的行列中来，从而将环保行动内化成人们的自觉行为，最终使经济社会走上环境友好型的发展道路。

本 章 小 结

本章主要针对产业承接地企业—园区绿色协同发展治理过程中政府的基本职能、具体作用以及治理方式进行了梳理与阐述。环境的公共产品属性、环境市场的非对称性和信息不对称以及环境问题存在的外部性所导致的市场失灵是政府进行干预的理论和现实基础。在经济社会绿色协同发展中，各级政府要充分发挥其作用、扮演好自己的角色，特别是中西部地区的产业承接地在企业—园区绿色协同发展的治理中，要用好政府这只"看得见的手"解决好市场失灵问题。这就要求各级政府在企业—园区绿色协同发展的治理过程中，一定要坚守自身的职责，科学制定相应的法律、法规和政策，谨慎使用行政干预手段，依据市场规则积极协调各方利益，综合使用管制方式，灵活采用各种治理手段。综上所述，产业承接地各级政府在进行企业—园区绿色协同发展的治理时，在微观上要充分发挥市场作用，即微观上充分利用市场的有效性；在宏观上要充分发挥政府职能，坚持绿色协同发展，做"有为"政府。

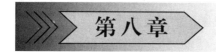

第八章

国内外企业—园区绿色协同
发展的实践经验

第一节　国外企业—园区绿色协同
发展成功案例分析

20世纪90年代以来，"绿色低碳、循环经济"得到越来越多人的重视，企业和园区也越来越注重绿色协同发展，渐渐形成了一批知名生态工业园。

一、丹麦卡伦堡工业园——产业共生模式

（一）园区简介

卡伦堡是丹麦北部的一个小镇，毗邻北冰洋，远离欧洲中部腹地，在地理位置上适合煤电厂及大型工业企业落户。基于地理位置优势，自20世纪50年代末起，各式各样的大型发电厂和炼油厂相继在卡伦堡建立。发电厂和炼油厂在卡伦堡的建立，给当地居民带来可观的收益，但高污染高耗能的产业也给当地带来了棘手的环境污染问题（李

玲玲，2018）①。

为了解决上述难题，20 世纪 60 年代末，园区的主要企业开始交换"废料"，某家企业的"废料"可能成为他家企业的原料；此外，园区内还互换蒸汽、水，尤其是水，交换时还分不同温度和不同的纯净度，满足不同企业的需求。企业之间的互惠互利合作，使企业的成本降低了，收益增加了。

由图 8-1 可知，卡伦堡生态工业产业链主要有 7 个参与者，即：Asnaes 电厂、Gyproc 石膏墙板厂、Statoil 炼油厂、Novo Nordisk 制药厂、卡伦堡城的 2 万居民（需供热、蒸汽和水）、Tisso 湖和海湾，其中 Asnaes 电厂为整个生态工业产业链的核心。

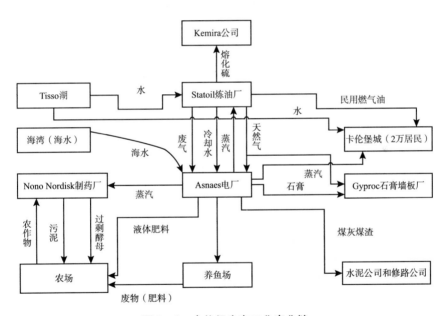

图 8-1 卡伦堡生态工业产业链

1. 以 Asnaes 电厂为中心的生态工业链

首先，Asnaes 电厂给 Statoil 炼油厂、Novo Nordisk 制药厂输送电；

---

① 李玲玲. 丹麦卡伦堡生态工业园的成功经验与启示 [J]. 对外经贸实务，2018（5）：38-41.

其次，卡伦堡城居民所需蒸汽也来自该电厂，这些热量大概相当于3500个燃油锅炉使用时产生的热量；再次，Asnaes电厂可提供冷却水供养鱼场使用，养鱼场的废物可作为农场的肥料；最后，Asnaes电厂将生产过程中的煤灰煤渣出售给水泥公司和修路公司（王党强，2016[①]；董阳和壮歌德，2015[②]）。

2. 以 Statoil 炼油厂为中心的生态工业链

一方面，该炼油厂将民用燃气油、天然气分别输送给卡伦堡城居民和 Gyproc 石膏墙板厂；另一方面，将生产中的"废气和冷却水"输送给 Asnaes 电厂；此外，该炼油厂将熔化硫输送给 Kemira 公司，其去除硫后将干净的天然气直接输送给 Asnaes 电厂使用。

3. 以 Novo Nordisk 制药厂为中心的生态工业链

首先，该厂将农作物发酵转换成产品，到市场出售后实现其商业价值；其次，该厂将生产过程中的"废料"——污泥输送到农场；最后，生产过程中过剩的酵母可作为动物饲料进行出售（蓝庆新，2006)[③]。

（二）发展经验

1. 发挥政府的目标引领作用

政府要积极引导企业节约用水、保护环境。通过提高地下水的价格和提升生态标准（禁止工厂将污泥直接排入大海），使很多企业必然要面对成本的上升，为了使成本最小、收益最大，很多企业聚集在一起解决该难题，这成为园区循环经济发展的初始动力。以 Statoil 炼油厂为例，该厂自发地从远离卡伦堡市约50公里的 Tisso 湖引用水，企业之间相互合作，建立了水循环系统。卡伦堡工业园的这种共生关系，大幅度地减少了水的需求量和发电站的数量，其分别减少25%和60%

① 王党强. 丹麦卡伦堡生态"工业共同体"——我国生态工业园区的反思与超越 [J]. 环境保护与循环经济，2016，36（8）：4–8.
② 董阳，壮歌德. 丹麦卡伦堡生态工业园的启示 [J]. 世界环境，2015（5）：38–39.
③ 蓝庆新. 来自丹麦卡伦堡循环经济工业园的启示 [J]. 环境经济，2006（4）：60–63.

（张西玲，2011）①。

2. 充分发挥市场的作用

有了政府的目标引领，接下来合作的双方都会根据"成本最小、收益最大"的原则来做选择，以便尽可能实现自身收益最大化。例如，在选择石膏原料方面，Gyproc 石膏墙板厂就会选择园区内电厂脱硫产生的石膏，而不再选择从西班牙进口的石膏，这样就大大降低了运输费用。

对于参与生态链中的每个企业而言，实现"经济利益最大化"才是它们各自的目标，正是这个利益驱动使它们走向了合作。

（三）启示与借鉴

首先，要充分发挥政府和市场的双重作用。政府提前规划引领，制定生态标准。例如，提高稀缺资源水的价格，这样企业在市场的作用下，会自动自发地聚集在一起寻求合作。

其次，要充分发挥税收的调控作用。产业承接地园区可采取负强化（对污染物征税）和正强化（税收优惠）等手段进行市场调控。对企业参与新产品的研发及推广，使用节能节水、环境保护、安全生产等设备给予税收上的优惠。通过税收的调控、市场的作用（提高水的价格），引导企业使用节能节水、环境保护设备（Smolenaars，1997）②。

二、加拿大伯恩赛德生态工业园——清洁生产中心模式

（一）园区简介

伯恩赛德生态工业园区建立于 1975 年。1992 年，园区在政府的指导下开始探索生态系统；1995 年，按照"生态工业园区"的模式开始

---

① 张西玲. 国内外生态产业园区建设典型案例研究 [J]. 科技创新与生产力，2011（3）：54 - 58 + 62.

② Smolenaars T. 工业生态学与清洁生产中心的作用 [J]. 产业与环境（中文版），1997（4）：19 - 21.

改造。现在，该园区已经发展成为加拿大最大的生态工业园区。该园区最大的亮点是建立了"伯恩赛德清洁生产中心"。

"清洁生产中心"的设立旨在引导企业以"环境友好产品"为核心，相互合作，将"废物"变"原材料"，对其进行研究、设计、生产、使用和销售。该中心主要为企业提供各种环保方面的技术服务：如废物评价；提供各种预防污染方案、清洁生产方案；监督企业执行环保措施等（戴锦，2004）[①]。

同时，伯恩赛德生态工业园区灵活应用加拿大政府颁布的"污染者负担政策""污染收费政策""治理污染优惠政策"，创新三种管理机制（智力支持机制、交流融通机制、工业共生机制，简称"三种政策"），鼓励入园企业自发进行污染防治、科研院所大力研发环境装备技术、民众监督举报园区环境违法行为，使园区取得正向的环境与经济收入，逐步提升绿色化水平。目前，园区已经拥有了非常丰富的副产品交换网络，工业共生网络已经建立，推动了园区内 1200 多家企业实现"绿色化"（柯金虎，2002[②]；敖明山，2007[③]）。

（二）发展经验

1. 智力支持机制

"清洁生产中心"要为园区企业提供各种技术服务，这离不开各种"智力支持"。首先，滑铁卢大学和加拿大环境署共同设立基金，鼓励专家、学者参与伯恩赛德工业园区项目的研究；其次，教授和学者们也对园区进行科学的指导与规划；最后，园区开展的各种环保技术培训，为园区循环经济的开展提供了智力支持（朱光明和杨继龙，2015）[④]。

---

① 戴锦.生态工业园发展模式与政策问题探讨［J］.生态经济，2004（1）：36–39.
② 柯金虎.生态工业园区规划及其案例分析［J］.规划师，2002（12）：42–45.
③ 敖明山.循环经济视角下的生态工业园区发展模式研究［D］.天津：天津商业大学，2007.
④ 朱光明，杨继龙.日本北九州："灰色城市"到"绿色城市"的治理之路［J］.社会治理，2015（2）：135–145.

2. 交流融通机制

"清洁生产中心"鼓励企业之间相互合作，因此"交流融通机制"的建立就非常重要。"交流融通机制"的建立，不仅方便了各公司的高层管理人员进行交流，也方便了员工与员工、员工与政府、企业与政府之间的交流。全员参与的"交流融通机制"，为企业、社区、政府无障碍沟通提供了平台。

3. 工业共生机制

"清洁生产中心"提供的"废物评价""信息共享"，让更多的新企业尝试加入。由于产业领域比较多，这种相互利用副产品的机会也比较多，工业共生网络也就更多。

为了吸引新企业的加入并扶持中小企业的发展，园区还建立了"企业环境孵化器"；为了帮助企业充分利用其他企业的副产品，政府还专门制定相应的政策；为了使工业共生网络更多，政府鼓励企业多研究副产品，寻找新用途。

（三）启示与借鉴

一是政府的政策支持。加拿大政府既实施了"污染者负担政策"和"污染收费政策"，又实施了"治理污染优惠政策"。二是创新驱动发展。既有创新的文化环境，又有基于生产要素协同形成的创新网络。三是管理手段科学。当企业之间有矛盾时，园区会做好"协调人"的角色。

三、日本北九州工业园——静脉产业园模式

（一）园区简介

北九州市位于日本九州岛最北端，是日本主要的港口城市。1901年，日本国营八蟠炼钢厂正式投产，随着经济的高速增长，北九州市很快就成为日本著名的四大工业基地之一。由于忽略了环境保护，经济的高速增长却带来了严重的环境污染。到20世纪60年代，北九州工业区已成为全日本污染最严重的"七色烟城"，有密集的烟囱、被腐

蚀的螺旋桨、堆积在房顶的烟尘、工厂的废水（岸本千佳司和彭雪，2010①；王蓬，2008②）。

1968 年，北九州工业园区发生了"米糠油事件"，受害者达 1 万多人。"米糠油事件"引起了政府、企业、科研机构和市民对环境保护的高度重视，并纷纷采取行动来防止公害的发生。20 世纪 80 年代后，"北九州工业区"开始衰落。90 年代，经济开始复苏，北九州成功摆脱困境并恢复了活力，先后被评为"星空之城""全球 500 佳奖"的城市（齐宇和李慧明，2008）③。

（二）发展经验

1. 多主体共同参与

"米糠油事件"后，政府、企业和居民都开始重视环境保护。首先，政府采取了缔结防止公害的协议、设置公害监事中心等防公害措施。其次，企业采取了各种环保措施。一方面设置末端处理设备，如电子除尘器、脱硫设备、废水处理设备；另一方面引进清洁生产技术，如原材料、燃料使用的评价及改善，生产工艺的改善，维持管理彻底化等，以达到节能、节约资源、降低环境负荷、提高生产率的目的。

2. 政府制定"生态城计划"

工业园区的绿色发展与政府政策的导向密不可分，如在政府的主导下，制定了"生态城计划"，从国家层面设计了工业园区绿色发展方向，完善了法律法规，充分统筹各种资源，多个部门一起协作，为绿色发展做好后勤保障。

政府将园区划分为三大区域，三大区域发挥各自的功能。"验证研究区"的工作重点是废弃物处理的技术研发、再生利用技术的研究；

---

① 岸本千佳司，彭雪. 日本北九州市的环境政策演变：从克服公害到创建环境首都 [J]. 当代经济科学，2010，32（6）：89-97+125-126.

② 王蓬. 日本北九州市治理环境污染的经验 [J]. 发展，2008（6）：55-56.

③ 齐宇，李慧明，王军锋. 日本发展生态产业的动因分析 [J]. 现代日本经济，2008（2）：10-14.

"综合环保联合企业群区"的工作重点是企业之间废弃物的循环,使"资源"变成"产品"后再变成"再生资源",而不是"污染排放"。"响再生利用工厂群区"的工作重点是汽车循环再利用和扶持中小企业在环保领域的发展。一方面,将分散的汽车拆解厂集体搬迁至本群区的"汽车再生区域",为企业间的合作、废弃物的循环创造条件;另一方面,政府制定各种优惠政策,吸引废弃物处理公司进入本群区的"新技术开发区",以便扶持其发展壮大(钱昆,2021)①。

3. 政府的金融支持

为了改善环境,日本各级政府制定了诸如生态工业园区补偿金制度、税收优惠等政策来引导资源往"循环经济"的方向流动。政府在1972~1991年应对公害的支出达5517亿日元,占政府公共支出比重达68.6%。

4. 完善的法律保障体系

为了让循环经济有法可依,日本不仅制定了基本法、综合法、专业法(见图8-2);还制定了"北九州市公害防止条例",并与企业签

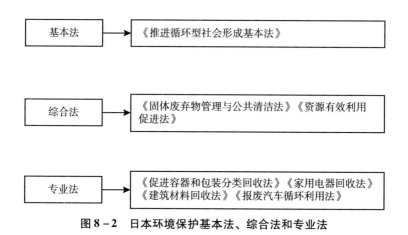

图8-2 日本环境保护基本法、综合法和专业法

---

① 钱昆. 北九州生态工业园对上海吴淞工业区的启示 [C]//面向高质量发展的空间治理——2021中国城市规划年会论文集(02城市更新). 2021:1752-1761.

订了"公害防治协议书",以便弥补当时法律上的漏洞。

5. 重视科研及人才培养

北九州市特别重视人才培养并加大经费对科研力度的支持,以便为园区的循环经济发展提供技术支持。例如,建立北九州学术研究城、北九州生态工业园的实证研究区,有了这些平台的支持,就能快速将研发技术应用于企业,缩短了研发周期,为经济增长下的"蓝天"保驾护航。

(三) 启示与借鉴

1. 建立专门的政府管理机构

为了更好地促进园区的生态化发展,需要建立专门的归口管理部门,以便对园区进行规划、引导,并管理生态工业园区的建设与发展。围绕园区产业链共生体系建设,对工业园进行合理分区、合理布局,在政府和市场的双重作用下,使环境产业成为"香饽饽",引导企业之间相互协作(董立延和李娜,2009)①。

2. 完善配套法律及政策扶持体系

北九州制定了各种符合生态发展的基本法、综合法、专业法,并且有各种税收优惠及财政支持。

如日本整体项目体制为自上而下的产学研合作,环境省与经产省共同负责园区项目的审批及财政支持。其中,经产省主要提供硬件技术支撑,环境省提供软件技术支撑,两省共同对环境技术与资源循环项目给予一定的补贴,帮助其实现产业化。

3. 发展循环经济技术

1997年,日本为推进循环型社会的建设,开始了"生态城"项目(即静脉产业园区)的推进工作,实施了一系列国家层面的生态工业园区与环境都市项目,目的是通过先进的资源循环与废弃物处理技术的推广,以及环境产业与静脉产业的发展,构建一系列环境友好型城市

---

① 董立延,李娜. 日本发展生态工业园区模式与经验 [J]. 现代日本经济,2009 (6):11–16.

与城镇，最终实现社会零排放。

因此，产业承接地园区需建立企业—园区绿色协同治理机制，发展静脉产业。要充分发挥市场中价格的作用，发挥政府的宏观调控作用，引导各方主体对资源的回收技术、无公害技术等进行研究，并与企业进行对接，以提高生态技术应用的经济性。政府要充分利用市场机制的作用，将循环经济的需求激活，另外还要创造各种条件，助力研发机构，将循环技术的供给激活，使"静脉产业"在政府和市场的引领下发展壮大。

四、德国鲁尔工业区——资源城市可持续发展模式

（一）园区简介

鲁尔工业区位于德国西北部。鲁尔区地理位置优越，不仅煤炭资源丰富、水源充足，而且水陆交通便捷，离铁矿区较近，市场前景广。19 世纪中叶，鲁尔工业区依托其丰富的煤炭资源开始迅速发展，形成了以采煤、钢铁等重工业为主的产业体系，这些重工业的产值曾占到全区总产值的 3/5，是德国乃至整个欧洲最重要的工业区之一。20 世纪 60 年代，世界煤炭产量大增，再加上石油和天然气的使用，导致对鲁尔区的煤炭需求大幅减少。70 年代中期，全球爆发了经济危机，导致鲁尔区出现了"煤炭危机"和"钢铁危机"，鲁尔区由兴盛到衰退，出现了"经济增长下滑、失业人数大幅增加、环境质量下降"等现象（董伟，2018①；舒绍福，2021②）。

为解决能源枯竭、经济增长、环境污染问题，鲁尔工业区从产业、环境、社会等多方面转型。尤其是在生态环境改善方面，政府加大投入对鲁尔区进行生态修复。目前，形成了以煤炭和钢材为基础，以高新技术产业为龙头，多种行业协调发展的新经济区。

---

① 董伟. 德国鲁尔工业区创新发展经验及对吉林省经济转型的启示［J］. 北华大学学报（社会科学版），2018，19（5）：100 – 106.

② 舒绍福. 雾霾之毒：德国鲁尔工业区事件［N］. 学习时报，2021 – 10 – 27（7）.

(二) 发展经验

1. 大力扶持，调整产业结构

面对鲁尔工业区发展的瓶颈，政府主要从传统产业转型升级、大力发展新能源入手。

首先，政府加大力度对传统产业进行清理改造，对效率不高的煤炭企业进行淘汰。通过税收优惠、环保资助、研发补助等方式将所有的要素配置到效率高、机械水平高的大型企业中去。20 世纪 50 年代的鲁尔区基本都是煤炭工业和钢铁工业，其中煤炭占主导地位，到 90 年代，煤炭工业急剧减少，出现了机械工业、电子工业等（葛竞天，2005）①。

其次，政府采取优惠政策吸引资金流向信息、生物技术、环保等新兴产业，以便调整产业结构，如依托鲁尔区丰富的太阳能、光能等资源，建立了光伏发电厂等新能源系统。

2. 修旧如出，创意改造

在改造思路方面，明确了要保留"史迹"，并且要用创意让这份"历史遗产"华丽转身，继而大放异彩，如"工业构筑"变成了"拱形走廊"，"旧瓦斯罐"变成了"潜水训练塔"，"高大的混凝土建筑外墙"变成了"攀岩场地"，一部分"旧厂房"改造成了"舞台"。

3. 严控污染，生态修复

为了改善环境，德国政府不仅建立了空气质量监测系统，限制废气、废水的排放，还购买了"已经污染的土地"，并对其进行生态修复，然后再转化为绿地、居住用地等。

此外，鲁尔工业区还大规模植树造林美化环境。既有"保护"的绿地，又有"再生"的绿地，改造后的鲁尔区设有 8 个公园，每个公园都各有特色，其中杜伊斯堡景观公园是一家新概念公园，是在 1985 年关闭的泰森钢铁厂上建成的。和其他公园不同的是，该公园保留了

---

① 葛竞天. 从德国鲁尔工业区的经验看东北老工业区的改革 [J]. 财经问题研究，2005 (1)：54–58.

钢铁厂的整个"冶炼过程"。

4. 完善社会保障，创造就业机会

面对资源枯竭，鲁尔区调整产业结构，而这导致了一批人失业，此时完善的社会保障制度和政府的"优惠政策"起到了至关重要的作用。政府主要采取了以下措施：一是提供 9 亿马克的低息贷款；二是给提供就业机会的企业给予补贴（每家企业 5 万马克）；三是员工转岗培训费全部由政府出（吴兴唐，2020）[①]。

（三）启示与借鉴

（1）要实现产业结构的多元化，以便适应未来各种情况的变化。

（2）绿水青山就是金山银山，切忌牺牲环境换取经济发展，对已经破坏的生态，要不惜一切代价进行生态修复。

（3）对于新建的园区，一定要注重绿色园区建设，提前做好规划，发展循环经济。

（4）老的工业中心，关停并转的过程中肯定会使企业和员工受到影响，此时要兼顾变革和社会稳定，要出台各种优惠政策来帮助企业转型升级。对于失业人员，除了各种补贴，还需要进行有目的的培训，引导企业创造新的岗位（景红霞和闫二旺，2017）[②]。

第二节　国内企业—园区绿色协同发展成功案例分析

进入 21 世纪以来，我国已命名或批准建设近 100 家国家级生态工业示范园区，120 余家循环化改造试点园区，探索出了一条生产、生活、生态共赢之路。

---

① 吴兴唐. 德国鲁尔地区"经济转型"的启示 [J]. 今日国土，2020（4）：39 - 41.

② 景红霞，闫二旺. 中外合作工业园区的模式探讨 [J]. 经济研究参考，2017（69）：50 - 58.

一、江苏苏州工业园——循环型基础设施模式

（一）园区简介

苏州工业园区于 1994 年 2 月经中华人民共和国国务院批准设立，位于苏州市城东，面积为 278 平方公里，人口 57.6 万，是中国和新加坡两国政府间的重要合作项目，被誉为"国际合作的成功范例"；从 2016 年开始，连续 5 年在国家级经开区考评中排名第一；2020 年，在国家级高新区综合排名中位居第四，是世界一流科技园区之一。

2018～2020 年，苏州工业园区实现地区生产总值分别为 2570 亿元、2743 亿元、2907.09 亿元[①]，尤其是 2020 年，受新冠肺炎疫情的严重冲击，很多国家、地区的经济基本处于停滞状态，而苏州工业园还实现了 2900 多亿元的产值，同比增长了 5.98%，高出全国 GDP 年增长率 3.68%。

苏州工业园区 2021 年第一季度实现地区生产总值 704.22 亿元，同比增长 20.1%。在对外贸易方面，一季度进出口总额 251.41 亿美元，同比增长 30.8%，其中出口总额达到 122.5 亿美元，同比增长 36.2%；在国内贸易方面，实现社会消费品零售总额 285.57 亿元，同比增长 44.2%[②]。

以上这些成绩的取得得益于园区建区时就借鉴了新加坡的发展模式，并坚持"环境优先"的理念，走绿色低碳发展之路，始终贯彻绿色发展和生态文明建设战略，从顶层设计上对绿色发展做好规划，创新绿色发展机制。例如，围绕"污水、污泥"整合了几条产业协同链，走出了一条发展循环经济的道路。如图 8-3 所示，热电厂产生的余热

---

① 苏州工业园区管理委员会. GDP 上涨 6%，实际利用外资创新高 苏州工业园区亮出 2020 年度"成绩单"［EB/OL］. (2021 - 01 - 19) ［2022 - 07 - 02］. http：//www. sipac. gov. cn/szgyyq/tjfx/202101/ca7b28f2bd50445e8446e9c82c336270. shtml.

② 苏州工业园区管理委员会. 一季度园区主要经济指标新鲜出炉！最高同比增长达 44.2%［EB/OL］. (2021 - 04 - 30) ［2022 - 07 - 02］. http：//www. sipac. gov. cn/szgyyq/tjfx/202104/8abc3d3c1aa641508524b4e962484c2e. shtml.

蒸汽将污泥烘干，烘干后的污泥作为燃料输送给热电厂发电和产生余热蒸汽；污水厂将污泥输送给干化厂处理，产生的中水（冷却水）输送给干化厂和热电厂使用。

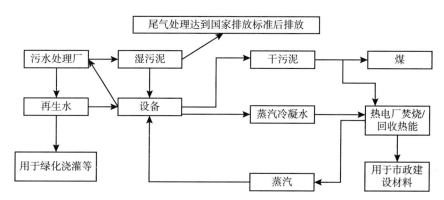

图 8 – 3　苏州工业园区污水处理、污泥干化以及热电能源循环利用

（二）发展经验

1. 规划引领、高标准建设

苏州工业园从成立至今，一直遵循"先规划、后建设""先地下后地上"的原则。其基础设施建设严格按照"三高一低"原则。既要求规划的起点高，又要求投入高，此外还要求建设标准高。与此同时，在对环境的不良影响方面，也要降到最低。例如，如园区对污水尾水要全部处理达标后才能排放，污水处理中产生的污泥全部要进行无公害处置（王丽，2019）①。

2. 统一运营、规范监管

园区污水处理、污泥处理和热电联产等公用事业项目统一运营。园区政府规定了政府行业监管期限，明确了公用事业的运营职责，以确保公用事业企业的基础设施规划、产品价格、服务标准等涉及大众利益的重大事项处于政府的严格监管下，从而使公共利益目标得以实现。

---

① 王丽. 基于苏州工业园区经验总结的产业园区概念模型设计［J］. 中国经贸导刊（中），2019（12）：43 – 44.

3. 加强资金引导

为了鼓励企业发展循环经济，园区累计投入财政资金超过 5 亿元，设立了环境保护专项引导资金、节能循环低碳发展专项引导资金，对企业开展的碳减排行为进行奖励，有了示范效应，企业综合考虑诸如成本账、生态环保账、社会责任账后，积极投身于碳减排。

4. 加强宣传指导

针对企业对碳减排认识不一的问题，园区加大政策的宣传力度，树正面典型。例如，2021 年 7 月，园区表彰了一批"最美工厂"，其评价体系中既有环境美，又有低碳美，如建筑是否节能环保、是否持续开展技术更新等。又如园区组织开展"环保达人"评选，引导社会公众关心生态环境，鼓励在节能减排方面进行创新，对建设美丽园做出贡献的人员予以表彰，使其发挥先锋模范作用。

5. 提供技术指导

除了资金问题，技术人员的缺乏成为企业开展碳减排的另一障碍。园区 2018 年开始启动了环境管理合作伙伴计划，通过整合政府部门、示范企业、社会组织和技术单位的专业力量，成立"技术帮扶小组"，建立"辅导机制"，帮助企业解决减污、降碳等问题。

(三) 启示与借鉴

在苏州工业园区的建设中，政府和市场的作用都功不可没。一是发挥政府的主导作用，既要注重规划，又要科学规划，不能"边开发边规划"或"先开发后补规划"。二是政府对公用事业高标准建设，且要对其规范运营进行监管。三是充分发挥市场的作用，借助市场力量解决基础设施长期投资问题和可持续发展问题。四是利用奖励政策，发挥减排企业的示范作用，引导企业积极投入碳减排中来（闫二旺和闫昱霖，2017[①]；赵满华和田越，2017[②]）。

---

① 闫二旺 闫昱霖，产业园区创新生态圈的构建与发展——以苏州工业园区为例 [J]. 经济研究参考，2017 (69)：38－40.

② 赵满华，田越. 贵港国家生态工业（制糖）示范园区发展经验与启示 [J]. 经济研究参考，2017 (69)：42－50.

二、广西贵港国家生态工业（制糖）示范园区——循环经济模式

（一）园区简介

贵港国家生态工业（制糖）示范园于 2001 年批准设立，是我国第一个循环经济试点示范园区。园区以制糖厂为核心，上游有甘蔗园，下游有酒精厂、造纸厂、发电厂、环境综合处理厂，上下游之间形成了多条生态循环工业链。

由图 8－4 可知，甘蔗园既是起点，又是终点。一方面甘蔗园为整个系统提供甘蔗，另一方面其他系统产生的"废品"经处理后形成复合肥又回到了甘蔗园，为甘蔗园提供肥料。制糖是整个系统的核心，制糖厂既生产普通糖，又生产有机糖和低聚果糖，后者附加值更高，环保指数更高（刘勇和姚星，2005）①。

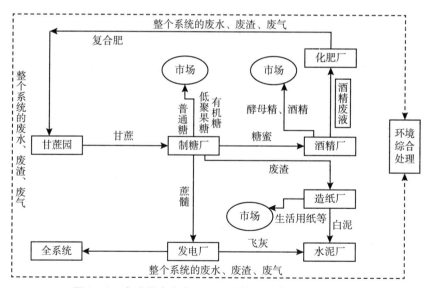

图 8－4　贵港国家生态工业（制糖）示范园循环经济图

---

① 刘勇，姚星．"3R"原则指导下的农工一体化循环经济模式——对贵港国家生态工业（制糖）示范园建设的分析 [J]．生态经济，2005（10）：56－60．

制糖厂产生的"糖蜜",成为酒精厂的"原料",生产出了具有高附加值的酵母精和酒精,而酒精厂产生的"酒精废液"成为下游有机肥生产的主要原料;产生的"蔗渣"成为造纸厂的"原料",生产出生活用纸、高附加值的蔗渣浆;产生的"蔗髓"成为发电厂的"原料",减少了天然气以及矿物资源的消耗,发电厂为整个系统提供必需的燃气和电力。整个系统产生的"废渣、废水、废气"则由环境综合处理厂进行加工处理和回收利用(元炯亮和刘忠,2002[①];韩良等,2006[②])。

(二) 发展经验

1. 政府是"政策提供者"和"协调者"

每个生态园的成功发展都离不开政府,贵港生态工业园和其他工业园不同的是:它是在自发的基础上形成的,政府始终充当"政策提供者"和"协调者",并未以"强硬姿态"参与其中。政府在发展中根据园区所需,解决发展过程中存在的问题。例如,针对企业税负重的难题,园区充分利用国家对西部的税收优惠政策帮助企业减负。

园区既有自我决定权,又有政府的各种支持,这为其可持续增长提供了内在增长的动力。

2. 充分利用当地的资源

甘蔗是当地最丰富的资源,制糖厂以甘蔗为原材料,构建多条生态循环链。例如,制糖厂产生的普通糖、精制糖等可到市场销售,而产生的糖蜜可以进一步生产酒精,蔗渣可造纸,蔗髓可发电,发电厂向整个系统提供电力、燃气,而整个园区的废水、废渣、废气会集中统一处理。

3. 提升产品附加值

由图 8 - 4 可知,该生态园有多条生态工业链,以制糖厂为中心,

---

① 元炯亮,刘忠. 制糖工业生态化重构——以贵糖集团为例 [J]. 中国人口·资源与环境,2002 (4):120 - 123.

② 韩良,宋涛,佟连军. 典型生态产业园区发展模式及其借鉴 [J]. 地理科学,2006 (2):2237 - 2243.

延长了产业链。园区生产过程中，引进了各种先进技术，围绕"高附加值、环保"进行产品的研发设计，如既具有高附加值又环保的低聚果糖、有机糖、酵母精等。不管是生产过程还是生产管理，都严格遵照相应的规范，生产方式的变革，产业链的延长，既减少了污染，又实现了经济效益的增长（徐楠，2011）①。

（三）启示与借鉴

一是充分发挥市场和政府的作用，明确各自的角色定位。二是构建生态循环链需要根据当地的特色，以特色为核心，上下游进行延伸。三是要采用集约型生产方式，引进技术，生产具有高附加值的产品，以满足人们对美好生活的需要。

三、安徽阜阳界首高新区田营科技园——资源回收模式

（一）园区简介

安徽阜阳界首高新区田营科技园（2005 年组建）是一家再生铅循环产业园，其规模最大，链条最完整。目前已建成了"回收＋处置＋产品化"的闭合式产业链条（见图 8 - 5），生产各种铅、蓄电池等，带动了配套产业的发展。

目前，田营科技园有 100 多家再生铅冶炼循环利用企业入驻。园区每年回收加工的废旧蓄电池约占全国的 1/3，加工的再生铅占全国的 1/4，生产的蓄电池极板和电池约占全国的 1/5。园区从不同层面构建了小、中、大循环，"小循环"体现在企业开展清洁生产方面，"中循环"体现在园区内建立了上下游配套产业方面，"大循环"体现在整个社会对资源的循环利用方面。

园区通过发展绿色循环产业，实现了经济效益和环保效益双丰收。在经济效益方面，2019 年园区产值达到 272 亿元，利税 13 亿元，与周边乡村良性互动；吸纳了田营镇劳动力 80％ 以上的人口就业，促进

---

① 徐楠 . 生态工业示范园助推低碳经济 ［J］. 投资北京，2011（1）：78 - 79.

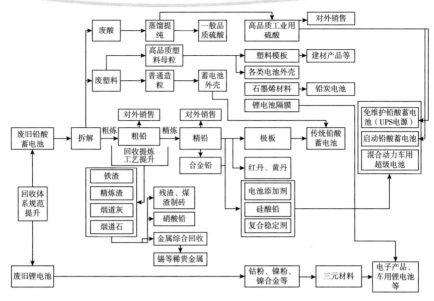

图 8-5　田营科技园闭合式产业链条

了美丽乡村建设。在环保效益方面，建立了废旧电瓶回收体系，如图 8-6 所示，废旧电池进入田营科技园，15 天后就能变成新电池。这极大地降低了二次污染，园区每年减少"废水、废气、废渣"排放量分别为 439 万吨、1.81 万吨、1000 万余吨。

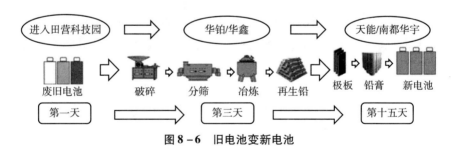

图 8-6　旧电池变新电池

（二）发展经验

1. 坚持"发展是根本，环保是生命"

园区自成立之初就遵照"理念先行、科学规划"的原则，以"发展是根本、环保是生命"为发展指南，主要从环保硬件设施的投入、企业现场管理、职业卫生防护、环保领域的日常监督管理、专项治理五个方面进行推进。

2. 引进人才，科技创新

一方面，园区积极引进高端人才，打造四个层次的人才队伍，分别为企业家队伍、研发队伍、产业工人队伍和回收人员队伍。另一方面，园区还积极创造条件，搭建平台，鼓励企业与高校、科研机构进行合作，研发铅基新产品（田金平等，2012）[①]。

3. 合作共赢，配套发展

为了更好地推动再生铅资源"社会大循环"，园区搭建各种平台，帮助园区铅冶炼企业寻找战略合作伙伴，鼓励其与国内大型铅蓄电池企业合作。

为满足园区企业废水和废弃物处置的需要，园区建设了污水处理厂（5000吨/日）和固废处理中心（15吨/日），污水管网做到了全覆盖，实现了各种废弃物全收集。

4. 环保生态，集约集聚

为培育新的竞争优势，园区要求所有蓄电池生产企业必须采用新工艺即实施内化成工艺改造。例如，华鑫集团就加大了资金的投入，采用新工艺技术和装备，多项指标达到了清洁生产的一级水平。园区鼓励企业开发新产品，不仅生产电动自行车电池，还生产汽车电池、通信电池、储能电池等。

（三）启示与借鉴

一是园区做好了总体规划和专项规划，根据产业特点划分功能区，成立了管委会，为企业健康发展提供各种服务。二是集团化经营，通过整合本土的资源，成立了华鑫集团和华铂科技再生资源公司，对废旧铅蓄电池进行回收，并与下游企业合作，以产品换原料。三是统一化治污，解决治标不治本难题（柯文仲，2001）[②]。

---

① 田金平，刘巍，等. 中国生态工业园区发展模式研究［J］. 中国人口·资源与环境，2012，22（7）：60－66.

② 柯文仲. 我国首个区域性生态工业园区落户南海［J］. 环境，2001（12）：18.

四、广东南海国家生态工业示范园——实体与虚拟结合模式

(一) 园区简介

南海国家生态工业示范园区是我国第一个"全新规划"且"实体与虚拟结合"的生态工业示范园区，也是我国第一个以生态工业和循环经济理念为指导的国家级生态工业园（孙婷，2009）①。

园区的生态工业共生链体系中既有高新技术环保产业，又有传统产业中的制造业、加工业等，形成了科学咨询服务产业群、环保设备与材料制造产业群、绿色产品生产产业群、资源再生产业群四大产业群，这四大产业群相互之间进行合作，以"生产者""消费者""分解者"的身份出现在共生网络中，共组成9条工业生态链（见图8-7）。

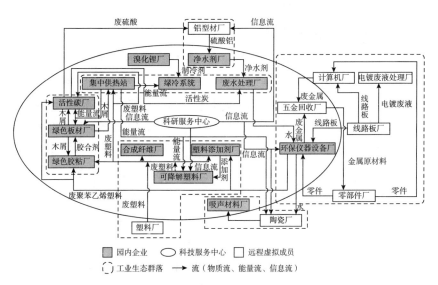

图 8-7 南海国家生态工业示范园生态工业链

资料来源：薛东峰，罗宏，周哲. 南海生态工业园区的生态规划 [J]. 环境科学学报，2003（2）：285-288.

---

① 孙婷. 我国国家级生态工业示范园建设研究 [J]. 长春理工大学学报（高教版），2009，4（8）：173-174.

链条一：环保仪器设备厂（生产者）将生产中产生的"废金属"输送到五金回收厂（分解者），生产出来的零部件可供环保仪器设备厂使用。

链条二：环保仪器设备厂（生产者）将生产中产生的"废聚苯乙烯塑料"，输送到可降解塑料厂（生产者），将其与"废塑料"合并，并将其输送给分解者——绿色胶粘厂和活性炭厂，生产出来的"绿色胶合剂""活性炭"又供绿色板材厂使用。

链条三："废塑料"一方面输送到可降解塑料厂（生产者）作原料，另一方面以输送到合成纤维厂（分解者）作原料。

链条四：绿色板材厂（生产者）的树皮等废弃物生产"胶合剂"返回绿色板材厂（生产者）加工使用，木屑等废物用来生产"活性炭"，可将其应用于园区废水处理。

链条五：活性炭厂（消费者）生产中产生的"废硫酸"与铝型材厂产生的"铝渣"组合可生产出"硫酸铝型净水剂"，可将其应用于园区的废水处理。

链条六：经过处理的废水一方面可再用于环保仪器设备厂制造的清洗，另一方面，又可用作陶瓷厂的磨石用水。

链条七：溴化锂厂（生产者）生产的"制冷剂"输入"绿冷系统"，利用集中供热站（消费者）提供的热量进行制冷，节能又环保，为新型空调器的推广使用起到了示范作用。

链条八：线路板厂（生产者）生产的"线路板"可供计算机厂和环保仪器设备厂使用。

链条九：收集园区内无法再用或无回用价值的"废塑料、废木材"，并对其进行焚烧，收集热量，为活性炭厂、板材厂等厂提供能量。

（二）发展经验

1. 以循环和生态工业理论为指导

在企业构成方面，园区内既有环保科技服务公司、环保仪器设备厂这类生产者，又有活性炭厂、绿色胶粘剂厂这类消费者，还有五金回收厂、陶瓷吸声材料厂这类分解者，它们彼此之间相互利用"废弃物",组成了9条工业生态链。在生态管理方面,从园区、企业、产品三方面进行设计,为整个系统的正常运转保驾护航。

2. 规划先行

在宏观层面,政府将园区分为五区,并对园区做了多个五年规划(2010~2014年规划、2015~2019年规划、2020~2024年规划)。

在微观方面,既有园区景观生态规划,又有工业生态系统规划,还有园区生态管理规划。例如,景观生态规划以园区管理中心和环境科技咨询产业为核心,在核心轴线周围和园区高压线路走向进行景观设计,形成了两条景观生态走廊;在景观走廊的交汇处等地方设立了景观节点,并根据生产区和居住区的不同,设置了4个不同风格的景观生态。

(三)启示与借鉴

一是要建立较为完整的工业链条。二是要多角度、多层次制定绿色生态规划。三是加大宣传,提升企业的环保意识。企业参与到园区的产业循环,将获得廉价的资源、低成本的环境费用支出、绿色企业形象。

第三节 国内外企业—园区绿色协同 发展的经验总结

根据上面的分析,我们得知,无论是国外的生态园还是国内的生态园,其发展都离不开园区和企业绿色协同治理,两者之间存在着一些共同的发展经验,值得产业承接地园区借鉴。

1. 园区层面

(1)坚持经济可行性为前提。各种生态园的可持续发展,需尊重经济规律,以经济可行性为前提,"政府的补贴、奖励政策"旨在引导资源的重新配置。在各种环保优惠政策引导下,多方主体积极参与,如投身于各种技术改造,购买节能节水设备、安全生产设备、环保设备等，企业既可以获取"经济收益"，又可以实现环境保护（江洪龙等，2021）①。

（2）构建并逐步完善园区内生态工业网络。产业承接地园区在生态化转型时要提前做好规划，明确核心企业和主导产业，考虑产业链的前后的契合性、互补性：既要考虑产品链，又要考虑废物链。有了静脉类企业的引入，废物再利用和资源化将不再是难题，从而实现绿色、循环和低碳发展。

（3）政府政策的支持至关重要。各种生态园的建设，都离不开政府的大力支持。基本上所有的园区都制定了各种废弃物征税条例、碳减排政策，并对减排企业进行奖励和税收上的支持。哪怕是卡伦堡生态工业园，尽管其是在企业之间"自发形成"的，但"自发形成"也离不开政府推出的政策——"提高地下水的价格"。企业因此联合起来促使了水循环利用方案的建立。

（4）加强循环型基础设施建设。良好的基础设施建设是实现绿色招商、建设生态工业园的有力保障。实践表明，发展较好的生态园都和政府推进基础设施建设密切相关。

现在的基础设施建设更强调"科技创新""数字化""信息网络"驱动，也就是"新基建"。园区应让"传统基建"与"新基建"协同发展，应合理安排污水、污泥等处理厂的地址，以便为循环基础设施建设创造条件（刘文东和潘啸天，2020）②。

（5）创建生态工业园区信息体系。完善的生态工业园区信息体系为政府、企业、公众之间的互动提供了共享交流的平台。要以生态工业园区为环境教育基地，开展环境教育活动，使工业园区企业、相关社区居民有渠道了解和参与工业园区环境保护事业。

2. 企业层面

企业应充分发挥自身的主观能动性，提升企业的主人翁意识，具

---

① 江洪龙，张艳，赵坤. 生态工业园设计规划思路探究与实践经验总结 [J]. 资源节约与环保，2021（2）：139–140.

② 刘文东，潘啸天. 基于博弈论的生态工业园产业耦合共生网络运行过程研究 [J]. 经济研究导刊，2020，433（11）：62–63.

体如下：

（1）使用清洁的能源或原材料，生产过程中推行资源节约、资源的高效利用，尽量减少污染物的排放，对生产中的"废水、废渣、废气"要进行处理。

（2）企业之间要建立长期合作的关系，彼此交换"副产品"，发展循环经济，获取经济收益。

（3）企业采购、生产等各个层面都需将生态设计、清洁生产、环境管理体系融入，要从不同层面进行生态管理设计。

（4）绿水青山就是金山银山，坚决不用国家列入淘汰目录的生产技术、设备等，不生产国家列入淘汰目录的产品。

本 章 小 结

本章主要介绍了国内外企业—园区绿色协同发展的典型成功案例，通过分析各个园区的发展情况、总结发展经验，从中获得借鉴启示。无论是国外的生态园，还是国内的生态园，循环经济的发展都离不开企业、园区的协同治理。园区需要在政府的大力支持下，坚持以经济可行性为前提，构建园区内的生态工业网络，加强循环型基础设施建设，创建生态工业园区信息体系。企业则需要提升自己的主人翁意识，使用清洁的能源，坚决不用国家列入淘汰目录的生产技术，不生产淘汰目录中的产品；要和其他企业建立长期合作的关系，共同发展循环经济；要将生态、环境治理管理体系融入企业采购、产品设计、生产、服务的各个方面。

第九章

产业承接地企业—园区绿色协同发展治理机制的政策建议

第一节　准确把握新发展阶段贯彻新发展理念

一、明确新形势，发挥新优势

我国经济正处于深刻的阶段性变化时期。改革开放以来，我国经济已经实现了历史性的跨越，正在由高速增长阶段向高质量阶段进行转变，打造产业承接地、实现产业园区快速发展已经成为推动我国区域经济高质量发展的一大重要平台。但是随着单边主义、贸易保护主义现象的日益严重及经济全球化遭遇逆流，我国面临更多不稳定、不确定的外部环境。在新发展阶段下，我国各方面都朝着好的方向发展，我们要更加有针对性地解决我国人民日益增长的美好生活需要和不平衡不充分发展之间的矛盾，满足人民需求，实现高质量发展，满足人民对美好生活的向往。"创新、协调、绿色、开放、共享"的新发展理念是根据我国新发展阶段、环境、条件变化做出的战略决策，为发挥产业承接地推动经济发展的重要作用，就必须坚定不移地贯彻新发展理念，因地制宜承接发展新优势特色产业，以新发展理念推动园区高质量发展。

二、把握新发展阶段，助推高质量发展

新发展阶段在中华民族伟大复兴历史进程中具有里程碑意义，进入新发展阶段，我们要善于顺势而为，把优势转化成为动力。新发展理念是发展行动执行的前提，也是其先导力量。产业承接地在新时代新阶段的发展必须贯彻新发展理念，必须是高质量的发展。正确认识把握新发展阶段，产业承接地必须用辩证思维去认识新发展阶段下的新机遇与新挑战，准确认识国内外新形势。在新发展阶段，不平衡不充分发展问题仍然比较突出，需要解决的问题越来越复杂，产业承接的质量还不高，产业承接转移等方面的任务艰巨而紧迫。所以在面对新形势新任务的情况下，产业承接地要探索科学产业承接新模式，坚定贯彻新发展理念，严格执行产业准入标准，优化资源配置和区域经济布局结构，促进产业承接有序开展。与此同时，产业承接地要充分发挥区位、资源和产业优势，以现有企业、资源为依托，发展主攻新兴产业，把握新机会，集聚新动能，推进企业技术改造，增加开放平台建设，努力成为高新技术产业承接地。

三、贯彻新发展理念，精准承接产业转移

贯彻新发展理念不仅符合时代发展新趋势的需求，也是建立产业承接转移新模式的客观需求。择优承接产业转移，深入推进务实合作，实现互利共赢新发展理念是党中央提出的重大战略。随着这一战略理念的深入贯彻，对于产业承接地而言不失为一大机遇。习近平总书记强调要坚定不移贯彻新发展理念、构建新发展格局，推动经济社会高质量发展、可持续发展。在新发展理念背景下，产业承接地要扩大高水平开放，积极融入共建"一带一路"、长江经济带和粤港澳大湾区建设，把握机遇，积极承接新兴产业布局和转移，加强同东部沿海地区的对接，吸引承接先进的项目和企业。同时，产业承接地要有重点地选择承接产业，形成有利于可持续发展的产业结构，努力找准产业转移方与承接地的最佳结合点发展配套产业，因地制宜，形成产业集群。产业园区是产业转移的重要载体和平台，要将承接的产业向园

区集中，促进产业园区规范化、集约化发展，增强产业集聚能力。产业承接地要贯彻新发展理念，转变发展方式，优化发展思路，增强自主创新能力，提高产品竞争力和产品附加值，加快产业集群建设，从数量扩张逐渐转向创新质量提升，将经济效益、生态效益、社会效益相统一。

第二节　正确处理好企业—园区绿色协同发展关系

一、构建企业—园区协同发展管理新模式

总体来说，现有运营模式下，企业—园区的发展模式存在以下问题：一是管理体制方面。一般来说，各园区管委会是园区开发建设的直接责任主体，但其却并不具备依法行政主体资格，缺乏应有的规划、建设及相关审批权限。以上体制问题将导致入驻园区的企业、园区管委会和上级主管部门三方之间的信息不对称，而这种信息不对称会影响企业入园的效率。二是政策措施方面。目前园区主要根据行政手段对企业进行管理，而大多数园区的产业配套设施还不完善，加之基础建设投资回收期长，导致园区对企业的吸引力大多集中在地理优势上，"以地引资、以地养园"的现象严重。因此，产业承接地园区对优质企业或产业的引进会进一步减弱，最终园区只能放低要求，允许一些污染大的企业或者是对基础设施要求不高的产业进入园区，显然这并不是产业承接地应有的产业承接发展模式。

二、协调企业—园区绿色发展目标

企业是园区发展的主体，也是经济建设的主角。园区作为企业的"监管者"，支持企业天经地义，服务企业责无旁贷。但同时园区也是企业发展的基础，是其经济良好发展的保证。企业作为园区的"被服务者"，服从园区也是毋庸置疑的。因此，调解好企业与园区

融洽和谐的发展关系也是至关重要的。只有构建绿色协同发展关系，才能保证企业—园区共同实现可持续发展。"绿山清水就是金山银山"，建立产业承接地企业—园区绿色协同发展机制，是推动经济发展的现实需要，也是贯彻《关于全面加强生态环境保护 坚决打好污染防治攻坚战的意见》文件精神的重大举措。产业承接地要正确处理好企业—园区绿色协同发展关系，把绿色发展目标与经济发展目标有机结合起来。

三、守住企业入园"玉门关"

实现产业承接地企业—园区绿色协同发展机制最重要的准则就是确认园区发展的战略目标，要牢牢把握住底线，精选符合要求的优质企业入园，形成产业集群。从世界高新技术产业发展来看，产业集群一般会经历三步走：单个企业—产业链—产业集群。产业承接地形成产业集群的关键就在于以园区未来战略发展目标确定发展方向，在筛选入园企业时按产业集群补链强链，使其逐步由产业集聚向产业集群转变，形成"1+1＞2"的经济效益。与此同时，产业园区也可从功能单一的产业区向现代化综合功能区转型，不仅仅局限于单纯的工业加工、科技产品制造区等，还包括配套服务的各种商业娱乐活动、金融信息服务、医疗服务等综合功能区，以实现城促产、产兴城，先进制造业与现代服务业融合发展。

四、完善园区安全环保基础设施

提高入园门槛的同时，园区也应为园内企业完善的相应的生产配套基础设施，保证企业—园区绿色协同发展。比如，园区建立污水处理厂，统一为园内企业处理污水等。园区可以统一处理废水、废弃和废料，也可以将业务外包给市场上专业的第三方，以有效规避偷排的风险，且良好的排污设施可以增加园区对优质企业、产业的吸引力，提高园区未来对企业和产业的"议价能力"。可见，建立和完善园区安全环保基础设施，对企业、园区都具有极其重要的意义。

第三节　强化企业技术进步，提高治污能力和水平

一、引进环保人才，提供技术保障

企业是改善环境质量、提高治污水平的主力军，是推动经济高质量发展的中坚力量。无论是行业还是企业的发展，人才都是发展的基石。企业发展需要不断创新，而创新需要高素质人才来推动。从目前的形势来看，环保从业人员尤其是技术人才短缺，有的企业甚至存在无人会使用环保设备的情况。这严重阻碍了企业的绿色发展成效。而造成企业缺少环保技术人才的根本原因在于企业对绿色发展的理解不深刻、不透彻。此外，也有企业受无法承担环保投资的客观经济实力的限制。缺少环保技术人才，企业很难落实绿色发展的主体责任，可能会因环保设备无法正常运行而导致污染物超标排放，违反环保法律法规，受到执法机关的处罚。

近年来环保产业迅速发展，但环保人才尤其是中高级人才供不应求，环保市场人才供需矛盾越来越凸显，一直存在人才供需不平衡、人才流失严重的现象。这也给企业提出了更高的要求：应当学会识别和选拔环保技术人才，努力培养和配置企业所需要的人才，并利用薪酬管理办法激励和留住人才。所以，企业需要与社会各界积极合作，搭建与环保人才之间的桥梁，解决人才瓶颈的问题，切实助力生态环保事业的发展。

二、强化技术进步，调整产业结构

产业转移一般是从经济相对发达地区到经济相对落后的地区，转移的产业一般为传统产业或劳动密集型产业。对于产业承接地而言，促进产业结构升级是绿色发展最根本的出路。产业承接地应坚持因地制宜，通过产业转移输入的资本和技术，凸显劳动力价格相对低廉和

劳动对象资源丰富的优势，从而实现经济的快速提升和发展。同时，要强化技术进步，促进产业结构升级。这是加强环境保护、维护生态建设的根本，也有利于从源头上控制环境污染，建设资源节约型、环境友好型社会，实施可持续发展战略。

企业要依托自主创新和技术升级，在传统产业方面加大技术改造力度，在高新技术产业方面加强技术改造与技术引进、技术创新的结合，争取在新领域掌握具有发展主导地位的关键核心技术。要切实达到产业附加值高、经济效益好、资源消耗低、环境污染少的产业转型升级目标。

三、科学规划生产，优化治理技术

企业要落实清洁生产技术，主要包括源头控制、过程减排和末端循环三类技术。要利用以上三类技术减排生产过程中产生的浓度过多、数量过大的污染物，减轻末端处理的负荷，通过技术进步提高减排能力，在帮助企业实现达标排放、污染减排目标的同时，提高企业的经济效益。

企业要转变管理方式，创新绿色管理技术。企业绿色管理中最重要的一部分是做好绿色产品全生命周期的管理，力求使绿色产品的产出符合消费者的整体需求。从原材料投入生产链到产出供给消费者，整个过程都要实现绿色管理，意味着实现绿色原材料、绿色生产链、绿色产品、绿色消费、绿色财务管理这一连串的绿色生产环节。

企业要积极引进新工艺、新材料、低耗能资源和新设备，采用节能、节水、节材的环保先进适用技术，改造生产流程并实施相关项目建设，降低单位产出的能源资源消耗，减少环境污染，甚至做到没有污染。要统筹各要素，强化整体保护、联防联控、宏观管控、综合治理。

要着眼长远，着力发展循环经济，凭借技术优势，培育清洁生产模式，指导企业实现最小的原材料和能源的消耗、最低的有毒有害物质使用、最少的废弃物排放以及最便捷的报废产品的再生循环。通过严格的防控，为高质量跨越式发展增添动力，将生态环境高水平保护与经济高质量跨越式发展有机融合起来。

四、建设智慧环保设施，实现安全环保全程监测

5G、物联网、云计算、人工智能技术的不断融合应用，催生了"智能垃圾分类""智能海绵城市""智能环卫""无人驾驶清洁车""智能水务"等一系列与环保智能化相关的概念。从过去使用传统信息化技术实现的环保信息化，到现在应用数据智能技术更好地分析海量跨地域、跨行业的环境信息，实现海量环境数据存储、实时处理、深度挖掘和模拟分析，我们可以预见，未来环境保护的"智能"不止于此。

"智慧环保"系统依托空间地理信息，融合网格管理、用电量监控系统、空气水质监测、污染源监测，以"一张网、一中心、一张图、一平台"的思路，依据国家生态环境部大气污染监管技术，基于数据，并与企业设备组成的物联网数据，将"看不见、摸不着"的环境污染准确地进行了数据化呈现，构建了全覆盖、全共享、全时用、全程控的模式。其中，监控系统是"智慧环保"建设中的一项基础性工作，是企业生产与治污设施运行情况的基本反映。该系统既能为企业重污染天气实时监测、错峰生产落实到位提供有效技术支持，也能实现对污染治理过程的有效监督。通过"智慧环保"系统，企业能够很清晰地看到当前整个生产流程的状态，可以根据监测点反馈的实时动态数据和预测分析进行实时监管。一旦出现红色预警区域，企业将及时按照操作规程进行处置。要推广"智慧环保"系统，让企业决策更加智慧，让企业分析更加智能，共同守护企业的经济效益、社会效益和生态效益。

五、推进校（院）企合作，突破关键技术

随着政府对环保要求的提高以及环保标准的趋严，企业应及时研发新技术，构建支持绿色产业发展的技术体系；努力掌握核心技术，突破有关环保治污关键领域的技术壁垒，尤其是要拥有自主知识产权，力图把握市场机会，获得市场竞争的主动权。

为了取得关键领域的科技突破，可以由政府牵头，企业资助，与高校合作筹建实验室，从研究突破、产业合作、技术成果转让、人才培养等方面提升环保治污领域整体竞争力，共同构建"环科协同"工作机制，在构建优势互补合作模式、推进重点领域技术研究、加大技术创新资金支持、共建共享智库平台、强化科技成果转化应用、统筹部署环境科技创新等方面加大合作，推进科技创新与环保产业深度融合。

第四节　提升园区专业化集控区治理水平

一、化工企业内迁已成趋势，环境整治迫在眉睫

随着全国环保督察工作的全面展开，以山东、江苏等为代表的省份相继出台政策对化工园区进行整合提升、重新认定，在数量上做减法，在发展质量上做加法。其中，江苏的6000家化工企业到2022年底预计削减至1000家；山东作为全国化工第一大省，第一批化工企业关停名单涵盖了1340家化工企业，第二批化工企业关停名单包括1034家化工企业。在东部沿海地区"腾笼换鸟"的推力之下，东部地区化工产业向中西部转移有不断加强的趋势，一些落后产能、淘汰产能、"两高一低"企业和项目纷纷"乔装打扮"混入其中，对中西部的生态环境、安全生产造成极大威胁。如果没有强有力的环境标准和准入门槛，其必然会带来更大的环境治理压力。

二、安全环保督察走向常态化，要让化工园区成为"高压区"

党的十八大以来，"绿水青山就是金山银山"已成为我们党治国理政的重要理念。2018年6月，中共中央、国务院出台了《关于全面加强生态环境保护　坚决打好污染防治攻坚战的意见》，并专门成立了中央环保督察组赴全国各省份进行督察及回头看，督察发现2/3的环境污染问题来自各地工业园区的"废气、废水、废渣"排放。以江西

为例，全省 104 个工业园区，其中化工园区（含化工集中区）有 58
个，占工业园区总数的一半以上。在这些化工园区中，很多园区缺乏
总体规划，产业布局不合理，甚至出现"一园一企"的现象，有的
园区环境风险控制要求低，未设置缓冲区。这几年中央及江西省人
民政府查办的南昌县、宜丰县、铅山县、乐平市等县市部分工业园
区存在的环保数据造假、偷排偷埋等案件，充分证明了化工园区规
范管理的紧迫性。2020 年 11 月 17 日江西吉安市富滩工业园一家
医药化工企业发生爆炸事故更是为产业承接地化工园区安全生产敲
响了警钟。

三、在项目准入上实施项目多方评估

产业承接地工业园区要全面推行项目准入评估制度，严把招商引
资项目安全、环保准入关，从源头上加强管控，这样不仅能解决目前
产业承接地化工园区产业承接中存在的盲目性问题，还将促进产业承
接与环境保护的协调共赢。一是在项目准入方面，要严控限制类项目，
严禁淘汰类项目，严格限制新建剧毒化学品项目入园。除安全环保节
能和公共基础设施类项目建设外，园区内原则上不得新上化工类项目，
专业化工园区内不得新上与主导产业无关的项目。二是强化项目环评
与规划环评、现有项目环境管理、区域环境质量联动的"三挂钩"机
制，园区准入制度要详细量化各项指标要求，严格禁止档次低、耗能
高、污染超的项目入园。

四、在资源配置上优化环境承载力

要强调优化园区环境承载力。一要持续加大环保问题整改，不断
加大环保技术投入和资金投入，加快推进园区污水处理、供水供电、
供气供热、固废危废处理、应急救援、物资储备等基础配套设施建设，
全面提升园区服务功能和综合承载能力；二要充分发挥项目专家、环
保专家、安全应急专家的作用，严把项目入园关，加强企业全过程监
管，持续完善园区智慧化管理系统，不断提升园区规范化发展和精细
化管理水平；三要紧紧围绕污染防治攻坚战目标任务，在不扩大园区

现有土地面积的前提下，通过引进成长性强、环保性好的优质企业参与"僵尸企业"的兼并重组，对被兼并重组企业给予一定的经济补偿，实现土地利用率最大化，实现园区企业的优胜劣汰。

五、在污染治理上推进污染第三方治理

要积极探索以环境污染治理"市场化、专业化、产业化"为导向，推动建立排污者付费、第三方治理与排污许可证制度有机结合的污染治理新机制，分领域有步骤推动环境污染第三方治理。一要强化排污责任单位承担污染治理主体责任，明确第三方治理的法律地位及责任分配方式，厘清排污企业、第三方企业的责权，区分企业购买服务和政府购买服务的差异；二要发挥环保标准的引领与先导作用，适时适度提高污染排放标准，推行排污许可"一证式"管理新模式，整合碎片化污染排放信息，有效监管所有固定源排污责任主体及第三方治理企业污染排放状况；三要完善市场秩序规范，促进第三方治理自律有序，全面推进工业废物、危险废物的第三方服务改革，推广化工园区环境设施的第三方治理。

六、在园区提档上寻求循环经济新突破

要引导化工园区大力发展循环经济，在减轻园区环境污染治理负荷的情况下充分利用资源，变废为宝，做到生态与经济和谐统一，打造高效、绿色的化工园区。一要"点"上优化，注重企业内部小循环。从龙头企业示范带动入手，引导企业采用高新技术改造提升传统工艺，走出一条生态发展之路。二要"链"上联动，促进企业间发生"耦合共生"反应。园区紧紧围绕化工主导产业特点，积极推进企业之间、产业之间的物质交换和梯级利用，在原料产品互供、输送管道互通、副产品集中统一利用上下功夫。三要"园"内循环，打造立体协调发展大链网。化工园区应在坚持补链的同时，不断推进各项资源充分再利用、上中下游协调联动发展，全力打造以立体链网为主的区域大循环。

第五节　完善企业、园区、社会环境效应协调相统一的评价体系

一、建立企业、园区、社会环境效应三者相统一的评价理念

随着工业化进程的加快，经济发展与资源环境约束之间的矛盾日益凸显，建立企业、园区、社会环境效应相统一的评价理念成为一个非常重要的课题。园区发展和社会环境没有达到均衡，势必会影响人们的基本生活需求和健康发展。建立企业、园区、社会环境效应三者相统一的评价理念是实现社会可持续发展的必然选择，也是适应绿色与协调发展理念的重要手段和工具。

因此，建立企业、园区、社会环境效应相统一的评价理念尤为重要。首先应该注重企业和园区的经济可持续发展，实现可持续发展支持经济增长，依靠科学进步推动经济增长，更注重经济的质量；同时应该以生态持续为基础；最后才能实现社会环境的可持续发展，使这三者形成一个高效的协调运行机制。企业内部的各系统、各元素应该注重协调、整体发展，园区也应该相应地提高企业入园的门槛。首先，产业园区应该进行产业生态系统的转型和重构，构建产业园区产业生态系统优化模式，按照经济发展、生态工业特征、生态环境保护、绿色管理四类体系协调进行规划建设。其次，产业园区应遵循"回收—再利用—设计—生产"的绿色循环经济模式。最后，产业园区应提供企业共享的环境保护基础设施，提高生态环境效益，实现经济效益与环境效益协调发展。到 2025 年，在以中西部地区、东北地区等产业承接地范围内推动形成一批企业发展良好、产业特色鲜明、社会效益和经济效益显著的示范园区，对园区发展起到突出的示范带动作用。重点要在健全管理服务体系、提升园区核心竞争力上做好示范；在构建完善产业链条、促进上下游企业合作上做好示范；在推动产业结构调整、促进园区转型升级上做好示范。通过示范园区建设，带动提升园

区整体发展质量和内涵，为企业、园区绿色协同发展提供强大支撑。

二、构建企业、园区、社会环境效应三者相统一的评价指标

企业、园区、社会环境效应三者相统一的评价指标的构建需要遵循系统性、科学性、可行性、可操作性和可持续性的发展原则。同时，应结合动态和静态的评价指标。建设生态化工业园区是一个既定的目标，也是一个长久的过程，构建动静相结合的指标才能更准确、科学地反映环境变化的发展趋势指标。要充分考虑各指标之间的关系以及系统因素，并且准确地将各指标与所需目标相对应，使其与实际情况相符合。还要根据国家政策以及相关规定，对企业、园区、社会环境效应三者相统一的指标有所关注和侧重。

为了更全面、真实地反映企业、园区绿色协同发展的情况并且完善企业、园区、社会环境效应三者相统一的环境指标，识别企业、园区和社会环境相关的关系，可以把指标体系的结构层次分为四层，分别是主题层、制约层、要素层和指标层。主题层是指标体系的最高层次，它的综合指数反映整个企业、园区、社会环境的可持续发展情况。制约层主要是由企业、园区、社会的协调度构成的，用来表示对企业、园区的绿色协同发展以及对社会环境效应的制约。通过对制约层的要素做系统性的分析，可以了解企业—园区绿色协同发展和对社会环境的制约障碍因素。要素层则反映生态环境的主要内容，包括要素的具体内容和表达特征。指标层是评价体系的最底层。通过这些具体的指标，可以计算出企业、园区绿色协同发展的综合指标。层次的划分是为了更好地分析每个指标对总体产生的影响，在减少人为误差、提高工作效率的同时，能够从具体的指标上分析企业—园区绿色协同的发展对社会环境的效应水平的影响。

企业、园区、社会环境效应三者相统一的评价指标的主题层是生态园区的建设，包括园区建设过程中的战略地位、发展目标和路径。制约层主要分为结构、功能和协调度指标，其分别对应不同的要素层次。结构的要素层有人口结构、经济结构、园区建设用地结构、园区基础设施、园区环境、园区绿化；功能的要素层有物质还原、资源配

置、园区生产效率；协调度的要素层有城市文明和可持续性。人口结构对应的要素指标是园区各行业从业人员比重和人口密度；经济结构对应的要素指标是各产业所占 GDP 的比重；园区建设用地对应的要素指标是居住用地和工业用地以及绿化用地所占建设用地的比例；园区基础设施对应的要素指标是人均住房面积、人均道路面积；园区环境对应的要素指标是空气质量、环境噪声、烟尘控制区覆盖率、饮用水水源水质达标率；园区绿化对应的要素指标是园区绿地覆盖率和人均公共绿地面积。物质还原的要素指标主要包括工业废水和废气的处理率、生活污水的处理率以及机动车尾气排放达标率；资源配置的要素指标主要包括人均生活用水、用电；园区生产效率的要素指标主要包括人均 GDP 和土地产出率。而城市文明的主要要素指标是城市卫生达标率；可持续性的主要要素指标是园区环保投资占 GDP 比重。社会环境是一个由多种要素构成的多层次的复杂体系和开放系统，其系统内部各要素之间存在着复杂的联系和作用，需要我们采用定性和定量相结合的方法去认识和评价该复杂的系统。

三、完善以产业生态化和生态产业化为基础的生态工业园区建设

生态文明建设与经济建设之间的关系是辩证统一的。生态文明与经济发展是不可分离的。离开生态文明单纯地去抓经济发展，不仅不会成功，反而会使经济发展远离既定的目标。同样，离开经济发展来谈生态文明，也不会真正地实现文明。所以，构建以产业生态化和生态产业化为基础的生态经济体系是很有必要的。

首先，实施产业生态化，要求企业在生产中大力推广资源节约型生产技术，建立资源节约型的产业结构体系，减少对环境的破坏，倡导绿色环保生产。同时要按照生态运行方式规范企业的生产与营销行为，规范产品的质量和生态标准。其次，要在产业体系中建立产业之间的生态联系，规范产业及各分支产业的发展，并通过产业之间的生态关系建立区域之间的生态平衡关系和运行机制。要按照生态运行方式和生态标准建立工业和生活废弃物的回收、处理与资源化系统，使

企业和产业系统不仅满足生态生产和生态消费的目的，而且对人类生存条件与自然生态环境造成的影响最小。同时要保护自然生态环境，为实现经济的可持续发展，应建立资源开采和利用的生态标准，资源利用、再生和恢复的生态机制，从而达到持久的生态平衡。

生态产业化，就是要大力发展以良好生态环境为基础的生态农业、生态工业、生态旅游业等生态经济，让生态资源成为生产资料参与经济活动，实现生态价值向经济价值转化。生态价值转化为经济价值，其核心是让生态资源参与经济活动，获取经济收益。要通过大力培育发展生态经济，同时依托互联网等现代信息技术和良好的交通条件，实现生态经济新业态新模式，从而使生态资源在经济活动中的作用大幅提升。

一是把优势企业引入园区，同时附加一定的入园条件，提高企业入园的门槛，实现企业的优胜劣汰，这样有利于区域经济的可持续发展。要促进企业结构转型升级，经济的快速发展、产业结构的调整和城镇化进程的加快都加大了生态环境的压力和资源消耗，在有限的资源下，迫切需要产业结构转型升级，因此要不断优化产业结构，减少对环境的破坏。产业的转型升级有利于资源的合理配置和资源利用效率的提高，有助于缓解资源紧缺的局面，因此要依靠技术进步和科技创新促进资源的可持续利用。企业的发展能为资源的利用和环境的保护提供强有力的支持，而资源环境的可持续发展也能够为企业的进一步发展提供更好的基础和条件。坚持把社会效益放在首位，实现社会效益和经济效益相统一示范园区建设，运营管理机构应把社会效益放在首位，把握好园区生产发展的导向，把示范园区打造成为绿色协同发展的重要载体。

二是园区也应该做到经济和环境协调发展，建设生态型的绿色园区，在建设过程中，注重创新环境管理模式，加强环境基础设施建设，提高环境准入门槛，健全环境风险防控机制，提升环境风险防控能力。要在企业间形成生态产业共生链、对企业进行污染源头控制和全过程监督，在发展经济的同时，实现保障生态环境安全、提高环境质量的目标，推动园区的绿色发展和循环发展。在企业、园区的转型升级过程中，应该对经济转型的生态环境进行测度分析，分析经济转型的效益和有效性，并对此进行评价与改进。园区要把企业有环境安全问题的环节集中起来进行规范化生产，这样有利于解决安全问题并有利于对污水等"三废"进行集中统一的治理，实现企业可持续发展，也有利于园区的优化升级。

三是园区工作人员要切实转变工作作风，积极与园区内企业建立共同发展的利益关系。园区污染物处理一般采用进驻企业处理与园区统一处理相结合的方式。园区应适当帮助企业解决资金、技术、市场等方面的问题，提供完善的基础设施和优质高效的服务，同时企业必须不断进行产业结构升级，促进产品更新，坚持绿色发展理念，与园区一起推动园区的全面协调可持续发展。园区的环境监测包括进驻企业监测和整个园区监测，园区需要制定环境监测计划，定期进行环境质量状况监测和污染物总量核算，及时了解和评价园区环境控制情况。工业园区总排污口、重点污染源企业排污口应当安装在线自动监控设施，实行污染物排放在线监控。

四是地方政府要履行好自己的职责，大力推进生态文明建设，坚持保护环境、节约资源的基本国策，坚持"节约优先、保护优先、自然恢复为主"的方针。督促各主体落实责任是推动绿色化可持续发展的必然要求和有效途径。园区企业要大力发展绿色低碳能源，利用现代信息技术提高企业能源利用的水平。园区企业要应用节能先进技术，节约资源，最大程度上减少资源的浪费和环境的污染。

四、实现社会、经济、环境三者效益相统一的绿色发展目标

当前，中国经济迈入了新征程，在享受经济高速发展带来的发展红利的同时，环境问题不容忽视，已经成为大家普遍关注的社会问题。虽然这几年通过国家和全社会的共同努力，环境质量状况得到显著改善，但环境保护面临的形势依然十分严峻，环境管理严重滞后，企业发展中出现的环境与资源过度浪费等问题日益突出，与环境保护要求不相适应的现象日益突出。

要实现社会、经济、环境三者效益相统一的绿色发展目标，一是

要加大执法力度，对那些耗能大、污染重、效益差的企业，依据环保法规及行政的、经济的调控手段，坚决实行关、停，对污染大户要强制执行环保处理措施，促使其达到国家规定的排放标准。要加大环保投资力度，对固废进行综合利用，最大限度地降低污染物的排放量。

二是企业之间要加强合作，形成上下游产业链。上游企业的废弃物很可能是下游企业的原材料，要在企业之间、产业之间建立信息交流网络，使有限的资源"榨干吃净"，最大限度地提高资源的综合利用率。三是企业创造出高质量、绿色环保的产品提供给全社会，创造出属于自己的绿色品牌回馈社会。不断引进技术性人才，为企业的长远发展及产品升级与创新注入活力，完善员工的业绩奖励，提高员工的满足感与幸福感，从而使员工的劳动价值转化为企业的经济价值。

第六节　构建"防疏堵治"四位一体的安全环保治理体系

一、严"防"污染，构建园区联防联控体系

在园区方面，要通过协商合作、因地制宜等方式制定与园区紧密相关的环境保护、绿色协同发展方面的法律法规，并切实做到"政府执法必严，企业有法必依。"同时加大污染防治和环境保护的力度，加强产业园区污染集中治理，建设污染物集中处理设施，并且要保证其正常运行。在相关法律法规之中要明确相关企业在工业废弃物循环利用清洁生产以及企业清洁生产审核中的相关指标，企业要切实严格执行。可以在园区内创建匿名意见箱和投诉箱，保证园区与企业联防联控成效显著。

对于园区企业的生产指标和污染程度，园区内统筹管理的相关部门有权知晓其具体状况。这就需要加强承接地的公共服务支撑发展和跨区域产业技术创新战略联盟建设，从而建立完善公共信息、公共实验、公共检测、公共技术创新等服务平台。通过这些公共服务的建立

和发展，园区能够及时有效地了解企业在生产过程中所进行的生产活动对环境的污染程度、排放的工业废弃物回收的情况、资源浪费以及资源再利用的相关数据，从而加快社会诚信体系的建设，建立起区域间信息信用共享机制。要进行不定期的暗中调查，以确保企业在园区环保要求下规范化生产，还要将大气环境质量指标纳入运维绩效考核，如挥发性有机物减排量、空气质量达到二级以上天数的比例、PM2.5平均浓度等大气环境质量改善指标。

加强工业园区管理，明晰工业园区环境治理相关方权责。建立工业园区领导干部环境目标责任考核制度。地方环境保护主管部门根据相关的要求，由所在地市级环保部门在园区设置派出机构，行使环境执法责任。同时园区管委会设立专门机构或由专人负责环境管理和设施建设责任，当地环保部门承担监督责任。第三方治理企业受园区管委会委托，为园区提供环境监理、环境监测、环保设施建设运营、污染治理、修复、咨询认证多方面的第三方服务，其与委托方受合同约束。采取多方问责制度和终身问责制度，务必加强园区管理人员及企业对污染管理的重视度。

二、疏通合作，构建全产业链循环经济治污模式

循环经济具有低开采、高利用、低排放的特点。所有的能源物质将在不断循环中得到持久、充分的利用，将经济活动对自然环境的影响降到最低。循环经济需要遵循"减量化、再利用、资源化"三大原则。减量化是指从预防阶段就开始减少废弃物，而不是在废弃物产生之后再采取措施；再利用是过程性技巧，即尽可能多次使用物品，避免过早造成垃圾；资源化是将废物再次转换成资源进行利用，能够减少废弃物。

园区应遵循全程清洁生产的方式，强调污染物"从摇篮到坟墓"。要求园区内企业改进设计，使用清洁能源和原料，采用先进的工业技术、设备，提高资源利用率，减少或避免再生产过程中污染物的产生和排放，创造一个全程清洁的生产过程。其根本目的是减少乃至消除生产过程的有害影响。从生产环节而言，要求节约原材料和能源，尽

可能不用有毒原材料，并在排放物和废物离开生产过程之前就减少有毒原材料的数量和毒性。

打造各类产业园区，需要事先制定全产业循环经济治污的各类方案，因地制宜，因产品而变动治理标准，灵活疏导，达到环境治理的合格化和经济效益最大化。要从节水、节能、环保和废物综合利用上面下功夫，让上一生产环节产生的"废料"成为下一生产环节的"原料"，对园区资源进行循环利用，有利于降低企业对生态环境的破坏，并能够有效控制污水处理厂的二次污染问题。发展循环经济是全面建成小康社会的内在要求。要以有限的能源资源支持"两个一百年"奋斗目标的实现，必须改变粗放型的增长方式，否则资源难以为继，这也是缓解资源约束矛盾的根本出路之一。以电镀产业为例，可以在电镀园区实施"重金属污染物在线回收—电镀污水处理与回用—电镀污泥资源化回收—无害化处置—综合利用产品"的全产业链循环经济污染治理技术路线。在污水处理厂进行工业废水的分类和回收。在生产车间实施槽边回收，在排放源头进行在线监控，通过分类收集、明管输送、分质处理后，实现稳定达标排放；污水处理厂同时采用"废水回用"工艺路线，针对废水处理过程中产生的微量重金属污泥，园区内可设处理污泥处理厂，通过提取污泥中高价值的重金属，将处理后不含重金属的污泥作为水泥、瓷砖等建材原料，实现资源循环利用。

三、园区实施全域实时监控，"堵"住污染排放源

习近平总书记强调，开展环境保护督察，是党中央、国务院为加强环境保护工作采取的一项重大举措，对加强生态文明建设、解决人民群众反映强烈的环境污染和生态破坏问题具有重要意义。园区内相关企业应遵守政府的相关法律法规以及制度安排，从而切实保障产业园区经济效益、生态效益以及社会效益共同发展。这就需要承接地的政府在严"防"污染治理的同时，切实"堵"住有可能发生环境污染风险的缺口，做好"防堵结合"，为当地的绿色协同发展挂上"双保险"。园区督察部门需要对长期以来存在的生态环境问题加强重视、严格监督，大力督促整改，解决园区的环境污染问题。

园区需要增强监控督察管理职能。生态环境部应进一步明确和规范主管部门、监测机构、监测人员、排污单位等相关主体的责任和义务。园区监控的主要方向为大气环境监测、水环境监测。一方面强化多污染物协同控制，加强细颗粒物和臭氧的协同控制；另一方面园区管委会要敦促企业加强水资源保护和对水资源的合理利用，建立和推行用水定额管理制度，大力提高废污水处理回用率。地方政府要鼓励企业采用节能、节水、节材的环保技术，以此来改造生产流程，降低单位产出的能源资源消耗。园区管委会可以通过相关优惠政策鼓励和支持园区企业发展循环经济，以此来"堵"住相关企业的非绿色非环保非循环的生产方式。

地方政府和园区要督促部分不达标企业快速整改。督察期间，始终坚持问题导向、突出督察重点，全过程推动边督边改、即查即纠，倒逼各地园区查处一批环境违法企业，问责一批失职渎职干部，解决一批突出环境问题，推动各园区履行生态环境保护主体责任，落实"党政同责、一岗双责"，解决突出的生态环境问题。要让监控系统与园区污染源自动监控服务平台联网，24 小时在线监控园区企业排水排污状况。

园区管委会要从三方面做出努力。一是压实责任抓整改。按照"问题清单、责任清单、销号清单"的三单管理要求，建立"1 + 1 + N"（一个整改分工方案、一个整改工作方案、若干具体问题整改实施方案）的高效整改工作推进体系，为问题整改工作定下线路图、任务表、军令状。二是强化督导抓整改。制定问题整改调度督导制度，实施台账管理、挂图作战、四色预警，定期调度整改进展，不定期派出工作组深入一线开展暗访督导。三是园区内部企业互相督察。设立匿名建议箱和投诉箱，实现互相督促，提高督察效率，并且可以设立奖励机制，如税费减免等。

四、统筹协调，切实提高工业园区治理水平

园区管委会要用宏观的眼光、长远的眼光来看待工业园区未来的发展，要加强规划，统筹优化产业布局，从而引导沿海东部转移产业

向园区集中，以此促进产业园区规范化、集约化、特色化发展，增强重点地区产业集聚的能力。

引导转移产业在园区实现"集中治理"。产业承接地政府要将工业园区作为承接产业转移的重要载体和平台，要充分发挥工业园区的集聚效益，加强园区内以及园区周边的交通、通信、供水、供气、供电、防灾减灾等配套的基础设施建设。转移承接地政府通过这些措施增强园区内综合配套能力，就能够引导转移产业和相关转移项目向园区集聚，从而形成各具特色的产业集群。要发挥园区已有重点产业骨干企业的带头作用，从而吸引产业链条整体转移以及相关联的产业协同转移，以此提高中西部地区产业配套能力，促进专业化分工协作。

产业承接地工业园区要实现"规范治理"。产业承接地政府要统筹规划工业园区建设，合理确定产业定位和发展方向，从而形成布局优化、产业集聚、用地集约、特色明显的产业承接地园区产业体系。同时产业转移承接地政府要支持符合条件的工业园区调区扩区，支持发展条件好的产业园区拓展综合服务功能，促进工业化与城镇化相融合。

发挥产业承接地工业园区绿色园区的引领和带动作用，实现"模范治理"。产业承接地政府要通过优化营商环境、强化公共服务、完善承接地基础设施建设等相关行为，优化其产业园区的生产环境；同时，产业承接地政府要加强在治理、监管、预防和防控等环节的管理，切实保证产业承接地工业园区相关企业和相关生产活动的有序健康发展。产业承接地政府不得采取硬性指标等形式进行招商引资，要建立引进项目和企业的负面清单，把有安全、环境问题的项目排查出来，同时也要清理各种变相优惠政策，以避免地区之间盲目投资和恶性竞争。

参 考 文 献

[1] 爱德华·弗里曼. 战略管理：利益相关者方法 [M]. 王彦华，梁豪，译. 上海：上海译文出版社，2006.

[2] 岸本千佳司，彭雪. 日本北九州市的环境政策演变：从克服公害到创建环境首都 [J]. 当代经济科学，2010，32 (6)：89 - 97 + 125 - 126.

[3] 敖明山. 循环经济视角下的生态工业园区发展模式研究 [D]. 天津：天津商业大学，2007.

[4] 白婧，冯晓阳. 人力资本对产业结构高级化发展的实证检验 [J]. 统计与决策，2020，36 (4)：67 - 71.

[5] 包国宪，霍春龙. 中国政府治理研究的回顾与展望 [J]. 南京社会科学，2011 (9)：62 - 68.

[6] 边云涛. 基于产业生态视角的资源型区域产业演进研究 [D]. 太原：山西财经大学，2021.

[7] 蔡岚，寇大伟. 雾霾协同治理视域下的社会组织参与——协同行动、影响因素及拓展空间 [J]. 北京行政学院学报，2018 (4)：1 - 9.

[8] 曹荣庆. 浅谈区域产业转移和结构优化的模式 [J]. 中州学刊，2001 (6)：111 - 113.

[9] 曹颖. 环境绩效评估指标体系研究——以云南省为例 [J]. 生态经济，2006 (5)：330 - 332.

[10] 陈凡，周民良. 国家级承接产业转移示范区是否加剧了地区环境污染 [J]. 山西财经大学学报，2019，41 (10)：42 - 54.

[11] 陈刚，陈红儿. 区际产业转移理论探微 [J]. 贵州社会科学，2001 (4)：2 - 6.

[12] 陈光. 企业内部协同创新研究 [D]. 成都：西南交通大学，

2005.

[13] 陈桂林. 产业承接推动城镇化机理 [D]. 厦门：厦门大学，2014.

[14] 陈景华. 区域产业转移对环境质量影响的机理分析 [J]. 东南学术，2019 (1)：123-130.

[15] 陈劲锋. 2000~2005 年中国的资源环境综合绩效评估研究 [J]. 科学管理研究，2007 (6)：51-53.

[16] 陈胜东. 江西省生态文明建设评价体系研究 [J]. 企业经济，2016 (8)：21-25.

[17] 陈诗一，张云，武英涛. 区域雾霾联防联控治理的现实困境与政策优化——雾霾差异化成因视角下的方案改进 [J]. 中共中央党校学报，2018，22 (6)：109-118.

[18] 陈晓东，杨晓霞. 数字经济发展对产业结构升级的影响——基于灰关联熵与耗散结构理论的研究 [J]. 改革，2021 (3)：26-39.

[19] 陈旭. 协同治理视阈下城市社区多元主体间关系研究 [D]. 长春：吉林大学，2016.

[20] 陈瑶. 中国区域工业绿色发展效率评估——基于 R&D 投入视角 [J]. 经济问题，2018 (12)：77-83.

[21] 陈真玲，王文举. 环境税制下政府与污染企业演化博弈分析 [J]. 管理评论，2017，29 (5)：226-236.

[22] 成艾华. 西部地区承接产业转移的路径选择 [J]. 重庆工商大学学报（社会科学版），2011，28 (6)：43-47.

[23] 程丹，魏纪原，孙鸿睿. 宁夏建设用地变化及其经济社会驱动力因素研究 [J/OL]. 宁夏大学学报（自然科学版），2021，41 (4)：1-5 [2021-12-18]. https：//kns-cnki-net. wvpn. ncu. edu. cn/kcms/detail/64. 1006. N. 20210701. 0919. 002. html.

[24] 程灏，胡志明，于蕾. 元治理视域下政府公共治理的行为逻辑与策略选择 [J]. 领导科学，2017 (17)：12-14.

[25] 程时雄，柳剑平，龚兆鋆. 中国工业行业节能减排经济增长效应的测度及影响因素分析 [J]. 世界经济，2016，39 (3)：166-

192.

[26] 程钰，任建兰，陈延斌，等．中国环境规制效率空间格局动态演变及其驱动机制［J］．地理研究，2016，35（1）：123－136．

[27] 初钊鹏，刘昌新，朱婧．基于集体行动逻辑的京津冀雾霾合作治理演化博弈分析［J］．中国人口·资源与环境，2017，27（9）：56－65．

[28] 戴锦．生态工业园发展模式与政策问题探讨［J］．生态经济，2004（1）：36－39．

[29] 邓丽．基于生态文明视角的承接产业转移模式探索［J］．吉林大学社会科学学报，2012（5）：106－111．

[30] 邓晓兰，孙长鹏．企业创新、产业升级与政府引导基金的作用机制［J］．山西财经大学学报，2019，41（5）：54－67．

[31] 董立延，李娜．日本发展生态工业园区模式与经验［J］．现代日本经济，2009（6）：11－16．

[32] 董伟．德国鲁尔工业区创新发展经验及对吉林省经济转型的启示［J］．北华大学学报（社会科学版），2018，19（5）：100－106．

[33] 董骁，戴星翼．长三角区域环境污染根源剖析及协同治理对策［J］．中国环境管理，2015，7（3）：81－85．

[34] 董阳，壮歌德．丹麦卡伦堡生态工业园的启示［J］．世界环境，2015（5）：38－39．

[35] 董战峰，董玮，等．我国环境污染第三方治理机制改革路线图［J］．中国环境管理，2016，46（4）：52－59＋107．

[36] 杜艳敏．深度探讨环境行政管理中的相关问题［J］．科技资讯，2010（11）：169．

[37] 范逢春，李晓梅．农村公共服务多元主体动态协同治理模型研究［J］．管理世界，2014（9）：176－177．

[38] 范庆泉，储成君，刘净然，张铭毅．环境规制、产业升级与雾霾治理［J］．经济学报，2020，7（4）：189－213．

[39] 方俊．药品安全协同治理的多主体责任落实——基于我国十大典型药害事件的案例分析［J］．理论探索，2020（1）：92－97．

[40] 方琳，姚扬，等. 长江经济带工业园区绿色发展建议 [C]//. 2017 中国环境科学学会科学与技术年会论文集（第一卷）.[出版者不详]，2017：330 - 333.

[41] 符建华，张世颖. 人力资本、市场化对产业结构升级影响的实证分析 [J]. 统计与决策，2019，35（21）：105 - 107.

[42] 博亚平，彭政钦. 绿色金融发展、研发投入与区域经济增长——基于省级面板门槛模型的实证 [J]. 统计与决策，2020，36（21）：120 - 124.

[43] 傅颖. 地方政府环境责任研究 [D]. 杭州：浙江大学，2012.

[44] 甘小文，毛小明. 基于 AHP 和灰色关联的产业承接地工业园区产城融合度测度研究 [J]. 南昌大学学报（人文社会科学版），2016，47（5）：88 - 95.

[45] 甘小文，毛小明. 基于信息熵和灰色关联度下中部六省生态文明建设状况的比较研究 [J]. 企业经济，2018，(12)：27 - 33.

[46] 高小娟，李瑞玲，等. 电镀工业园区的建设、运营及环境管理 [J]. 电镀与环保，2019，39（4）：24 - 27.

[47] 高新玉，肖国芽，等. 当前化工园区安全监管存在问题及对策 [J]. 化工管理，2018 (18)：61 - 62.

[48] 葛竞天. 从德国鲁尔工业区的经验看东北老工业区的改革 [J]. 财经问题研究，2005 (1)：54 - 58.

[49] 顾剑华，王亚倩. 产业结构变迁对区域高质量绿色发展的影响及其空间溢出效应——基于我国省域面板数据的实证研究 [J]. 西南大学学报（自然科学版），2021，43（8）：116 - 128.

[50] 顾萍，丛杭青. 工程社会稳定风险的协同治理研究——以九峰垃圾焚烧发电项目为例 [J]. 自然辩证法通讯，2020，42（1）：108 - 114.

[51] 郭国峰，郑召锋. 基于 DEA 模型的环境治理效率评价——以河南为例 [J]. 经济问题，2009 (1)：48 - 51.

[52] 郭卫军，黄繁华. 高技术产业与生产性服务业协同集聚如何影响经济增长质量？[J]. 产业经济研究，2020 (6)：128 - 142.

[53] 哈肯. 协同学导论 [M]. 西安：西北大学科研处，1981.

［54］韩良，宋涛，佟连军．典型生态产业园区发展模式及其借鉴 ［J］．地理科学，2006（2）：2237 – 2243.

［55］韩强，曹洪军，宿洁．我国工业领域环境保护投资效率实证研究 ［J］．经济管理，2009，31（5）：154 – 160.

［56］韩颖，齐小源．经济政策不确定性、金融发展与雾霾污染——基于西部地区协同减排研究 ［J］．工业技术经济，2019，38（12）：3 – 10.

［57］郝洁．产业转移承接地效应的理论分析 ［J］．中国流通经济，2013，27（1）：60 – 67.

［58］何飞，蓝定香．R&D 强度、就业结构与经济增长 ［J］．经济体制改革，2020（4）：72 – 77.

［59］何宜庆，陈林心，周小刚．长江经济带生态效率提升的空间计量分析——基于金融集聚和产业结构优化的视角 ［J］．生态经济，2016，32（1）：22 – 26.

［60］何争．基于 FAHP 与灰色综合分析法的城市环保评价 ［J］．周口师范学院学报，2019，36（5）：14 – 18.

［61］胡俊文．国际产业转移的基本规律及变化趋势 ［J］．国际贸易问题，2004（5）：56 – 60.

［62］胡小君．从分散治理到协同治理：社区治理多元主体及其关系构建 ［J］．江汉论坛，2016（4）：41 – 48.

［63］胡一凡．京津冀大气污染协同治理困境与消解——关系网络、行动策略、治理结构 ［J］．大连理工大学学报（社会科学版），2020，41（2）：48 – 56.

［64］胡志高，李光勤，曹建华．环境规制视角下的区域大气污染联合治理——分区方案设计、协同状态评价及影响因素分析 ［J］．中国工业经济，2019（5）：24 – 42.

［65］黄成，吴传清．长江经济带工业绿色转型与生态文明建设的协同效应研究 ［J］．长江流域资源与环境，2021，30（6）：1287 – 1297.

［66］黄德林，陈宏波，李晓琼．协同治理：创新节能减排参与机制的新思路 ［J］．中国行政管理，2012（1）：23 – 26.

［67］黄和平．基于生态效率的江西省循环经济发展模式 ［J］．生

态学报，2015，35（9）：2894－2901.

［68］黄清煌，高明. 中国环境规制工具的节能减排效果研究［J］. 科研管理，2016，37（6）：19－27.

［69］黄星瑜，韩复兴，杨国清. 河南陶瓷产业绿色发展路径分析［J］. 佛山陶瓷，2019，29（9）：1－3.

［70］贾仓仓，陈绍友. 新常态下技术创新对产业结构转型升级的影响——基于2011~2015年省际面板数据的实证检验［J］. 科技管理研究，2018，38（15）：26－31.

［71］江洪龙，张艳，赵坤. 生态工业园设计规划思路探究与实践经验总结［J］. 资源节约与环保，2021（2）：139－140.

［72］江苏省政府办公厅. 江苏省化工行业整治提升方案（征求意见稿）［EB/OL］.（2019－04－08）［2022－07－02］. http：//www. qian-han. com. cn/xinwen/hangyedongtai/1156. html.

［73］江西省工业和信息化厅. 关于江西省化工园区认定合格名单（第一批）的公示［EB/OL］.（2021－03－16）［2022－07－02］. http：//jxciit_www. jxciit. gov. cn/Item/70853. aspx.

［74］江西省人民政府. 江西省通报中央环境保护督察"回头看"及专项督察移交生态环境损害责任追究问题问责情况［EB/OL］.（2020－01－03）［2022－07－02］. http：//jiangxi. gov. cn/art/2020/1/3/art_396_1335050. html.

［75］姜珂，游达明. 基于央地分权视角的环境规制策略演化博弈分析［J］. 中国人口·资源与环境，2016，26（9）：139－148.

［76］姜磊. 应用空间计量经济学［M］. 北京：中国人民大学出版社，2020.

［77］姜霞. 湖北省承接产业转移的路径选择与政策取向研究［D］. 武汉：武汉大学，2013.

［78］金春雨，吴安兵. 工业经济结构、经济增长对环境污染的非线性影响［J］. 中国人口·资源与环境，2017，27（10）：64－73.

［79］金浩，隋蒙蒙. 京津冀协同发展过程中河北省产业承接力研究［J］. 河北工业大学学报（社会科学版），2015，7（1）：1－9.

[80] 景红霞, 闫二旺. 中外合作工业园区的模式探讨 [J]. 经济研究参考, 2017 (69): 50 - 58.

[81] 靖学青. 长三角装备制造业的产业选择 [J]. 南通大学学报 (社会科学版), 2020, 36 (3): 31 - 38.

[82] 柯金虎. 生态工业园区规划及其案例分析 [J]. 规划师, 2002 (12): 42 - 45.

[83] 柯善咨, 赵曜. 产业结构、城市规模与中国城市生产率 [J]. 经济研究, 2014, 49 (4): 76 - 88 + 115.

[84] 柯文仲. 我国首个区域性生态工业园区落户南海 [J]. 环境, 2001 (12): 18.

[85] 赖运东, 刘清云. 珠三角典型制造工业区环境污染第三方治理现状研究 [J]. 环境科学导刊, 2019, 38 (3): 32 - 36.

[86] 蓝庆新. 来自丹麦卡伦堡循环经济工业园的启示 [J]. 环境经济, 2006 (4): 60 - 63.

[87] 劳尔·普雷维什. 外围资本主义: 危机与改造 [M]. 北京: 商务印书馆, 1990.

[88] 乐平市人民政府. 乐平市着力做大做强精细化工产业 [EB/OL]. (2021 - 03 - 15) [2022 - 07 - 02]. http: //www. lepingshi. gov. cn/gbmxxgkml/lpgyy_15327/fdzdgknr_15691/gzdt_15329/t738278. shtml.

[89] 李斌, 彭星, 欧阳铭珂. 环境规制、绿色全要素生产率与中国工业发展方式转变——基于 36 个工业行业数据的实证研究 [J]. 中国工业经济, 2013 (4): 56 - 68.

[90] 李国武. 产业集群与工业园关系的研究 [J]. 中央财经大学学报, 2006 (8): 50 - 55.

[91] 李国祥, 张伟. 环境分权、环境规制与工业污染治理效率 [J]. 当代经济科学, 2019, 41 (3): 26 - 38.

[92] 李汉卿. 协同治理理论探析 [J]. 理论月刊, 2014 (1): 138 - 142.

[93] 李珺. 协同治理中的 "合力困境" 及其破解——以京津冀大气污染协同治理实践为例 [J]. 行政论坛, 2020, 27 (5): 146 - 152.

[94] 李玲玲. 丹麦卡伦堡生态工业园的成功经验与启示 [J]. 对外经贸实务, 2018 (5): 38 – 41.

[95] 李叔君, 李明华. 社区协同治理: 生态文明建设的路径与机制探析——以浙江安吉县为例 [J]. 前沿, 2011 (8): 188 – 190.

[96] 李晓英. FDI、环境规制与产业结构优化——基于空间计量模型的实证 [J]. 当代经济科学, 2018, 40 (2): 104 – 113 + 128.

[97] 李燕, 陈龙梅, 何耀宇, 赵国叶. 山西省产业结构与经济增长的灰色关联度分析——基于面板数据 [J]. 太原理工大学学报 (社会科学版), 2016, 34 (5): 39 – 44.

[98] 李永友, 沈坤荣. 我国污染控制政策的减排效果——基于省际工业污染数据的实证分析 [J]. 管理世界, 2008 (7): 7 – 17.

[99] 梁丰, 程均丽. 地方政府行为、金融发展与产业结构升级——基于省际动态面板数据的实证分析 [J]. 华东经济管理, 2018, 32 (11): 68 – 75.

[100] 廖兵, 魏康霞, 樊艳春. 工业园区环境管理现状及对策研究——以江西省工业园区环境保护为例 [J]. 环境与可持续发展, 2013, 38 (6): 105 – 107.

[101] 廖进球, 刘伟明. 波特假说、工具选择与地区技术进步 [J]. 经济问题探索, 2013 (10): 50 – 57.

[102] 刘传哲, 任懿. 对外开放与绿色经济发展的非线性关系研究 [J]. 工业技术经济, 2020, 39 (4): 96 – 104.

[103] 刘和旺, 张双. 清洁生产政策对我国企业转型升级的影响 [J]. 湖北大学学报 (哲学社会科学版), 2019, 46 (6): 154 – 163.

[104] 刘会成, 刘璐. 环保管家服务在工业园区中的应用 [J]. 科技创新与应用, 2019 (16): 171 – 172.

[105] 刘家旗, 茹少峰. 西部地区经济增长影响因素分析及其高质量发展的路径选择 [J]. 经济问题探索, 2019 (9): 82 – 90.

[106] 刘满凤, 陈华脉, 徐野. 环境规制对工业污染空间溢出的效应研究——来自全国 285 个城市的经验证据 [J]. 经济地理, 2021, 41 (2): 194 – 202.

[107] 刘文东, 潘啸天. 基于博弈论的生态工业园产业耦合共生网络运行过程研究 [J]. 经济研究导刊, 2020, 433 (11): 62 - 63.

[108] 刘晓萌, 孟祥瑞, 汪克亮. 城市工业生态效率测度与评价: 安徽的实证 [J]. 华东经济管理, 2016, 30 (8): 29 - 34.

[109] 刘勇, 姚星. "3R" 原则指导下的农工一体化循环经济模式——对贵港国家生态工业 (制糖) 示范园建设的分析 [J]. 生态经济, 2005 (10): 56 - 60.

[110] 刘志坚. 环境保护基本法中环境行政法律责任实现机制的构建 [J]. 兰州大学学报 (社会科学版), 2007 (6): 112 - 116.

[111] 罗文剑, 陈丽娟. 大气污染政府间协同治理的绩效改进: "成长上限" 的视角 [J]. 学习与实践, 2018 (11): 43 - 51.

[112] 骆苕函. 人力资本结构高级化对服务业结构升级的影响研究——基于中国城市面板数据 [J]. 广东财经大学学报, 2021, 36 (2): 39 - 53.

[113] 马波. 论政府环境保护责任实现的激励机制构建 [J]. 西部法学评论, 2015 (1): 9 - 17.

[114] 马士国. 基于效率的环境产权分配 [J]. 经济学 (季刊), 2008 (2): 431 - 446.

[115] 马翔, 张国兴. 基于非对称演化博弈的京冀雾霾协同治理联盟稳定性分析 [J]. 运筹与管理, 2017, 26 (5): 45 - 52.

[116] 马永喜, 王娟丽, 李一. 纺织工业废水处理模式改进研究 [J]. 丝绸, 2017, 54 (4): 37 - 42.

[117] 马育军, 黄贤金, 肖思思, 等. 基于 DEA 模型的区域生态环境建设绩效评价——以江苏省苏州市为例 [J]. 长江流域资源与环境, 2007 (6): 769 - 774.

[118] 迈克尔·波特. 竞争优势 [M]. 北京: 华夏出版社, 2002.

[119] 孟庆国, 魏娜, 田红红. 制度环境、资源禀赋与区域政府间协同——京津冀跨界大气污染区域协同的再审视 [J]. 中国行政管理, 2019 (5): 109 - 115.

[120] 聂国卿. 我国转型时期环境治理的政府行为特征分析 [J].

经济学动态，2005（1）：31－34.

［121］潘静，李献中.京津冀环境的协同治理研究［J］.河北法学，2017，35（7）：131－138.

［122］潘苏楠，李北伟.人力资本结构高级化、产业升级与中国经济可持续发展［J］.工业技术经济，2020，39（10）：100－106.

［123］彭范.我国区域产业转移效应的经验研究［D］.大连：东北财经大学，2011.

［124］齐晔.环境保护从监管到治理的转变［J］.环境保护，2014，42（13）：15－17.

［125］齐宇，李慧明，王军锋.日本发展生态产业的动因分析［J］.现代日本经济，2008（2）：10－14.

［126］钱昆.北九州生态工业园对上海吴淞工业区的启示［C］//面向高质量发展的空间治理——2021中国城市规划年会论文集（2城市更新）.2021：1752－1761.

［127］邱慧，潘红玉，等.产业集聚指数、产业吸引力指数与产业转移和承接［J］.科学决策，2020（6）：41－68.

［128］邱雨，陶建武.国家治理现代化的战略与协同：一个文献综述［J］.重庆社会科学，2016（3）：11－18.

［129］任保平，段雨晨.我国雾霾治理中的合作机制［J］.求索，2015（12）：4－9.

［130］任丙强，王俊景.我国工业园区环境污染：制度缺陷、逻辑与治理［J］.福建行政学院学报，2016（4）：17－23.

［131］任克强.政绩跑步机：关于环境问题的一个解释框架［J］.南京社会科学，2017（6）：84－90.

［132］商婕，曾悦.绿色经济理念的生态工业园区综合评价指标体系［J］.华侨大学学报（自然科学版），2015，36（6）：698－703.

［133］尚英仕，刘曙光.中国东部沿海三大城市群的科技创新与绿色发展耦合协调关系［J］.科技管理研究，2021，41（14）：46－55.

［134］邵帅，李欣，曹建华，等.中国雾霾污染治理的经济政策选择——基于空间溢出效应的视角［J］.经济研究，2016，51（9）：

73 - 88.

[135] 沈国云. 外商直接投资、对外开放与经济增长质量——基于中国汽车产业的经验实证 [J]. 经济问题探索, 2017 (10): 113 - 122.

[136] 沈满洪. 论环境经济手段 [J]. 经济研究, 1997 (10): 54 - 61.

[137] 石风光. 中国省区经济增长源泉及其影响因素——基于线性和非线性面板数据模型的分析 [J]. 财贸研究, 2017, 28 (2): 9 - 20 + 110.

[138] 舒绍福. 雾霾之毒: 德国鲁尔工业区事件 [N]. 学习时报, 2021 - 10 - 27 (7).

[139] 宋雯彦, 韩卫辉. 环境规制、对外直接投资和产业结构升级——兼论异质性环境规制的门槛效应 [J]. 当代经济科学, 2021, 43 (2): 109 - 122.

[140] 宋哲. 我国产业转移的动因与效应分析 [D]. 武汉: 武汉大学, 2013.

[141] 苏华, 胡田田, 黄麟堡. 中国各区域产业承接能力的评价 [J]. 统计与决策, 2011 (5): 41 - 43.

[142] 苏文松, 方创琳. 京津冀城市群高科技园区协同发展动力机制与合作共建模式——以中关村科技园为例 [J]. 地理科学进展, 2017, 36 (6): 657 - 666.

[143] 孙涛. 当代中国社会合作治理体系建构问题研究 [D]. 济南: 山东大学, 2015.

[144] 孙婷. 我国国家级生态工业示范园建设研究 [J]. 长春理工大学学报 (高教版), 2009, 4 (8): 173 - 174.

[145] 孙威, 李文会, 林晓娜, 等. 长江经济带分地市承接产业转移能力研究 [J]. 地理科学进展, 2015, 34 (11): 1470 - 1478.

[146] 孙伟增, 罗党论, 郑思齐. 万广华. 环保考核、地方官员晋升与环境治理——基于 2004 ~ 2009 年中国 86 个重点城市的经验证据 [J]. 清华大学学报 (哲学社会科学版), 2014, 29 (4): 49 - 62 + 171.

[147] 唐树伶. 京津冀协同发展背景下河北省产业承接效应 [J]. 中国流通经济, 2016, 30 (6): 40-45.

[148] 唐子君, 陈雄波, 方平, 等. 陶瓷工业大气污染防治现状、问题与对策 [J]. 中国陶瓷工业, 2020, 27 (2): 33-36.

[149] 田桂丰, 谌颅, 尹帮治. 信息熵和灰色关联分析在企业大数据分析中的应用 [J]. 信息记录材料, 2021, 22 (3): 151-152.

[150] 田金平, 刘巍, 等. 中国生态工业园区发展模式研究 [J]. 中国人口·资源与环境, 2012, 22 (7): 60-66.

[151] 田甜, 丁煜. 广东省城镇化与服务业关联效应研究——基于信息熵和灰色关联 [J]. 湖南广播电视大学学报, 2018 (2): 60-65.

[152] 田婷. H园区产业园区承接产业转移绩效评价指标体系的构建研究 [D]. 长沙: 湖南师范大学, 2020.

[153] 汪发元, 郑军. 科技创新、金融发展与实体经济增长——基于长江经济带的动态空间模型分析 [J]. 经济经纬, 2019, 36 (4): 157-164.

[154] 王党强. 丹麦卡伦堡生态 "工业共同体" ——我国生态工业园区的反思与超越 [J]. 环境保护与循环经济, 2016, 36 (8): 4-8.

[155] 王建民, 蒋倩颖, 张敏, 仇定三. 皖江城市带承接产业转移示范区低碳发展效应分析 [J]. 地域研究与开发, 2019, 38 (2): 50-54+85.

[156] 王金南, 曹东, 陈潇君. 国家绿色发展战略规划的初步构想 [J]. 环境保护, 2006 (6): 39-43+49.

[157] 王丽, 翁瑾. 灰色LEAP计量的青岛生态文明建设评价模型 [J]. 科技通报, 2017, 33 (6): 234-237.

[158] 王丽. 基于苏州工业园区经验总结的产业园区概念模型设计 [J]. 中国经贸导刊 (中), 2019 (12): 43-44.

[159] 王敏. 京津冀的污染主要是复合污染 [N]. 中国企业报, 2013-06-25 (2).

[160] 王蓬. 日本北九州市治理环境污染的经验 [J]. 发展, 2008 (6): 55-56.

[161] 王树强，韩秀梅. 环境规制对产业转型升级的影响研究——以京津冀及周边地区为例 [J]. 科技促进发展，2021，17（5）：951-962.

[162] 王炜，张豪. 信息基础设施与区域经济增长——来自中国252个地市级的经验证据 [J]. 华东经济管理，2018，32（7）：75-80.

[163] 王鑫静，程钰，王建事，丁立. 中国对"一带一路"沿线国家产业转移的区位选择 [J]. 经济地理，2019，39（8）：95-105.

[164] 王颖，杨利花. 跨界治理与雾霾治理转型研究——以京津冀区域为例 [J]. 东北大学学报（社会科学版），2016，18（4）：388-393.

[165] 王玉明. 环境治理中的政府合作困境与前端治理——基于对广东省的考察 [J]. 广东石油化工学院学报，2012，22（1）：78-83.

[166] 王悦. 雁行模式对中国产业及国际分工的影响 [J]. 吉林农业科技学院学报，2014，23（2）：36-39.

[167] 王钊，王良虎. R&D投入、产业结构升级与碳排放关系研究 [J]. 工业技术经济，2019，38（5）：62-70.

[168] 王铮. 理论经济地理学 [M]. 北京：科学出版社，2002.

[169] 王智勇，李瑞. 人力资本、技术创新与地区经济增长 [J]. 上海经济研究，2021（7）：55-68.

[170] 魏娜，孟庆国. 大气污染跨域协同治理的机制考察与制度逻辑——基于京津冀的协同实践 [J]. 中国软科学，2018（10）：79-92.

[171] 文荣光，王江波. 人力资本、产业结构与经济增长——基于中国省级面板数据的实证 [J]. 经济问题，2020（7）：76-81.

[172] 吴传清，黄磊. 承接产业转移对长江经济带中上游地区生态效率的影响研究 [J]. 武汉大学学报（哲学社会科学版），2017，70（5）：78-85.

[173] 吴鹏举，郭光普，等. 基于系统自组织的产业生态系统演化与培育 [J]. 自然杂志，2008，30（6）：354-358.

[174] 吴晓青. 我国大气氮氧化物污染控制现状存在的问题与对策建议 [J]. 中国科技产业，2009（8）：13-16.

[175] 吴兴唐. 德国鲁尔地区"经济转型"的启示 [J]. 今日国土，2020（4）：39-41.

［176］吴芸，赵新峰．京津冀区域大气污染治理政策工具变迁研究——基于 2004～2017 年政策文本数据［J］．中国行政管理，2018（10）：78－85．

［177］武婷婷，王怡，张雪，董朕．汉江生态经济带绿色发展与产业结构耦合协调研究［J］．辽宁农业科学，2021（4）：12－16．

［178］习丽丽．辽河生态长廊社会经济与生态环境协调发展度特征分析及其影响因素研究［J］．水利规划与设计，2019（11）：9－13．

［179］向云波，王圣云，邓楚雄．长江经济带化工产业绿色发展效率的空间分异及驱动因素［J］．经济地理，2021，41（4）：108－117．

［180］小岛清．对外贸易论［M］．天津：南开大学出版社，1987．

［181］肖琳琳．曹妃甸区产业承接与绿色经济发展［J］．兵团党校学报，2021（2）：65－70．

［182］肖钦．绿色发展视阈下我国地方环境协同治理研究［D］．南昌：江西财经大学，2019．

［183］肖雁飞，廖双红．绿色创新还是污染转移：环境规制效应文献综述与协同减排理论展望［J］．世界地理研究，2017，26（4）：126－133．

［184］徐焕．当代资本主义生态理论与绿色发展战略［M］．北京：中央编译出版社，2015．

［185］徐楠．生态工业示范园助推低碳经济［J］．投资北京，2011（1）：78－79．

［186］许家云，张巍．房价、要素市场扭曲与工业结构升级［J］．财贸研究，2020，31（11）：10－26．

［187］许琼．社区服务中"三社联动"机制的运作逻辑研究——基于多案例分析［J］．湖北文理学院学报，2019，40（10）：37－43．

［188］薛东峰，罗宏，周哲．南海生态工业园区的生态规划［J］．环境科学学报，2003（2）：285－288．

［189］薛菁．多元化生态补偿机制中政府与市场关系：演进机理与有效协同［J］．云南行政学院学报，2021，23（1）：144－150．

［190］闫二旺，闫昱霖．产业园区创新生态圈的构建与发展——

以苏州工业园区为例 [J]. 经济研究参考, 2017 (69): 38 - 40.

[191] 严运楼. 产业转移的区域福利效应分析——以安徽省为例 [J]. 经济体制改革, 2017 (5): 55 - 60.

[192] 燕继荣. 协同治理: 社会管理创新之道——基于国家与社会关系的理论思考 [J]. 中国行政管理, 2013 (2): 58 - 61.

[193] 央视新闻客户端. 江西井冈山经开区富滩产业园海洲医药公司发生爆炸事故 致 1 人死亡 1 人失联 6 人受伤 [EB/OL]. (2020 - 11 - 17) [2022 - 07 - 02]. http://m. news. cctv. com/2020/11/17/AR-TICMi5C38fJUoCgg7Lyt43201117. shtml.

[194] 杨朝霞. 生态文明建设的内涵新解 [J]. 环境保护, 2014, 42 (4): 50 - 52.

[195] 杨孟禹, 张可云. 城市基础设施建设与产业结构升级的外部效应 [J]. 现代财经 (天津财经大学学报), 2015, 35 (3): 3 - 13.

[196] 杨冕, 晏兴红, 李强谊. 环境规制对中国工业污染治理效率的影响研究 [J]. 中国人口·资源与环境, 2020, 30 (9): 54 - 61.

[197] 杨桐彬, 朱英明. 产业协同集聚对资源型城市可持续发展的影响 [J]. 北京理工大学学报 (社会科学版), 2021, 23 (4): 60 - 71.

[198] 杨小东, 冉启英, 张晋宁. 城市创新行为、财政分权与环境污染 [J]. 产业经济研究, 2020 (3): 1 - 16.

[199] 杨怡康, 蒋毓琪. 绿色发展视阈下的城市化与生态环境协同发展的研究综述 [J]. 江苏商论, 2021 (6): 137 - 140.

[200] 杨亦民, 王梓龙. 湖南工业生态效率评价及影响因素实证分析——基于 DEA 方法 [J]. 经济地理, 2017, 37 (10): 151 - 156.

[201] 叶琴, 曾刚, 戴劭勍, 等. 不同环境规制工具对中国节能减排技术创新的影响——基于 285 个地级市面板数据 [J]. 中国人口·资源与环境, 2018, 28 (2): 115 - 122.

[202] 叶祥松, 彭良燕. 我国环境规制下的规制效率与全要素生产率研究: 1999—2008 [J]. 财贸经济, 2011 (2): 102 - 109.

[203] 殷功利. 中国对外开放、要素禀赋结构优化与产业结构升

级 [J]. 江西社会科学, 2018, 38 (10): 110 - 114.

[204] 尹蕾, 吴幼萍. 探析医药工业园发展现状及存在的问题 [J]. 上海医药, 2012, 33 (19): 43 - 45.

[205] 余敏江. 论区域生态环境协同治理的制度基础——基于社会学制度主义的分析视角 [J]. 理论探讨, 2013 (2): 13 - 17.

[206] 余泳泽, 孙鹏博, 宣烨. 地方政府环境目标约束是否影响了产业转型升级? [J]. 经济研究, 2020, 55 (8): 57 - 72.

[207] 禹汀, 付允, 等. 国家绿色园区发展报告 (2018) [M]. 北京: 中国社会科学出版社, 2018.

[208] 元炯亮, 刘忠. 制糖工业生态化重构——以贵糖集团为例 [J]. 中国人口·资源与环境, 2002 (4): 120 - 123.

[209] 臧传琴. 环境规制工具的比较与选择——基于对税费规制与可交易许可证规制的分析 [J]. 云南社会科学, 2009 (6): 97 - 102.

[210] 曾维和. 西方"整体政府"改革: 理论、实践及启示 [J]. 公共管理学报, 2008 (4): 62 - 69.

[211] 占佳, 李秀香. 环境规制工具对技术创新的差异化影响 [J]. 广东财经大学学报, 2015, 30 (6): 16 - 26.

[212] 张奔, 戴铁军. 基于协同学的生态工业园不稳定现象的解释与对策 [J]. 科技管理研究, 2010, 30 (8): 238 - 240 + 227.

[213] 张成福. 公共管理学 [M]. 北京: 中国人民大学出版社, 2001.

[214] 张峰, 薛惠锋, 宋晓娜. 国家高效生态经济战略区承接产业转移能否兼顾环境效益? [J]. 经济体制改革, 2020 (3): 181 - 186.

[215] 张海峰. 新形势下环保管家服务模式探索 [J]. 化工管理, 2021 (18): 27 - 28.

[216] 张紧跟. 当代美国大都市区治理的争论与启示 [J]. 华中师范大学学报 (人文社会科学版), 2006 (4): 32 - 38.

[217] 张京祥, 姜克芳, 何鹤鸣, 等. 精明收缩视角下产业园区转型再生 [M]. 南京: 东南大学出版社, 2019.

[218] 张静, 付金存. 区际产业转移的框架构建、机理解析与策

略匹配 [J]. 经济体制改革, 2015 (1): 69-73.

[219] 张可云. 区域大战与区域经济关系 [M]. 北京: 民主与建设出版社, 2001.

[220] 张雷. 政府环境责任问题研究 [M]. 北京: 知识产权出版社, 2012.

[221] 张萌. 工业共生网络形成机理及稳定性研究 [D]. 哈尔滨: 哈尔滨工业大学, 2008.

[222] 张平, 张鹏鹏, 蔡国庆. 不同类型环境规制对企业技术创新影响比较研究 [J]. 中国人口·资源与环境, 2016, 26 (4): 8-13.

[223] 张西玲. 国内外生态产业园区建设典型案例研究 [J]. 科技创新与生产力, 2011 (3): 54-58+62.

[224] 张孝峰, 蒋寒迪. 产业转移与区域协调发展研究 [M]. 北京: 华龄出版社, 2006.

[225] 张旭, 王宇. 环境规制与研发投入对绿色技术创新的影响效应 [J]. 科技进步与对策, 2017, 34 (17): 111-119.

[226] 张雪梅. 西部地区生态效率测度及动态分析——基于2000~2010年省际数据 [J]. 经济理论与经济管理, 2013 (2): 78-85.

[227] 张翼, 卢现祥. 公众参与治理与中国二氧化碳减排行动——基于省级面板数据的经验分析 [J]. 中国人口科学, 2011 (3): 64-72.

[228] 张永庆. 探析新形势下环境保护工作中政府环境责任的发展趋势 [J]. 广东科技, 2013, 22 (8): 224-225.

[229] 张钰莹, 罗洋. 生态文明建设的多层次模糊综合评价 [J]. 四川建筑科学研究, 2017, 43 (1): 149-154.

[230] 张振波. 论协同治理的生成逻辑与建构路径 [J]. 中国行政管理, 2015 (1): 58-61.

[231] 张治栋, 廖常文. 全要素生产率与经济高质量发展——基于政府干预视角 [J]. 软科学, 2019, 33 (12): 29-35.

[232] 赵玲. 跨界危机应对中组织协同绩效的影响因素与作用机制分析——基于两起海洋溢油事件的比较案例研究 [J]. 风险灾害危机研究, 2019 (1): 152-179.

［233］赵满华，田越．贵港国家生态工业（制糖）示范园区发展经验与启示［J］．经济研究参考，2017（69）：42 – 50.

［234］赵鑫，胡映雪，孙欣．长江经济带生态效率及收敛性分析［J］．产业经济评论，2017（6）：90 – 103.

［235］赵原．环保管家服务模式在工业园区的应用——以江西省某工业园区为例［J］．环境与发展，2020，32（2）：246 – 247.

［236］赵治华，刘亚铮．关于产业梯度转移对中部崛起战略的若干影响再分析［J］．当代经济，2009（23）：83 – 85.

［237］浙江省地方统计调查局课题组．浙江省工业园区生态化发展状况研究［J］．统计科学与实践，2010（9）：17 – 19.

［238］郑国姣，杨来科．基于经济发展视角的雾霾治理对策研究［J］．生态经济，2015，31（9）：34 – 38.

［239］郑晓舟，郭晗，卢山冰．环境规制协同、技术创新与城市群产业结构升级——基于中国十大城市群的实证分析［J］．广东财经大学学报，2021，36（3）：46 – 60.

［240］中国化工报．1034 家年底也要关！山东第二批化工企业关停名单要来了！［EB/OL］．（2020 – 07 – 29）［2022 – 07 – 02］．http：//www.jsppa. com. cn/news/safe/3186. html.

［241］中华人民共和国生态环境部．不顾环境容量 盲目上马项目安徽固镇经济开发区环境污染问题突出［EB/OL］．（2021 – 04 – 28）［2022 – 07 – 02］．https：//www. mee. gov. cn/xxgk2018/xxgk/xxgk15/202104/t20210428_831106. html.

［242］中华人民共和国生态环境部．崇左市黑臭水体治理一填了之 污水集中收集率之低极为罕见［EB/OL］．（2021 – 04 – 16）［2022 – 07 – 02］．https：//www. mee. gov. cn/xxgk2018/xxgk/xxgk15/202104/t20210416_828959. html.

［243］中华人民共和国生态环境部．湖南省湘潭市港口码头污染屡治屡空［EB/OL］．（2021 – 04 – 16）［2022 – 07 – 02］．https：//www. mee. gov. cn/xxgk2018/xxgk/xxgk15/202104/t20210416_828957. html.

［244］中华人民共和国生态环境部．江西省吉安市永丰县循环经济产

业园污染严重 群众反映强烈 [EB/OL]. (2021－04－28)[2022－07－02].
https：//www. mee. gov. cn/xxgk2018/xxgk/xxgk15/202104/t20210428_831107.
html.

[245] 中华人民共和国生态环境部. 警示案例丨中铝广西稀土整改不
到位 环境污染问题突出 [EB/OL]. (2020－09－23)[2022－07－02]. ht-
tps：//www. mee. gov. cn/ywgz/zysthjbhdc/dczg/202009/t20200923_800180.
shtml.

[246] 中华人民共和国生态环境部. 辽宁一些地方项目管控不到位能
耗"双控"面临较大压力 [EB/OL]. (2021－04－28)[2022－07－02].
https：//www. mee. gov. cn/xxgk2018/xxgk/xxgk15/202104/t20210428 _
831105. html.

[247] 中华人民共和国生态环境部. 山东省泰安市宁阳化工产业园违
法问题突出 环境污染严重 [EB/OL]. (2021－09－06)[2022－07－02].
https：//www. mee. gov. cn/ywgz/zysthjbhdc/dcjl/202109/t20210906 _ 900003.
shtml.

[248] 中华人民共和国生态环境部. 山西省晋中市盲目上马焦化项目
未批先建、违规取水、违法排污问题严重 [EB/OL]. (2021－04－16)
[2022 － 07 － 02]. https：//www. mee. gov. cn/xxgk2018/xxgk/xxgk15/
202104/t20210416_828945. html.

[249] 中华人民共和国生态环境部. 推动督察整改不深不实 河南省
新乡市垃圾填埋污染隐患依然突出 [EB/OL]. (2021－05－17)[2022－07－
02]. https：//www. mee. gov. cn/ywgz/zysthjbhdc/dcjl/202105/t20210517_833118.
shtml.

[250] 中华人民共和国生态环境部. 中国有色集团下属大冶有色公司
环境污染严重，风险隐患突出 [EB/OL]. (2021－09－06)[2022－07－
02]. https：//www. mee. gov. cn/ywgz/zysthjbhdc/dcjl/202109/t20210906_
900028. shtml.

[251] 中华人民共和国中央人民政府. 江苏响水天嘉宜化工有限公
司"3·21"特别重大爆炸事故调查报告公布 [EB/OL]. (2019－11－
15)[2022－07－02]. http：//www. gov. cn/xinwen/2019－11/15/content_

5452468. htm.

[252] 周国富，柴宏蕊，方云龙. 金融发展、技术进步与产业结构升级 [J]. 云南财经大学学报，2020，36（10）：76 - 87.

[253] 周伟. 生态环境保护与修复的多元主体协同治理——以祁连山为例 [J]. 甘肃社会科学，2018（2）：250 - 255.

[254] 周小光，张建伟. 关于大气污染与气候变化协同治理的法律思考 [J]. 社会科学论坛，2017（5）：220 - 228.

[255] 朱光明，杨继龙. 日本北九州："灰色城市"到"绿色城市"的治理之路 [J]. 社会治理，2015（2）：135 - 145.

[256] 朱纪华. 协同治理：新时期我国公共管理范式的创新与路径 [J]. 上海市经济管理干部学院学报，2010，8（1）：5 - 10.

[257] Anselin L. et al. Simple Diagnostic Tests for Spatial Dependence [J]. Regional Science and Urban Economics，1996，26（1）：77 - 104.

[258] Anselin L.. Localindicators of Spatial Association——LISA [J]. Geographical Analysis，1995，27（2）：93 - 115.

[259] Ansell C.，Gash A.. Collaborative Governance in Theory and Practice [J]. Journal of Public Administration Research and Theory，2008，18（4）：543 - 571.

[260] Bartlett A. A.. Reflections on Sustainability，Population Growth，and the Environment [J]. Population and Environment，1994，16（1）：5 - 35.

[261] Brown L. R.. Building a Sustainable Society [M]. New York：W. W. Norton & Co.，1981.

[262] Buttel，Frederick H.. The Treadmill of Production：An Appreciation，Assessment，and Agenda for Research [J]. Organization & Environment，2004，17（3）：323 - 336.

[263] Carson R.. Silent Spring [M]. Boston：Houghton Mifflin Company，1962.

[264] Cliff A.，Ord K.. Testing for Spatial Autocorrelation among Regression Residuals [J]. Geographical Analysis，1972，4（3）：267 - 284.

［265］ Coase R. H.. The Problem of Social Cost ［J］. Journal of Law and Economics, 1960 （3）: 1 –44.

［266］ Dahlström K. , Ekins P.. Eco – efficiency Trends in the UK Steel and Aluminum Industries ［J］. Journal of Industrial Ecology, 2005 （9）: 171 –188.

［267］ Dasgupta S. , Laplante B. , Wang H. , et al. Confronting the Environmental Kuznets Curve ［J］. Journal of Economic Perspectives, 2002, 16 （1）: 147 –168.

［268］ Dunning J. H.. Trade, Location of Economic Activity and the Multinational Enterprise: A Search for an Eclectic Approach ［M］//Palgrave Macmillan, London: The International Allocation of Economic Activity, 1977.

［269］ Elgin D. J.. Cooperative Interactions among Friends and Foes Operating within Collaborative Governance Arrangements ［J］. Public Admin, 2015 （93）: 769 –787.

［270］ Emerson K. , Nabatchi T. , Balogh S.. An Integrative Framework for Collaborative Governance ［J］. Journal of Public Administration Research and Theory, 2012, 22 （1）: 1 –29.

［271］ Grossman G. M. , Krueger A. B.. Economic Growth and the Environment ［J］. Nber Working Papers, 1995, 110 （2）: 353 –377.

［272］ Haken H.. Synergetics ［J］. Naturwissenschaften, 1980 （67）: 121 –128.

［273］ Hansen B. E.. Threshold Effects in Non – dynamic Panels: Estimation, Testing and Inference ［J］. Journal of Econometrics, 1999, 93 （2）: 345 –368.

［274］ Keyim P.. Tourism Collaborative Governance and Rural Community Development in Finland: The Case of Vuonislahti ［J］. Journal of Travel Research, 2018, 57 （4）: 483 –494.

［275］ Kortelainen M.. Dynamic Environmental Performance Analysis: A Malmquist index approach ［J］. Journal of Industrial Ecology, 2008 （9）:

59 – 72.

[276] Koski C. , Siddiki S. , Sadiq A. , et al. Representation in Collaborative Governance: A Case Study of a Food Policy Council [J]. The American Review of Public Administration, 2018, 48 (4): 359 – 373.

[277] Lang A. . Collaborative Governance in Health and Technology Policy: The Use and Effects of Procedural Policy Instruments [J]. Administration & Society, 2019, 51 (2): 272 – 298.

[278] LeSage J. , Pace R. K. . Introduction to Spatial Econometrics [M]. New York: CRC Press, 2009.

[279] Lewis W. A. . The Evolution of the International Economic Order [M]. New Jersey Princeton University Press, 1978.

[280] Liu G. , Yang Z. , Chen B. , et al. Prevention and Control Policy Analysis for Energy – related Regional Pollution Management in China [J]. Applied Energy, 2016 (166): 292 – 300.

[281] Meadows D. H. , Meadows D. L. , Randers J. , et al. The Limits to Growth [M]. New York: Universe Books, 1972.

[282] Moran P. A. . Notes on Continuous Stochastic Phenomena [J]. Biometrika, 1950, 37 (1/2): 17 – 23.

[283] Ovseiko P. V. , O'Sullivan C. , Powell S. C. , et al. Implementation of Collaborative Governance in Cross – sector Innovation and Education Networks: Evidence from the National Health Service in England [J]. BMC Health Serv Res, 2014 (14): 552.

[284] Ran B. , Qi H. . The Entangled Twins: Power and Trust in Collaborative Governance [J]. Administration & Society, 2019, 51 (4): 607 – 636.

[285] Smolenaars T. . 工业生态学与清洁生产中心的作用 [J]. 产业与环境（中文版）, 1997 (4): 19 – 21.

[286] Vernon R. A. . International Investment and International Trade in the Product Cycle [J]. The International Executive, 1966, 8 (4): 16.

[287] Walter U. M. , Petr C. G. . A Template for Family – Centered

Interagency Collaboration ［J］. Families in Society, 2000, 81 （5）: 494 – 503.

　　［288］ Wilson A. G.. A Statistical Theory of Spatial Distribution Models ［J］. Transportation Research, 1967, 1 （3）: 253 – 269.

附 录

原始数据的标准化处理后的数据表

附表 1

开发区名称	人力	财力	物力	资源	技术	信息	生产	物流	服务	安全	清洁	生态	产值	税收	就业	专利	环境
九江市沙城工业园区	70.3784	73.0103	76.5363	100.0000	83.4000	84.9000	85.1000	85.1000	79.2000	72.2319	74.2950	77.8800	71.9382	71.8241	72.4618	72.3189	76.0123
武宁工业园区	75.9190	74.0612	77.2067	80.0429	76.8000	77.9000	75.5000	77.9000	77.4000	74.9440	75.4230	79.5800	73.6220	75.3675	77.5616	71.8926	78.6012
修水工业园区	85.3263	73.4970	76.4525	75.7940	77.2000	79.2000	78.2000	78.5000	78.6000	74.3890	75.4056	78.5700	73.5675	76.7585	75.0649	72.1950	74.1561
永修县云山经济开发区	75.8195	76.1786	80.3073	84.5494	88.7000	90.0000	89.0000	85.0000	82.0000	76.3410	76.0786	76.9900	74.8274	75.6955	76.8962	73.1128	74.2089
德安工业园区	70.7496	75.8048	80.1397	82.2318	88.0000	89.0000	87.5000	84.7000	81.8000	76.2970	76.2398	78.9600	75.0636	75.2100	78.1442	74.1294	75.0010
星子（庐山）工业园区	72.7581	71.5588	72.2626	73.9914	78.1000	78.9000	76.8000	85.4000	82.1000	72.0050	73.8032	80.1200	71.4294	71.9948	72.4647	72.2100	74.4800
都昌工业园区	84.6665	71.8240	74.0223	75.7940	77.8000	78.2000	76.9000	78.4000	78.3000	71.9900	74.2050	78.7700	71.4234	71.7323	74.4800	73.1200	74.2010
湖口金沙湾工业园区	73.7697	76.7809	73.9385	85.3219	78.4000	79.7000	78.3000	81.9000	79.5000	75.6800	77.5049	79.0200	73.9794	74.3832	73.4197	74.1800	74.8900
彭泽工业园区	75.6691	73.0865	75.1955	85.1931	76.9000	79.6000	77.6800	79.7600	75.2900	72.5500	75.4234	76.3800	72.3622	72.5853	73.0116	76.1600	76.1700
瑞昌工业园区	77.3259	75.8048	76.9553	97.2961	82.0000	78.0000	75.9000	78.8000	73.8000	74.3900	77.3023	79.0200	74.7668	76.7585	78.6507	75.7800	75.9800
共青城经济开发区	70.0000	75.2786	83.4916	78.7554	92.8900	92.0000	91.0000	85.0000	77.0000	74.1100	75.5121	80.2100	74.5730	76.1811	79.4324	74.9700	76.9300
九江经济开发区	73.9322	85.9035	85.3352	86.7382	94.9800	96.0000	92.0000	97.0000	92.0000	80.9780	81.1375	81.6600	84.1853	96.0105	86.2995	88.1200	87.6300
南昌小蓝经济技术开发区	92.4921	85.8161	99.4972	76.5665	95.7000	98.0000	93.0000	93.0000	93.0000	81.0430	81.8225	80.2600	86.4022	85.2100	94.4935	91.0305	89.5291
南昌经济技术开发区	74.7764	87.1068	100.0000	97.4249	96.0000	100.0000	96.0000	98.0000	98.0000	85.9840	86.9687	95.6000	87.4197	85.5512	99.4729	96.4512	92.1265

续表

开发区名称	人力	财力	物力	资源	技术	信息	生产	物流	服务	安全	清洁	生态	产值	税收	就业	专利	环境
南昌高新技术产业开发区	85.6926	100.0000	97.4860	83.1330	100.0000	100.0000	98.0000	98.0000	100.0000	88.2390	88.8772	97.9000	100.0000	100.0000	100.0000	100.0000	100.0000
青山湖高新技术产业园区	82.3450	71.5912	91.1173	80.4292	89.9000	95.0000	90.0000	93.0000	94.0000	79.0230	77.1581	92.5800	76.2568	76.1680	81.3424	86.7420	90.6739
新建长堎经济开发区	84.0333	77.9024	82.7374	72.5751	89.0000	91.0000	88.0000	89.0000	90.0000	77.1160	76.4707	81.7800	78.0073	73.9764	79.7409	87.4200	79.1400
南昌昌南工业园区	72.8358	70.0141	70.4190	70.6438	86.0000	85.0000	84.0000	87.0000	88.0000	73.2970	75.7863	79.6700	70.1696	70.0000	70.0270	82.1600	78.9200
安义工业园区	71.7078	72.0920	78.4637	73.2189	84.0000	88.0000	83.0000	86.0000	84.0000	73.0160	73.6636	76.8800	71.6657	71.2073	73.8189	80.4400	77.3700
进贤产业园	84.6470	71.9128	76.0335	81.3305	78.0000	82.0000	76.0000	80.0000	80.0000	72.4890	74.1774	76.3400	71.8716	71.1155	74.0102	74.3300	75.3600
章贡高新技术产业园区	85.4742	74.6537	81.3128	75.9227	88.8000	84.9000	80.9000	82.6000	80.9000	79.6780	76.2106	83.3400	74.1490	73.4383	75.6539	73.2200	74.9900
赣州高新技术产业开发区	82.8010	74.3504	78.6313	79.0129	92.5000	90.8000	89.9700	91.3000	90.8000	80.2060	76.6702	89.2900	74.3610	73.3696	76.0961	82.6500	81.8800
信丰高新技术产业园	83.4972	72.3318	78.5475	73.6052	77.6000	78.2000	80.6700	77.7500	79.4000	77.9840	76.2193	84.0200	72.2592	72.6247	75.2408	80.8700	79.9800
大余工业园区	74.0802	70.7998	74.9441	73.2189	77.3000	77.6000	79.8000	77.4000	78.9000	71.9080	74.4932	75.3900	70.7753	70.3675	71.6150	73.1100	72.4400
上犹工业园区	73.2991	70.7998	72.4302	72.4464	76.8000	77.2000	76.5000	76.5000	74.4000	71.5320	74.6014	73.9900	70.5572	70.6299	71.2431	71.1900	72.0100
崇义产业园	71.5404	70.1890	70.0000	70.0000	73.7900	74.2800	75.5800	73.7800	72.1000	71.8880	73.9314	71.8800	70.2059	70.3150	70.5500	71.1100	75.3900
安远工业园区	75.3853	70.2440	71.3408	72.5751	73.2000	74.1000	74.9800	72.6000	75.6000	72.0140	73.5784	72.1100	70.0969	70.0919	70.9568	71.8800	74.6600
龙南经济技术开发区	75.0239	73.5872	80.8101	80.0429	90.6000	88.9000	87.9000	90.8000	79.6000	78.9990	76.6978	79.0400	73.7916	73.0840	79.7499	80.4500	81.9900
定南工业园区	72.2123	70.8365	73.1844	72.1888	73.0800	74.2300	74.8900	73.6000	75.2000	73.0160	74.3939	75.3300	70.4967	71.4436	70.8123	71.0300	70.9900
全南工业园区	71.3633	70.7039	73.7709	72.9614	73.4000	74.5600	74.8200	74.1000	74.8900	72.0340	74.6977	74.8800	70.9267	71.1155	72.0990	72.0400	71.3700
瑞金经济技术开发区	82.4250	72.5801	76.4525	76.5665	90.3000	88.4000	87.3000	90.2000	86.9000	71.9890	74.7759	78.8900	71.7444	71.3648	73.2366	73.8900	75.7800

续表

开发区名称	人力	财力	物力	资源	技术	信息	生产	物流	服务	安全	清洁	生态	产值	税收	就业	专利	环境
宁都工业园区	86.6969	71.4642	76.7039	74.5064	73.8600	75.2900	75.2900	75.9800	75.6800	72.9650	74.2408	76.3100	71.3144	71.1811	74.1678	72.7700	73.0600
于都工业园区	88.3076	73.1302	76.2011	77.2103	73.5900	75.5900	75.2700	75.0100	73.7800	74.1480	75.5456	75.3400	73.0527	73.8714	76.1339	70.9600	76.2400
江西兴国经济开发区	85.7508	71.7069	77.0391	73.2189	74.1000	74.9600	75.7000	74.8000	73.6000	72.8430	73.9765	77.1100	72.3259	72.8084	73.8349	71.0600	73.9400
石城产业园	73.8207	70.3950	75.8659	72.4464	72.4200	73.2800	74.8900	75.3800	74.1000	72.0190	75.2630	73.4900	70.1696	70.1181	70.9919	71.4400	74.9800
会昌工业园区	77.9833	71.4558	73.9385	72.8326	73.1000	71.8900	75.2500	74.5700	72.4100	71.7430	73.1554	74.2100	70.7329	71.0630	71.0265	72.0700	73.9900
寻乌产业园区	74.0681	70.1665	70.5028	73.2189	71.9800	73.5600	74.3900	73.7600	72.8900	71.0090	74.3965	73.8900	70.1757	70.4724	70.0000	71.2600	73.6700
南康经济开发区	84.8460	73.8687	87.5978	73.4764	72.4700	74.0300	74.0600	73.6700	73.1900	77.1110	76.9570	74.1200	71.1133	72.6903	70.0527	74.9100	78.9600
赣州经济技术开发区	77.8815	79.6177	90.0279	81.0730	92.6000	90.9000	90.1000	91.5000	90.8900	82.8880	83.6616	88.7900	81.5324	82.6640	87.0714	90.8700	89.5600
上饶经济技术开发区	77.2750	82.9468	92.4581	87.8970	91.0000	89.0000	89.6000	90.3800	89.7900	81.6670	79.7435	89.9700	81.2901	80.5512	87.5726	90.0100	88.9200
上饶高新技术产业园区	84.3996	78.1492	82.2346	82.2318	89.8000	85.4000	86.9000	87.5900	86.3700	76.1680	75.8795	87.5600	78.6675	83.6352	72.8538	72.7700	76.7800
玉山经济开发区	81.2727	74.9527	86.5084	80.6867	87.6000	83.8000	83.7800	84.3900	82.7800	74.7860	76.0800	81.6000	74.3247	75.6037	75.7999	74.9200	76.9100
铅山工业园区	77.5710	72.1018	74.0223	77.3391	78.9800	79.2500	78.2700	79.3700	78.9800	71.3330	74.5401	74.1900	71.3870	73.3727	70.0698	71.0500	73.9900
横峰经济开发区	71.4506	72.5547	74.5251	74.6352	84.3000	81.8900	80.6900	81.8000	76.9100	71.2240	74.0407	75.1800	71.8534	73.9370	72.8293	72.0400	74.0100
弋阳高新技术产业园区	75.7152	71.3867	74.6927	75.1502	77.8900	78.5900	79.0100	76.9800	75.8400	71.9890	74.1602	73.7700	71.5869	71.9554	72.4470	70.9900	73.8800
余干高新技术产业园区	89.1130	72.2866	74.4413	80.0429	73.9800	76.0600	75.3900	72.8900	75.1700	72.4540	73.4764	75.1100	71.7565	72.0604	71.3501	72.2500	75.0100
鄱阳工业园区	99.4105	73.3490	77.1229	81.5880	73.5600	76.8900	75.7900	74.7900	75.4900	72.8170	73.4943	75.1300	73.4403	74.5407	79.9766	71.9800	74.9900
万年高新技术产业园区	75.8608	73.4293	77.3743	80.0429	74.4800	75.8900	75.0200	73.7900	74.8900	74.0230	74.2034	75.4500	72.9982	73.5039	74.1590	74.5500	76.0300

续表

开发区名称	人力	财力	物力	资源	技术	信息	生产	物流	服务	安全	清洁	生态	产值	税收	就业	专利	环境
婺源工业园区	75.2179	70.3781	73.5196	75.4077	74.0100	74.4800	74.9200	74.0300	75.1900	73.1780	74.0873	75.9900	70.3937	70.2887	71.4231	72.1100	73.8600
德兴高新技术产业园区	74.2064	71.9128	77.6257	80.3004	72.9800	74.8900	74.3900	74.7200	74.9900	71.7640	74.0127	76.0300	71.7807	70.5643	73.8834	72.9900	73.8900
景德镇高新技术产业园区	74.5702	77.7571	78.7151	73.9914	94.0000	92.0000	90.6000	88.7000	86.8000	77.9280	77.0213	88.8800	74.8395	75.7218	78.3460	77.9800	84.1800
景德镇陶瓷工业园区	70.7932	72.9087	73.9385	77.2103	89.0000	87.0000	86.0000	87.8000	85.2000	73.4480	74.2663	81.6700	72.6166	72.8346	72.5330	75.9900	80.8800
乐平工业园区	87.5847	74.9951	74.6927	75.2790	82.0000	81.0000	83.8000	82.9000	80.9800	72.1190	75.4463	84.2800	74.6881	74.6719	74.6858	76.2300	82.7800
鹰潭高新技术产业开发区	72.3991	78.5400	78.9665	80.4292	92.9000	90.6000	89.6000	88.6800	87.8900	79.0170	78.0150	89.0200	75.4391	76.2598	78.0413	77.4400	84.7700
余江工业园区	76.5206	73.1894	80.4749	73.9914	86.9000	87.5900	88.5300	86.4800	83.9800	74.3040	76.4311	82.1200	73.0709	74.1207	74.7123	75.6600	83.1900
贵溪工业园区	81.0156	77.8361	79.0503	76.0515	85.7900	88.0700	88.1400	85.8900	84.0500	75.1020	78.9715	82.7800	74.5488	75.2100	74.6669	83.5400	76.4400
抚州高新技术开发区	93.9209	76.1828	84.5810	82.8755	92.0000	90.2000	89.3000	87.8800	89.0500	79.0030	77.4939	89.8800	76.2023	76.0105	79.4100	80.3600	79.0100
抚北工业园区	83.2910	71.6928	74.3575	73.7339	84.2200	82.3300	80.9800	83.1100	82.4400	75.9100	75.4282	78.8600	71.9685	72.6378	73.3403	73.0400	75.8900
南城工业园区	74.5072	71.5150	78.3799	80.7725	82.6600	81.6700	80.0100	81.4400	80.8800	74.3560	75.4714	78.3300	71.7020	71.9685	73.7695	74.1100	74.3300
黎川工业园区	72.5641	70.4796	75.3631	73.4764	78.6300	76.9900	75.5900	76.0200	75.6600	71.5080	74.5718	74.2500	71.1448	71.4173	74.7175	70.9800	73.7700
南丰工业园区	74.4926	70.4302	76.2849	70.9013	78.8700	76.8800	76.0300	77.1200	74.8900	72.5780	76.0232	74.7700	71.0176	70.8530	71.5952	71.0700	72.7700
崇仁工业园区	76.1931	72.0609	77.7095	75.1502	89.6800	88.7400	87.1700	85.5500	88.5600	75.2110	76.0232	75.5700	72.4652	72.6772	74.5149	74.8800	75.2200
宜黄工业园区	72.5617	71.1398	76.4525	75.7725	75.4500	74.4800	75.7900	76.7700	72.3100	73.0040	74.7700	73.2400	71.3386	70.5906	73.1950	72.5600	73.0100
金溪工业园区	74.2597	70.7702	75.4469	71.8026	74.3700	74.0000	74.6900	76.1200	71.7600	73.8890	74.3146	72.1100	71.1448	70.7743	71.4795	71.7700	72.0400
东乡经济开发区	77.8402	72.6252	78.1285	76.4378	88.3200	86.5500	86.4700	83.9900	87.6600	72.9080	75.1741	75.9800	72.7801	72.6247	74.7137	72.8800	74.5500

续表

开发区名称	人力	财力	物力	资源	技术	信息	生产	物流	服务	安全	清洁	生态	产值	税收	就业	专利	环境
广昌工业园区	72.9134	70.7237	75.0279	73.3476	76.7700	75.1200	75.0200	76.2500	72.8900	71.2880	74.3217	73.4400	70.9267	70.9449	71.7551	71.9900	72.6800
乐安工业园区	76.2974	70.0000	72.3464	72.5751	73.8900	75.1400	74.3800	75.3800	73.1800	71.9080	74.0481	73.7800	70.0000	69.9606	70.5620	70.6600	73.4500
新余高新技术产业开发区	83.7301	77.7853	87.9330	74.3777	90.9000	90.1000	89.8000	88.6800	89.3900	79.7680	78.1429	89.0200	79.1581	76.4829	85.0965	81.8800	82.9900
分宜工业园	74.5945	71.5517	74.1061	72.5751	81.9800	82.8600	82.3600	82.9300	84.1800	73.2060	74.4267	78.9500	71.1205	70.8399	72.0510	72.0700	76.6600
新余袁河经济开发区	78.9245	71.6462	73.6872	81.3305	75.1200	73.9900	78.3600	76.8700	76.1600	72.9970	75.5811	75.7800	72.3440	71.9554	71.4978	71.5500	73.0700
萍乡经济技术开发区	83.7301	78.8912	82.4860	75.2790	90.3900	90.0900	89.9200	89.0200	88.5800	78.8870	77.7440	90.0100	78.0073	81.2467	91.5726	77.0300	77.8400
芦溪工业园区	73.3670	70.6870	74.0223	70.6438	82.2200	83.3100	83.1700	81.1100	83.7700	73.2050	75.4493	81.7800	71.5203	72.4803	73.4910	72.3300	73.1400
莲花工业园区	73.5975	70.1806	73.3520	74.5064	73.2200	74.2800	72.6600	74.1100	76.3500	73.1390	74.1674	76.4400	70.8237	70.3281	71.5708	70.8900	72.1100
萍乡安源工业园企业	77.7359	70.1298	72.0950	77.3391	74.1100	73.5500	75.1300	74.0900	74.7800	71.6740	74.4588	73.8900	70.5209	71.1680	70.8036	72.4400	72.9900
萍乡湘东工业园区	75.8632	70.3118	71.5084	84.1631	72.3700	73.1600	73.6600	75.1100	72.1700	72.9050	75.4132	73.1100	70.6723	71.3780	70.8355	72.2000	71.8800
上栗工业园区	79.4873	70.2497	71.5922	75.1502	72.0300	73.1400	73.5800	74.0300	73.2600	71.0260	76.0643	74.2700	70.1514	70.4331	70.1977	70.4500	72.6500
宜春经济技术开发区	93.0501	75.7286	96.6480	77.4678	91.1100	90.3900	90.0200	89.7900	88.9900	77.2470	76.9965	89.9800	75.0151	75.6430	84.4721	74.8800	76.4400
丰城高新技术产业开发区	100.0000	78.3129	83.2402	91.3734	90.2100	91.3000	90.5300	90.1100	89.1200	79.1050	77.3327	89.9700	78.4434	81.6798	78.3707	83.4000	83.7600
樟树工业园区	80.5135	78.0815	83.2402	75.9227	86.6600	87.1300	85.3900	87.0100	89.7900	77.2980	77.5275	79.0200	78.3465	81.3255	80.2447	81.0700	80.8700
上高工业园区	74.9608	77.8713	85.2514	77.3391	85.1200	84.7700	85.7800	86.1300	84.8800	75.4460	75.6194	78.3300	78.0376	80.6562	86.3742	78.9900	73.4400
靖安工业园区	70.4391	70.9395	73.0168	73.8627	71.8800	72.9900	73.1400	74.6600	72.7800	72.1110	73.1460	75.2800	70.6844	70.4724	71.4370	71.1900	72.6000
奉新工业园区	74.6624	77.4016	77.8771	73.2189	75.4400	74.4400	75.1400	73.8800	75.1100	74.6570	76.5246	76.1100	76.3477	79.3570	77.6837	74.5500	77.1000

续表

开发区名称	人力	财力	物力	资源	技术	信息	生产	物流	服务	安全	清洁	生态	产值	税收	就业	专利	环境
高安高新技术产业园区	87.1796	77.5130	85.0000	80.4292	75.8800	75.1100	75.8900	73.9900	77.1100	76.1420	75.8862	77.1700	76.0448	76.4436	83.3946	73.4900	74.6700
宜丰工业园区	73.6411	74.3180	86.0056	75.7940	78.1200	77.3500	76.4500	74.7600	78.1600	72.6730	74.0740	76.8900	73.6766	74.5538	79.5621	72.9800	74.0300
万载工业园区	78.8008	74.0006	83.0726	74.8927	76.2600	75.4800	74.9900	75.3700	76.6700	72.9020	74.2606	75.6900	73.7190	74.6457	80.1287	72.8800	73.2100
宜春袁州工业园区	93.0501	71.9523	78.2123	72.3176	73.2600	73.8800	74.0500	73.8800	74.9900	72.2320	77.1236	78.1000	71.6717	71.7848	74.6617	80.9600	80.9700
铜鼓工业园区	70.1722	70.2398	71.0056	74.5064	71.0700	72.8700	71.5600	72.0300	70.8800	70.1010	68.8101	72.1900	70.2120	70.2887	70.4631	70.6400	76.2900
井冈山经济技术开发区	70.6768	78.1845	79.4693	74.6352	90.0100	89.8900	89.8600	90.0200	89.7900	80.2510	78.8872	88.8900	77.3349	78.1496	83.3281	78.6600	77.1400
吉安高新技术产业开发区	78.4345	75.2081	79.4693	77.0815	90.2100	90.0600	90.0400	89.8800	90.2400	79.0450	78.7913	82.1800	74.6093	75.3150	80.4601	79.1100	77.9900
泰和工业园区	79.6232	73.5760	80.2235	75.7940	82.4500	85.2100	84.6700	85.8900	85.5200	78.7760	76.8456	78.8900	73.6402	73.7533	80.5962	74.5500	76.2400
吉安河东经济开发区	71.8460	71.9029	74.8603	75.4077	76.7800	74.8900	77.8700	78.2900	76.8900	73.5550	74.5223	76.7700	72.1866	72.2178	77.4113	74.2200	73.6600
吉州工业园区	75.2470	72.8156	75.9497	75.5365	75.3800	74.1300	76.0200	75.2700	74.2400	74.2410	75.8240	74.3900	72.7680	73.7139	75.0283	73.5600	74.0800
吉水工业园区	79.3539	72.4912	79.6369	77.3391	74.1700	73.2900	76.1500	74.9900	74.8800	74.0080	75.5800	75.2700	72.7135	72.5459	75.8074	73.9900	75.3300
永丰工业园区	78.6601	73.0103	78.8827	72.5751	73.5600	74.1300	75.2300	74.2900	73.7800	74.3330	75.5501	74.2100	73.0224	74.6850	75.5577	71.0400	71.0900
新干工业园区	75.0578	72.8438	79.7207	73.3476	74.1200	73.7700	74.7800	73.6700	72.8900	72.9890	74.9304	73.6700	72.8468	73.4514	73.2299	73.0400	73.6600
安福工业园区	76.4599	72.3755	76.2011	75.7940	75.8800	74.1600	73.8700	74.1100	71.7800	74.1250	76.0249	74.3500	72.7317	75.0656	77.3753	73.7700	75.4400
峡江工业园区	71.4191	71.3147	74.8603	74.1202	72.6700	73.1700	72.8800	74.1100	71.1100	72.0890	74.9006	73.2700	71.0539	70.8530	71.3809	71.8900	71.8900
遂川工业园区	80.2199	72.3290	79.3855	72.5751	72.1400	72.3900	72.2200	73.6600	71.8800	71.0830	75.6986	73.1200	72.1563	73.4383	74.7056	71.8800	74.0300
永新工业园区	78.7062	70.6870	77.9609	74.1202	72.5600	72.5600	72.8900	73.1900	72.2200	71.8990	73.8932	72.8800	71.5566	72.9265	72.9020	70.5500	70.9800
万安工业园区	74.3543	70.9747	74.5251	73.2189	71.5500	71.7700	71.8800	73.1100	72.3300	72.4500	75.4314	72.1100	71.1569	71.3255	72.4540	71.1500	71.5500

附表 2

各个指标在指标体系中权重的计算过程

开发区名称	人力数据 X	X 归一化处理数据	P_{ij}	LN（P_{ij}）	P_{ij}LN（P_{ij}）
九江市沙城工业园区	70.3784	0.703784	0.008986	-4.7121	-0.04234
武宁工业园区	75.919	0.759190	0.009693	-4.63632	-0.04494
修水工业园区	85.3263	0.853263	0.010894	-4.5195	-0.04924
承修县云山经济开发区	75.8195	0.758195	0.009681	-4.63763	-0.0449
德安工业园区	70.7496	0.707496	0.009033	-4.70684	-0.04252
星子（庐山）工业园区	72.7581	0.727581	0.00929	-4.67884	-0.04347
都昌工业园区	84.6665	0.846665	0.01081	-4.52726	-0.04894
湖口金沙湾工业园区	73.7697	0.737697	0.009419	-4.66503	-0.04394
彭泽工业园区	75.6691	0.756691	0.009661	-4.63961	-0.04483
瑞昌工业园区	77.3259	0.773259	0.009873	-4.61795	-0.04559
共青城经济开发区	70	0.700000	0.008938	-4.71749	-0.04216
九江经济开发区	73.9322	0.739322	0.00944	-4.66283	-0.04402
南昌小蓝经济技术开发区	92.4921	0.924921	0.011809	-4.43886	-0.05242
南昌经济技术开发区	74.7764	0.747764	0.009547	-4.65148	-0.04441
南昌高新技术产业开发区	85.6926	0.856926	0.010941	-4.51522	-0.0494
青山湖高新技术产业园区	82.345	0.823450	0.010514	-4.55507	-0.04789
新建长埈经济开发区	84.0333	0.840333	0.010729	-4.53477	-0.04866

续表

开发区名称	人力数据 X	X 归一化处理数据	p_{ij}	LN（p_{ij}）	p_{ij}LN（p_{ij}）
南昌昌南工业园区	72.8358	0.728358	0.0093	-4.67778	-0.0435
安义工业园区	71.7078	0.717078	0.009156	-4.69338	-0.04297
进贤产业园	84.647	0.846470	0.010808	-4.52749	-0.04893
章贡高新技术产业园区	85.4742	0.854742	0.010913	-4.51777	-0.0493
赣州高新技术产业开发区	82.801	0.828010	0.010572	-4.54954	-0.0481
信丰高新技术产业园区	83.4972	0.834972	0.010661	-4.54117	-0.04841
大余工业园区	74.0802	0.740802	0.009459	-4.66083	-0.04408
上犹工业园区	73.2991	0.732991	0.009359	-4.67143	-0.04372
崇义产业园	71.5404	0.715404	0.009134	-4.69572	-0.04289
安远工业园区	75.3853	0.753853	0.009625	-4.64337	-0.04469
龙南经济技术开发区	75.0239	0.750239	0.009579	-4.64818	-0.04453
定南工业园区	72.2123	0.722123	0.00922	-4.68637	-0.04321
全南工业园区	71.3633	0.713633	0.009112	-4.6982	-0.04281
瑞金经济技术开发区	82.425	0.824250	0.010524	-4.55409	-0.04793
宁都工业园区	86.6969	0.866969	0.011069	-4.50356	-0.04985
于都工业园区	88.3076	0.883076	0.011275	-4.48516	-0.05057
江西兴国经济开发区	85.7508	0.857508	0.010949	-4.51454	-0.04943

续表

开发区名称	人力数据 X	X 归一化处理数据	p_{ij}	LN（p_{ij}）	p_{ij}LN（p_{ij}）
石城产业园	73.8207	0.738207	0.009425	-4.66434	-0.04396
会昌工业园区	77.9833	0.779833	0.009957	-4.60949	-0.0459
寻乌产业园	74.0681	0.740681	0.009457	-4.661	-0.04408
南康经济开发区	84.846	0.848460	0.010833	-4.52515	-0.04902
赣州经济技术开发区	77.8815	0.778815	0.009944	-4.61079	-0.04585
上饶经济技术开发区	77.275	0.772750	0.009866	-4.61861	-0.04557
上饶高新技术产业园区	84.3996	0.843996	0.010776	-4.53042	-0.04882
玉山经济开发区	81.2727	0.812727	0.010377	-4.56817	-0.0474
铅山工业园区	77.571	0.775710	0.009904	-4.61479	-0.04571
横峰经济开发区	71.4506	0.714506	0.009123	-4.69698	-0.04285
弋阳高新技术产业园区	75.7152	0.757152	0.009667	-4.639	-0.04485
余干高新技术产业园区	89.113	0.891130	0.011378	-4.47608	-0.05093
鄱阳工业园区	99.4105	0.994105	0.012693	-4.36673	-0.05543
万年高新技术产业园区	75.8608	0.758608	0.009686	-4.63708	-0.04491
婺源工业园区	75.2179	0.752179	0.009604	-4.64559	-0.04462
德兴高新技术产业园区	74.2064	0.742064	0.009475	-4.65913	-0.04414
景德镇高新技术产业园区	74.5702	0.745702	0.009521	-4.65424	-0.04431

续表

开发区名称	人力数据 X	X 归一化处理数据	p_{ij}	LN (p_{ij})	p_{ij}LN (p_{ij})
景德镇陶瓷工业园区	70.7932	0.707932	0.009039	−4.70622	−0.04254
乐平工业园区	87.5847	0.875847	0.011183	−4.49338	−0.05025
鹰潭高新技术产业开发区	72.3991	0.723991	0.009244	−4.68379	−0.0433
余江工业园区	76.5206	0.765206	0.00977	−4.62842	−0.04522
贵溪工业园区	81.0156	0.810156	0.010344	−4.57134	−0.04729
抚州高新技术开发区	93.9209	0.939209	0.011992	−4.42353	−0.05305
抚北工业园区	83.291	0.832910	0.010635	−4.54364	−0.04832
南城工业园区	74.5072	0.745072	0.009513	−4.65509	−0.04428
黎川工业园区	72.5641	0.725641	0.009265	−4.68151	−0.04337
南丰工业园区	74.4926	0.744926	0.009511	−4.65528	−0.04428
崇仁工业园区	76.1931	0.761931	0.009728	−4.63271	−0.04507
宜黄工业园区	72.5617	0.725617	0.009265	−4.68155	−0.04337
金溪工业园区	74.2597	0.742597	0.009481	−4.65841	−0.04417
东乡经济开发区	77.8402	0.778402	0.009939	−4.61133	−0.04583
广昌工业园区	72.9134	0.729134	0.00931	−4.67671	−0.04354
乐安工业园区	76.2974	0.762974	0.009742	−4.63134	−0.04512
新余高新技术产业开发区	83.7301	0.837301	0.010691	−4.53838	−0.04852

续表

开发区名称	人力数据 X	X 归一化处理数据	p_{ij}	LN (p_{ij})	p_{ij}LN (p_{ij})
分宜工业园	74.5945	0.745945	0.009524	-4.65392	-0.04432
新余袁河经济开发区	78.9245	0.789245	0.010077	-4.59749	-0.04633
萍乡经济技术开发区	83.7301	0.837301	0.010691	-4.53838	-0.04852
芦溪工业园区	73.367	0.733670	0.009368	-4.67051	-0.04375
莲花工业园区	73.5975	0.735975	0.009397	-4.66737	-0.04386
萍乡安源工业企业	77.7359	0.777359	0.009925	-4.61267	-0.04578
萍乡湘东工业园区	75.8632	0.758632	0.009686	-4.63705	-0.04492
上栗工业园区	79.4873	0.794873	0.010149	-4.59039	-0.04659
宜春经济技术开发区	93.0501	0.930501	0.011881	-4.43284	-0.05267
丰城高新技术产业开发区	100	1.000000	0.012768	-4.36081	-0.05568
樟树工业园区	80.5135	0.805135	0.01028	-4.57756	-0.04706
上高工业园区	74.9608	0.749608	0.009571	-4.64902	-0.0445
靖安工业园区	70.4391	0.704391	0.008994	-4.71123	-0.04237
奉新工业园区	74.6624	0.746624	0.009533	-4.65301	-0.04436
高安高新技术产业园区	87.1796	0.871796	0.011131	-4.49801	-0.05007
宜丰工业园区	73.6411	0.736411	0.009402	-4.66678	-0.04388
万载工业园区	78.8008	0.788008	0.010061	-4.59906	-0.04627

续表

开发区名称	人力数据 X	X 归一化处理数据	P_{ij}	$LN(P_{ij})$	$P_{ij}LN(P_{ij})$
宜春袁州工业园区	93.0501	0.930501	0.011881	-4.43284	-0.05267
铜鼓工业园区	70.1722	0.701722	0.00896	-4.71503	-0.04224
井冈山经济技术开发区	70.6768	0.706768	0.009024	-4.70787	-0.04248
吉安高新技术产业开发区	78.4345	0.784345	0.010015	-4.60372	-0.0461
泰和工业园区	79.6232	0.796232	0.010166	-4.58868	-0.04665
吉安河东经济开发区	71.846	0.718460	0.009173	-4.69146	-0.04304
吉州工业园区	75.247	0.752470	0.009608	-4.64521	-0.04463
吉水工业园区	79.3539	0.793539	0.010132	-4.59207	-0.04653
永丰工业园区	78.6601	0.786601	0.010043	-4.60085	-0.04621
新干工业园区	75.0578	0.750578	0.009583	-4.64772	-0.04454
安福工业园区	76.4599	0.764599	0.009762	-4.62922	-0.04519
峡江工业园区	71.4191	0.714191	0.009119	-4.69742	-0.04283
遂川工业园区	80.2199	0.802199	0.010242	-4.58121	-0.04692
永新工业园区	78.7062	0.787062	0.010049	-4.60026	-0.04623
万安工业园区	74.3543	0.743543	0.009494	-4.65714	-0.04421
合计	78.32077				-4.60183

续表

开发区名称	财力	X 归一化处理数据	P_{ij}	LN (P_{ij})	P_{ij} LN (P_{ij})
九江市沙城工业园区	73.0103	0.730103	0.009874	−4.61782	−0.0456
武宁工业园区	74.0612	0.740612	0.010016	−4.60353	−0.04611
修水工业园区	73.497	0.734970	0.00994	−4.61118	−0.04584
永修县云山经济开发区	76.1786	0.761786	0.010303	−4.57534	−0.04714
德安工业园区	75.8048	0.758048	0.010252	−4.58026	−0.04696
星子（庐山）工业园区	71.5588	0.715588	0.009678	−4.6379	−0.04489
都昌工业园区	71.824	0.718240	0.009714	−4.63421	−0.04502
湖口金沙湾工业园区	76.7809	0.767809	0.010384	−4.56747	−0.04743
彭泽工业园区	73.0865	0.730865	0.009885	−4.61678	−0.04563
瑞昌工业园区	75.8048	0.758048	0.010252	−4.58026	−0.04696
共青城经济开发区	75.2786	0.752786	0.010181	−4.58723	−0.0467
九江经济开发区	85.9035	0.859035	0.011618	−4.4552	−0.05176
南昌小蓝经济技术开发区	85.8161	0.858161	0.011606	−4.45622	−0.05172
南昌经济技术开发区	87.1068	0.871068	0.011781	−4.44129	−0.05232
南昌高新技术产业开发区	100	1.000000	0.013524	−4.30325	−0.0582
青山湖高新技术产业园区	71.5912	0.715912	0.009682	−4.63745	−0.0449
新建长陵经济开发区	77.9024	0.779024	0.010536	−4.55297	−0.04797
南昌南工业园区	70.0141	0.700141	0.009469	−4.65973	−0.04412

续表

开发区名称	财力	X 归一化处理数据	p_{ij}	LN (p_{ij})	p_{ij}LN (p_{ij})
安义工业园区	72.092	0.72092	0.00975	-4.63048	-0.04515
进贤产业园	71.9128	0.719128	0.009726	-4.63297	-0.04506
章贡高新技术产业园区	74.6537	0.746537	0.010097	-4.59556	-0.0464
赣州高新技术产业开发区	74.3504	0.743504	0.010056	-4.59964	-0.04625
信丰高新技术产业园区	72.3318	0.723318	0.009782	-4.62716	-0.04527
大余工业园区	70.7998	0.707998	0.009575	-4.64857	-0.04451
上犹工业园区	70.7998	0.707998	0.009575	-4.64857	-0.04451
崇义产业园	70.189	0.701890	0.009493	-4.65723	-0.04421
安远工业园区	70.244	0.702440	0.0095	-4.65645	-0.04424
龙南经济技术开发区	73.5872	0.735872	0.009952	-4.60995	-0.04588
定南工业园区	70.8365	0.708365	0.00958	-4.64805	-0.04453
全南工业园区	70.7039	0.707039	0.009562	-4.64992	-0.04446
瑞金经济技术开发区	72.5801	0.725801	0.009816	-4.62373	-0.04539
宁都工业园区	71.4642	0.714642	0.009665	-4.63923	-0.04484
于都工业园区	73.1302	0.731302	0.00989	-4.61618	-0.04566
江西兴国经济开发区	71.7069	0.717069	0.009698	-4.63584	-0.04496
石城产业园	70.395	0.703950	0.009521	-4.6543	-0.04431

续表

开发区名称	财力	X 归一化处理数据	p_{ij}	LN (p_{ij})	p_{ij}LN (p_{ij})
会昌工业园区	71.4558	0.714558	0.009664	-4.63935	-0.04483
寻乌产业园	70.1665	0.701665	0.00949	-4.65755	-0.0442
南康经济开发区	73.8637	0.738637	0.00999	-4.6062	-0.04601
赣州经济技术开发区	79.6177	0.796177	0.010768	-4.53119	-0.04879
上饶经济技术开发区	82.9468	0.829468	0.011218	-4.49022	-0.05037
上饶高新技术产业园区	78.1492	0.781492	0.010569	-4.5498	-0.04809
玉山经济开发区	74.9527	0.749527	0.010137	-4.59157	-0.04654
铅山工业园区	72.1018	0.721018	0.009751	-4.63035	-0.04515
横峰经济开发区	72.5547	0.725547	0.009813	-4.62408	-0.04537
弋阳高新技术产业园区	71.3867	0.713867	0.009655	-4.64031	-0.0448
余干高新技术产业园区	72.2866	0.722866	0.009776	-4.62779	-0.04524
鄱阳工业园区	73.449	0.73449	0.009934	-4.61183	-0.04581
万年高新技术产业园区	73.4293	0.734293	0.009931	-4.6121	-0.0458
婺源工业园区	70.3781	0.703781	0.009518	-4.65454	-0.0443
德兴高新技术产业园区	71.9128	0.719128	0.009726	-4.63297	-0.04506
景德镇高新技术产业园区	77.7571	0.777571	0.010516	-4.55483	-0.0479
景德镇陶瓷工业园区	72.9087	0.729087	0.009861	-4.61922	-0.04555

续表

开发区名称	财力	X 归一化处理数据	P_{ij}	LN (P_{ij})	P_{ij}LN (P_{ij})
乐平工业园区	74.9951	0.749951	0.010143	-4.591	-0.04657
鹰潭高新技术产业开发区	78.54	0.785400	0.010622	-4.54482	-0.04828
余江工业园区	73.1894	0.731894	0.009898	-4.61537	-0.04569
贵溪工业园区	77.8361	0.778361	0.010527	-4.55382	-0.04794
抚州高新技术开发区	76.1828	0.761828	0.010303	-4.57529	-0.04714
抚北工业园区	71.6928	0.716928	0.009696	-4.63603	-0.04495
南城工业园区	71.515	0.71515	0.009672	-4.63852	-0.04486
黎川工业园区	70.4796	0.704796	0.009532	-4.6531	-0.04435
南丰工业园区	70.4302	0.704302	0.009525	-4.6538	-0.04433
崇仁工业园区	72.0609	0.720609	0.009746	-4.63091	-0.04513
宜黄工业园区	71.1398	0.711398	0.009621	-4.64378	-0.04468
金溪工业园区	70.7702	0.707702	0.009571	-4.64899	-0.0445
东乡经济开发区	72.6252	0.726252	0.009822	-4.62311	-0.04541
广昌工业园区	70.7237	0.707237	0.009565	-4.64964	-0.04447
乐安工业园区	70	0.700000	0.009467	-4.65993	-0.04412
新余高新技术产业开发区	77.7853	0.777853	0.01052	-4.55447	-0.04791
分宜工业园	71.5517	0.715517	0.009677	-4.638	-0.04488

续表

开发区名称	财力	X归一化处理数据	p_{ij}	$LN(p_{ij})$	$p_{ij}LN(p_{ij})$
新余袁河经济开发区	71.6462	0.716462	0.00969	-4.63668	-0.04493
萍乡经济技术开发区	78.8912	0.788912	0.01067	-4.54035	-0.04844
芦溪工业园区	70.687	0.706870	0.00956	-4.65016	-0.04446
莲花工业园区	70.1806	0.701806	0.009492	-4.65735	-0.04421
萍乡安源工业园企业	70.1298	0.701298	0.009485	-4.65808	-0.04418
萍乡湘东工业园区	70.3118	0.703118	0.009509	-4.65548	-0.04427
上栗工业园区	70.2497	0.702497	0.009501	-4.65637	-0.04424
宜春经济技术开发区	75.7286	0.757286	0.010242	-4.58127	-0.04692
丰城高新技术产业开发区	78.3129	0.783129	0.010591	-4.54771	-0.04817
樟树工业园区	78.0815	0.780815	0.01056	-4.55067	-0.04806
上高工业园区	77.8713	0.778713	0.010532	-4.55337	-0.04795
靖安工业园区	70.9395	0.709395	0.009594	-4.6466	-0.04458
奉新工业园区	77.4016	0.774016	0.010468	-4.55942	-0.04773
高安高新技术产业园区	77.513	0.775130	0.010483	-4.55798	-0.04778
宜丰工业园区	74.318	0.743180	0.010051	-4.60007	-0.04624
万载工业园区	74.0006	0.740006	0.010008	-4.60435	-0.04608
宜春袁州工业园区	71.9523	0.719523	0.009731	-4.63242	-0.04508

续表

开发区名称	财力	X归一化处理数据	P_{ij}	LN（P_{ij}）	P_{ij}LN（P_{ij}）
铜鼓工业园区	70.2398	0.702398	0.0095	-4.65651	-0.04423
井冈山经济技术开发区	78.1845	0.781845	0.010574	-4.54935	-0.04811
吉安高新技术产业开发区	75.2081	0.752081	0.010172	-4.58817	-0.04667
泰和工业园区	73.576	0.735760	0.009951	-4.61011	-0.04587
吉安河东经济开发区	71.9029	0.719029	0.009724	-4.63311	-0.04505
吉州工业园区	72.8156	0.728156	0.009848	-4.62049	-0.0455
吉水工业园区	72.4912	0.724912	0.009804	-4.62496	-0.04534
永丰工业园区	73.0103	0.730103	0.009874	-4.61782	-0.0456
新干工业园区	72.8438	0.728438	0.009852	-4.62011	-0.04552
安福工业园区	72.3755	0.723755	0.009788	-4.62656	-0.04529
峡江工业园区	71.3147	0.713147	0.009645	-4.64132	-0.04477
遂川工业园区	72.329	0.723290	0.009782	-4.6272	-0.04526
永新工业园区	70.687	0.706870	0.00956	-4.65016	-0.04446
万安工业园区	70.9747	0.709747	0.009599	-4.6461	-0.0446
合计		73.94001			-4.6035

附表 3

各个工业园区灰色关联系数

开发区名称	人力	财力	物力	资源	技术	信息	生产	物流	服务	安全	清洁	生态	产值	税收	就业	专利	环境
九江市沙城工业园区	0.44758	0.47068	0.50565	1.00000	0.59113	0.61381	0.65041	0.61697	0.53571	0.59989	0.62205	0.54521	0.46099	0.45998	0.46567	0.46439	0.50013
武宁工业园区	0.49915	0.48059	0.51289	0.54599	0.50847	0.52061	0.51613	0.52061	0.51502	0.64352	0.64078	0.56711	0.47640	0.49350	0.51681	0.46059	0.52865
修水工业园区	0.62057	0.47522	0.50476	0.49786	0.51282	0.53571	0.54795	0.52747	0.52863	0.63408	0.64049	0.55389	0.47588	0.50803	0.49045	0.46328	0.48150
永修县云山经济开发区	0.49812	0.50187	0.54929	0.60836	0.67989	0.70588	0.72727	0.61539	0.57143	0.66856	0.65220	0.53440	0.48808	0.49685	0.50951	0.47163	0.48201
德安工业园区	0.45070	0.49798	0.54719	0.57460	0.66667	0.68571	0.69565	0.61069	0.56872	0.66774	0.65507	0.55892	0.49043	0.49190	0.52338	0.48125	0.48981
星子（庐山）工业园区	0.46836	0.45766	0.46388	0.47992	0.52288	0.53215	0.53097	0.62176	0.57279	0.59651	0.61422	0.57444	0.45653	0.46149	0.46570	0.46341	0.48465
都昌工业园区	0.61016	0.45998	0.48021	0.49786	0.51948	0.52402	0.53215	0.52632	0.52516	0.59629	0.62060	0.55646	0.45648	0.45917	0.48465	0.47170	0.48194
湖口金沙湾工业园区	0.47779	0.50827	0.47941	0.62051	0.52632	0.54176	0.54920	0.57007	0.53933	0.65647	0.67850	0.55970	0.47980	0.48371	0.47449	0.48173	0.48870
彭泽工业园区	0.49657	0.47139	0.49176	0.61845	0.50955	0.54054	0.54152	0.54250	0.49271	0.60470	0.64079	0.52724	0.46478	0.46679	0.47070	0.50167	0.50178
瑞昌工业园区	0.51420	0.49798	0.51015	0.89875	0.57143	0.52174	0.52061	0.53097	0.47809	0.63410	0.67463	0.55970	0.48748	0.50803	0.52923	0.49772	0.49979
共青城经济开发区	0.44444	0.49260	0.59247	0.53045	0.77146	0.75000	0.77419	0.61539	0.51064	0.62944	0.64231	0.57568	0.48556	0.50189	0.53851	0.48950	0.50988
九江经济开发区	0.47935	0.62998	0.62072	0.64409	0.82702	0.85714	0.80000	0.88889	0.75000	0.76773	0.75615	0.59642	0.60279	0.85746	0.63660	0.66890	0.65988
南昌小蓝经济技术开发区	0.76171	0.62854	0.97948	0.50597	0.84806	0.92308	0.82759	0.85714	0.77419	0.76933	0.77283	0.57637	0.63834	0.61872	0.81338	0.72795	0.69624
南昌经济技术开发区	0.48757	0.65053	1.00000	0.90310	0.85714	1.00000	0.92308	1.00000	0.92308	0.91411	0.92634	0.91255	0.65609	0.62421	0.97851	0.87118	0.75298
南昌高新技术产业开发区	0.62651	1.00000	0.90518	0.58727	1.00000	1.00000	1.00000	0.92308	1.00000	1.00000	1.00000	1.00000	1.00000	1.00000	1.00000	1.00000	1.00000
青山湖高新技术产业开发区	0.57616	0.45794	0.72987	0.55083	0.70381	0.82759	0.75000	0.77419	0.80000	0.72254	0.67191	0.81855	0.50269	0.50176	0.56262	0.64416	0.72016
新建长堎经济开发区	0.60050	0.52063	0.58164	0.46670	0.68571	0.72727	0.70588	0.68571	0.70588	0.68331	0.65922	0.59821	0.52182	0.47977	0.54226	0.65610	0.53500

续表

开发区名称	人力	财力	物力	资源	技术	信息	生产	物流	服务	安全	清洁	生态	产值	税收	就业	专利	环境
南昌昌南工业园区	0.46908	0.44456	0.44792	0.44981	0.63158	0.61539	0.63158	0.64865	0.66667	0.61630	0.64706	0.56832	0.44584	0.44444	0.44467	0.57361	0.53239
安义工业园区	0.45896	0.46236	0.52705	0.47262	0.60000	0.66667	0.61539	0.63158	0.60000	0.61189	0.61203	0.53310	0.45859	0.45461	0.47827	0.55096	0.51469
进贤产业园	0.60986	0.46077	0.50035	0.56246	0.52174	0.57143	0.52174	0.54546	0.54546	0.60377	0.62016	0.52678	0.46040	0.45382	0.48010	0.48319	0.49342
章贡高新技术产业园区	0.62296	0.48636	0.56223	0.49920	0.68182	0.61381	0.58394	0.57971	0.55685	0.73708	0.65455	0.62241	0.48143	0.47467	0.49642	0.47263	0.48970
赣州高新技术产业开发区	0.58254	0.48339	0.52900	0.53349	0.76190	0.72289	0.74930	0.73395	0.72289	0.74923	0.66286	0.73597	0.48349	0.47590	0.50100	0.58041	0.56980
信丰高新技术产业园区	0.59255	0.46450	0.52802	0.47624	0.51724	0.52402	0.58069	0.51892	0.53812	0.70063	0.65470	0.63358	0.46385	0.46715	0.49221	0.55646	0.54521
大余工业园区	0.48077	0.45113	0.48924	0.47262	0.51392	0.51724	0.56872	0.51502	0.53215	0.59508	0.62526	0.51602	0.45092	0.44749	0.45815	0.47161	0.46548
上犹工业园区	0.47336	0.45113	0.46539	0.46553	0.50847	0.51282	0.52747	0.50526	0.48387	0.58958	0.62703	0.50094	0.44908	0.44969	0.45492	0.45446	0.46163
崇义产业园区	0.45750	0.44601	0.44444	0.44444	0.47799	0.48270	0.51702	0.47790	0.46243	0.59478	0.61624	0.47981	0.44615	0.44705	0.44902	0.45377	0.49373
安远工业园区	0.49368	0.44646	0.45576	0.46670	0.47244	0.48096	0.51042	0.46693	0.49587	0.59664	0.61071	0.48203	0.44524	0.44520	0.45246	0.46048	0.48642
龙南经济技术开发区	0.49003	0.47607	0.55569	0.54599	0.71856	0.68376	0.70381	0.72289	0.54054	0.72202	0.66336	0.55996	0.47801	0.47136	0.54237	0.55109	0.57129
定南工业园区	0.46343	0.45144	0.47230	0.46322	0.47133	0.48222	0.50945	0.47619	0.49180	0.61189	0.62365	0.51535	0.44857	0.45665	0.45123	0.45309	0.45274
全南工业园区	0.45596	0.45031	0.47781	0.47023	0.47431	0.48544	0.50869	0.48096	0.48870	0.59694	0.62861	0.51042	0.45220	0.45382	0.46242	0.46189	0.45601
瑞金经济开发区	0.57727	0.46675	0.50476	0.50597	0.71217	0.67416	0.69164	0.71006	0.64690	0.59627	0.62990	0.55931	0.45928	0.45597	0.47278	0.47895	0.49772
宁都工业园区	0.64338	0.45683	0.50744	0.48491	0.47866	0.49271	0.51381	0.49979	0.49669	0.61109	0.62118	0.52643	0.45553	0.45438	0.48162	0.46848	0.47114
于都工业园区	0.6724	0.47179	0.50210	0.51293	0.47610	0.49577	0.51359	0.48990	0.47790	0.63007	0.64289	0.51546	0.47108	0.47877	0.50140	0.45249	0.50251
江西兴国经济开发区	0.62746	0.45895	0.51106	0.47262	0.48096	0.48940	0.51836	0.48781	0.47619	0.60920	0.61696	0.53583	0.46445	0.46883	0.47842	0.45334	0.47942

续表

开发区名称	人力	财力	物力	资源	技术	信息	生产	物流	服务	安全	清洁	生态	产值	税收	就业	专利	环境
石城产业园	0.47828	0.44772	0.49861	0.46553	0.46530	0.47319	0.50945	0.49362	0.48096	0.59672	0.63806	0.49577	0.44584	0.44542	0.45276	0.45662	0.48960
会昌工业园区	0.52155	0.45676	0.47941	0.46905	0.47151	0.46056	0.51337	0.48554	0.46521	0.59265	0.60420	0.50325	0.45056	0.45337	0.45306	0.46216	0.47990
寻乌产业园	0.48065	0.44582	0.44862	0.47262	0.46136	0.47581	0.50410	0.47771	0.46958	0.58210	0.62369	0.49990	0.44590	0.44837	0.44444	0.45506	0.47685
南康经济开发区	0.61296	0.47870	0.65930	0.47503	0.46575	0.48029	0.50063	0.47685	0.47235	0.68322	0.66815	0.50230	0.47164	0.46775	0.52234	0.48890	0.53286
赣州经济技术开发区	0.52040	0.54076	0.70646	0.55909	0.76433	0.72508	0.75235	0.73846	0.72486	0.81769	0.82148	0.72486	0.56514	0.58061	0.64990	0.72442	0.69686
上饶经济技术开发区	0.51364	0.58461	0.76089	0.66476	0.72727	0.68571	0.74074	0.71386	0.70155	0.78503	0.72434	0.75164	0.56193	0.55237	0.65884	0.70609	0.68415
上饶高新技术产业园区	0.60605	0.52344	0.57464	0.57460	0.70175	0.62176	0.68376	0.65916	0.63779	0.66535	0.64869	0.69889	0.52942	0.59458	0.52009	0.46848	0.50826
玉山经济开发区	0.56170	0.48932	0.64014	0.55410	0.65934	0.59702	0.62794	0.60591	0.58224	0.64080	0.65222	0.59553	0.48314	0.49591	0.49792	0.48900	0.50966
铅山工业园区	0.51692	0.46244	0.48021	0.51435	0.53310	0.53631	0.54882	0.53776	0.53310	0.58671	0.62603	0.50304	0.45616	0.47405	0.45257	0.45326	0.47990
横峰经济开发区	0.45671	0.46652	0.48509	0.48618	0.60453	0.56994	0.58097	0.56872	0.50966	0.58515	0.61798	0.51370	0.46024	0.47940	0.46902	0.46189	0.48010
弋阳高新技术产业园区	0.49705	0.45616	0.48674	0.49130	0.52049	0.52852	0.55827	0.51042	0.49834	0.59627	0.61988	0.49865	0.45790	0.46114	0.46554	0.45274	0.47885
余干高新技术产业园区	0.68793	0.46410	0.48427	0.54599	0.47981	0.50063	0.51491	0.46958	0.49150	0.60324	0.60912	0.51293	0.45939	0.46208	0.45584	0.46377	0.48990
鄱阳工业园区	0.97603	0.47477	0.51198	0.56588	0.47581	0.50945	0.51937	0.48771	0.49474	0.60880	0.60940	0.51315	0.47469	0.48525	0.54516	0.46136	0.48970
万年高新技术产业园区	0.49855	0.47458	0.51474	0.54599	0.48465	0.49886	0.51086	0.47799	0.48870	0.62801	0.62058	0.51669	0.47057	0.47528	0.48153	0.48534	0.50031
婺源工业园区	0.49198	0.44758	0.47543	0.49391	0.48010	0.48465	0.50977	0.48029	0.49170	0.61442	0.61872	0.52276	0.44771	0.44683	0.45647	0.46252	0.47866
德兴高新技术产业园区	0.48199	0.46077	0.51753	0.54920	0.47040	0.48870	0.50410	0.48701	0.48970	0.59296	0.61753	0.52322	0.45960	0.44914	0.47888	0.47050	0.47895
景德镇高新技术产业园区	0.48554	0.51900	0.52998	0.47992	0.80000	0.75000	0.76433	0.67989	0.64516	0.69948	0.66935	0.72683	0.48820	0.49712	0.52569	0.52151	0.60271

续表

开发区名称	人力	财力	物力	资源	技术	信息	生产	物流	服务	安全	清洁	生态	产值	税收	就业	专利	环境
景德镇陶瓷工业园区	0.45107	0.46975	0.47941	0.51293	0.68571	0.64865	0.66667	0.66298	0.61856	0.61870	0.62159	0.59657	0.46708	0.46907	0.46632	0.49990	0.55659
乐平工业园区	0.65906	0.48975	0.48674	0.49260	0.57143	0.55814	0.62827	0.58394	0.55788	0.59940	0.64118	0.63796	0.48670	0.48654	0.48668	0.50241	0.58224
鹰潭高新技术产业开发区	0.46511	0.52794	0.53294	0.55083	0.77170	0.71856	0.74074	0.67950	0.66464	0.72241	0.68842	0.72993	0.49422	0.50272	0.52221	0.51546	0.61178
余江工业园区	0.50548	0.47234	0.55141	0.47992	0.64690	0.65916	0.71706	0.63966	0.59970	0.63266	0.65851	0.60332	0.47124	0.48116	0.48694	0.49648	0.58809
贵溪工业园区	0.55834	0.51989	0.53393	0.50054	0.62811	0.66797	0.70880	0.62976	0.60075	0.64626	0.70785	0.61350	0.48533	0.49190	0.48649	0.59318	0.50463
抚州高新技术开发区	0.79790	0.50191	0.60884	0.58359	0.75000	0.71006	0.73395	0.66445	0.68670	0.72211	0.67829	0.74953	0.50212	0.50011	0.53824	0.54995	0.53345
抚北工业园区	0.58955	0.45883	0.48346	0.47746	0.60332	0.57595	0.58508	0.58694	0.57748	0.66063	0.64087	0.55504	0.46126	0.46727	0.46458	0.47096	0.49886
南城工业园区	0.48492	0.45727	0.52608	0.45089	0.58055	0.56697	0.57157	0.56391	0.55659	0.63353	0.64161	0.55084	0.45891	0.46126	0.47780	0.48106	0.48319
黎川工业园区	0.46660	0.44843	0.49345	0.47503	0.52898	0.51053	0.51713	0.50021	0.49648	0.58923	0.62654	0.50367	0.45407	0.45642	0.49023	0.45266	0.47780
南丰工业园区	0.48478	0.44801	0.50299	0.45199	0.53180	0.50934	0.52208	0.51195	0.48870	0.60513	0.62612	0.50923	0.45298	0.45158	0.45797	0.45343	0.46848
崇仁工业园区	0.50202	0.46208	0.51846	0.49130	0.69930	0.68066	0.68906	0.62419	0.67720	0.64816	0.65122	0.52027	0.46570	0.46763	0.48499	0.48860	0.49200
宜黄工业园区	0.46658	0.45403	0.50476	0.45089	0.49434	0.48465	0.51937	0.50815	0.46431	0.61170	0.62980	0.49322	0.45574	0.44936	0.47239	0.46656	0.47068
金溪工业园区	0.48251	0.45088	0.49430	0.45979	0.48358	0.48000	0.50729	0.50125	0.45942	0.62581	0.62236	0.48203	0.45407	0.45091	0.45696	0.45951	0.46189
东乡经济开发区	0.51993	0.46716	0.52320	0.50460	0.67265	0.64085	0.67549	0.59985	0.66043	0.61021	0.63655	0.52265	0.46857	0.46715	0.48695	0.46948	0.48534
广昌工业园区	0.46979	0.45048	0.49008	0.47382	0.50815	0.49100	0.51086	0.50262	0.46958	0.58607	0.62248	0.49525	0.45220	0.45236	0.45937	0.46145	0.46765
乐安工业园区	0.50312	0.44444	0.46463	0.46670	0.47895	0.49120	0.50399	0.49362	0.47226	0.59508	0.61809	0.49875	0.44444	0.44412	0.44912	0.44994	0.47478
新余高新技术产业开发区	0.59598	0.51932	0.66543	0.48365	0.72508	0.70797	0.74534	0.67950	0.69344	0.73912	0.69096	0.72993	0.53521	0.50508	0.61691	0.56980	0.58522

续表

开发区名称	人力	财力	物力	资源	技术	信息	生产	物流	服务	安全	清洁	生态	产值	税收	就业	专利	环境
分宜工业园	0.48578	0.45759	0.48102	0.46670	0.57116	0.58337	0.60545	0.58437	0.60271	0.61486	0.62418	0.55879	0.45386	0.45147	0.46199	0.46216	0.50697
新余袁河经济开发区	0.53244	0.45842	0.47702	0.56246	0.49100	0.47990	0.54995	0.50923	0.50167	0.61159	0.64350	0.52038	0.46461	0.46114	0.45712	0.45758	0.47124
萍乡经济技术开发区	0.59598	0.53205	0.57812	0.49260	0.71407	0.70776	0.74813	0.68611	0.67758	0.71960	0.68311	0.75259	0.52182	0.56136	0.74011	0.51096	0.51993
芦溪工业园区	0.47400	0.45017	0.48021	0.44981	0.57444	0.58983	0.61808	0.55957	0.59657	0.61485	0.64123	0.59821	0.45732	0.46584	0.47516	0.46449	0.47188
莲花工业园区	0.47617	0.44594	0.47386	0.48491	0.47263	0.48270	0.48642	0.48106	0.50367	0.61381	0.62000	0.52794	0.45133	0.44716	0.45776	0.45189	0.46252
萍乡安源工业企业	0.51876	0.44552	0.46238	0.51435	0.48106	0.47572	0.51206	0.48087	0.48761	0.59164	0.62470	0.49990	0.44877	0.45427	0.45116	0.46548	0.47050
萍乡湘东工业园区	0.49858	0.44703	0.45722	0.60246	0.46485	0.47207	0.49648	0.49090	0.46305	0.61016	0.64062	0.49190	0.45005	0.45608	0.45143	0.46332	0.46048
上栗工业园区	0.53917	0.44651	0.45795	0.49130	0.46180	0.47188	0.49566	0.48029	0.47300	0.58234	0.65195	0.50388	0.44569	0.44804	0.44608	0.44818	0.46738
宜春经济技术开发区	0.77545	0.49719	0.87745	0.51577	0.72971	0.71407	0.75047	0.70155	0.68552	0.68587	0.66888	0.75188	0.48995	0.49631	0.60717	0.48860	0.50463
丰城高新技术产业开发区	1.00000	0.52531	0.58882	0.73560	0.71027	0.73395	0.76263	0.70817	0.68807	0.72433	0.67521	0.74697	0.52682	0.56711	0.52598	0.59113	0.59642
樟树工业园区	0.55190	0.52267	0.58882	0.49920	0.64274	0.65094	0.65556	0.64882	0.70155	0.68687	0.67893	0.55970	0.52570	0.56240	0.54850	0.55905	0.55646
上高工业园区	0.48940	0.52028	0.61938	0.51435	0.61728	0.61178	0.66262	0.63375	0.61350	0.65265	0.64416	0.55084	0.52217	0.55371	0.63786	0.53321	0.47468
靖安工业园区	0.44809	0.45231	0.47074	0.47869	0.46048	0.47050	0.49120	0.48642	0.46857	0.59809	0.60406	0.51480	0.45015	0.44837	0.45659	0.45446	0.46693
奉新工业园区	0.48644	0.51504	0.52035	0.47262	0.49423	0.48426	0.51216	0.47885	0.49090	0.63860	0.66020	0.52413	0.50365	0.53760	0.51818	0.48534	0.51173
高安高新技术产业园区	0.65181	0.51627	0.61538	0.55083	0.49875	0.49090	0.52049	0.47990	0.51184	0.66488	0.64532	0.53655	0.50047	0.50466	0.59105	0.47515	0.48652
宜丰工业园区	0.47658	0.48307	0.63167	0.49786	0.52310	0.51447	0.52689	0.48741	0.52356	0.60658	0.61851	0.53322	0.47692	0.48538	0.54008	0.47040	0.48029
万载工业园区	0.53098	0.48001	0.58640	0.48873	0.50272	0.49464	0.51053	0.49352	0.50708	0.61011	0.62149	0.51937	0.47732	0.48628	0.54705	0.46948	0.47253

续表

开发区名称	人力	财力	物力	资源	技术	信息	生产	物流	服务	安全	清洁	生态	产值	税收	就业	专利	环境
宜春袁州工业园区	0.77545	0.46112	0.52416	0.46437	0.47300	0.47885	0.50052	0.47885	0.48970	0.59990	0.67126	0.54795	0.45864	0.45964	0.48644	0.55762	0.55775
铜鼓工业园区	0.44587	0.44643	0.45288	0.48491	0.45343	0.46939	0.47581	0.46181	0.45181	0.56956	0.54462	0.48280	0.44620	0.44683	0.44829	0.44978	0.50304
井冈山经济技术开发区	0.45009	0.52384	0.53895	0.48618	0.70609	0.70361	0.74673	0.70630	0.70155	0.75028	0.70609	0.72926	0.51430	0.52344	0.59009	0.52933	0.51216
吉安高新技术产业开发区	0.52671	0.49189	0.53895	0.51153	0.71027	0.70713	0.75094	0.70340	0.71090	0.72302	0.70410	0.60423	0.48592	0.49296	0.55122	0.53464	0.52163
泰和工业园区	0.54082	0.47596	0.54824	0.49786	0.57762	0.61872	0.64292	0.62976	0.62370	0.71721	0.66608	0.55931	0.47657	0.47764	0.55295	0.48534	0.50251
吉安河东经济开发区	0.46018	0.46068	0.48840	0.49391	0.50826	0.48870	0.54385	0.52505	0.50945	0.62041	0.62573	0.53180	0.46320	0.46348	0.51515	0.48212	0.47676
吉州工业园区	0.49228	0.46889	0.49948	0.49522	0.49362	0.48125	0.52197	0.49251	0.48232	0.63161	0.64772	0.50516	0.46846	0.47727	0.49008	0.47581	0.48077
吉水工业园区	0.53756	0.46594	0.54099	0.51435	0.48164	0.47328	0.52345	0.48970	0.48860	0.62776	0.64348	0.51469	0.46796	0.46644	0.49800	0.47990	0.49312
永丰工业园区	0.52934	0.47068	0.53195	0.46670	0.47581	0.48125	0.51315	0.48280	0.47790	0.63315	0.64296	0.50325	0.47080	0.48667	0.49543	0.45317	0.45360
新干工业园区	0.49037	0.46915	0.54201	0.47382	0.48115	0.47780	0.50826	0.47685	0.46958	0.61146	0.63246	0.49762	0.46918	0.47479	0.47272	0.47096	0.47676
安福工业园区	0.50484	0.46490	0.50210	0.49786	0.49875	0.48154	0.49865	0.48106	0.45959	0.62969	0.65125	0.50473	0.46813	0.49045	0.51475	0.47780	0.49423
峡江工业园区	0.45644	0.45554	0.48840	0.48116	0.46756	0.47216	0.48860	0.48106	0.45377	0.59776	0.63197	0.49352	0.45329	0.45158	0.45611	0.46056	0.46056
遂川工业园区	0.54819	0.46448	0.53794	0.46670	0.46278	0.46503	0.48212	0.47676	0.46048	0.59494	0.64553	0.49201	0.46293	0.47467	0.48687	0.46048	0.48029
永新工业园区	0.52987	0.45017	0.52130	0.48116	0.46656	0.46656	0.48870	0.47235	0.46350	0.58315	0.61564	0.48960	0.45764	0.46991	0.46969	0.44902	0.45266
万安工业园区	0.48343	0.45261	0.48509	0.47262	0.45758	0.45951	0.47885	0.47161	0.46449	0.60318	0.64093	0.48203	0.45417	0.45563	0.46560	0.45412	0.45758